한국사 그 숨겨진
역사를 만나다

한국사 그 숨겨진 역사를 만나다

지은이 ㅣ 이원준
펴낸이 ㅣ 최병섭   펴낸곳 ㅣ 이가출판사
초판 1쇄 발행 ㅣ 2019년 8월 9일
출판등록 ㅣ 1987년 11월 23일
주소 ㅣ 서울시 영등포구 도신로 51길 4
대표전화 ㅣ 716-3767   팩시밀리 ㅣ 716-3768
E-mail ㅣ ega11@hanmail.net
정가 ㅣ 15,000원
ISBN ㅣ 978-89-7547-122-3 (03900)

한국사 그 숨겨진 역사를 만나다

|이원준 지음|

이가출판사

삼국, 고려, 조선시대 역대 왕들은 한평생 나라와 백성을 위해 살 수밖에 없었다. 일식과 월식이 일어나면 백성들이 놀라지 않게 직접 소복을 입고 하늘에 기도했다. 가뭄 때는 반찬 가짓수를 줄이고 정무도 밖에서 보았다. 고대 부여에서는 가뭄이 들면 왕의 실정으로 운이 다한 탓이라고 여겨 목을 베거나 쫓아냈다고도 전해진다.

그만큼 농경사회에서 비는 중요해 아낙들은 알몸으로 기우제를 지내고 단체로 노상방뇨를 하기도 했다. 반대로 입추가 지나도록 비가 지속되면 날이 개기는 바라는 기청제를 올리고 땀과 정액마저 비의 상징으로 여겨 부부는 각방을 썼다.

고려는 당시로서는 획기적인 군의관을 변방과 전쟁터에 파견했다. 조선은 우리나라 최초 소방관청인 금화도감을 설치하고 군사들 속옷의 재료인 파지를 모아 보냈다. 세종은 사역원 학생들에게 평상시에도 중국어를 쓰게 하고 어기면 매질로 다스렸다. 고종은 기울어진 국력을 회복하기 위해 경복궁 중건 때 곳곳에 염원의 상징들을 숨겨두었다.

여자들에 대해서는 너그럽지 못해 특히 조선은 이혼과 재혼 그리고 화장마저 규제할 정도였다. 양반들은 자신 집안 여자들의 외출까지 제한했는데 위로였는지 야간통행금지가 시작되어 남자들이 귀가할 때 짧지만 나들이를 허락했다 남성 중심의 유교적 틀 속에서 지금의 명품 백인 고급 주머니를 차고 다닌 것이 그나마 호사였다.

왕조의 중심인 왕에 대한 예우는 각별해서 전용 우물이 따로 있었고 행차 시 머물 수 있는 왕립호텔과 특급관광호텔까지 마련해두었

다. 왕릉에 방화하면 목을 쳤으며 궁궐에 무단침입한 자 역시 엄단하고 외딴섬 노비로 쫓아냈다. 심지어 왕비와 잠자리 때 옆방에서 산닭을 들고 상궁들이 대기하기까지 했는데 왕에게 문제가 생기면 신속히 닭의 피를 먹이기 위해서였다.

조정과 각 관청의 내실을 기하기 위해서는 인재의 등용이 무엇보다 중요했다. 그러나 나라에서 모든 비용을 대주며 양성하던 성균관 유생들의 일탈이 이어졌다. 학업은 뒷전인 채 군역을 가장한 꼼수로 특권을 노리고 벼슬 청탁을 위해 자리를 이탈해 성균관은 텅 비었고 소 도살장으로 변하기까지 했다.

본인과 가문의 영광이었던 과거급제를 위해 40세를 넘겨서도 도전장을 던져 아들과 함께 과거장을 향하는 풍경도 그려졌다. 유일한 출세 관문인 과거시험은 문제 빼돌리기, 표질, 대리시험 등 온갖 부정으로 얼룩졌다. 권력을 가져오고자 아버지 흥선대원군에게 등을 돌린 고종은 과거시험 합격증을 팔아 뒷주머니를 챙겼다.

고종 대 매관매직은 극에 달해 수령은 5만 냥, 관찰사는 20만 냥에 거래되었다. 벼슬을 얻어도 신고식 과정에서 과도한 향응으로 기둥뿌리가 뽑히고 선배들의 폭행에 목숨까지 잃는 일이 있었다. 박봉 탓에 돗자리를 짜며 생활고를 견디는 양반마저 등장했다.

한편 일부 왕과 권신들의 삶은 일반 백성들 상상을 뛰어넘었다. 성종은 불꽃놀이에 심취해 폭발사고로 사상자가 났어도 쌀 하사로 무마한 채 진행시켰다. 연산군은 기녀들 화장 도구 비용을 백성들에게서 거둬들였고 입이 거친 정조는 욕쟁이 왕이라는 별명을 얻었다. 부정축재로 왕실 버금가는 저택을 소유하고 집 앞에 저자를 열어 쌓인 뇌물을 처분할 정도의 신하도 있었다.

신분제도 속에서 허덕이는 민초들은 온갖 방법으로 신분 상승을 꾀했다. 그중 노비는 주인의 부모 3년 시묘살이를 대신 해주거나 군공을 세워 면천을 기대했다. 탈출의 길을 선택하기도 해서 임진왜란과 병자호란 때 대거 도망친 공노비로 인해 관청의 업무가 한동안 마비되었다. 도망친 노비 신분으로 과거급제 후 벼슬까지 하다가 발각되기도 했다. 외거노비로서 주인집에 바치는 신공 이외의 재물을 모아 양반보다 부자가 되기도 했지만 가난과 빚 때문에 처자식까지 데리고 자진해서 노비가 되려는 비극도 있었다.

외국을 드나들며 밀무역으로 부를 축적하는 역관이 있는 반면 환관이 되기 위해 스스로 거세하는 참담함도 공존했다. 일반 백성들은 직업선택권이 없어 거의 세습이나 극한직업에 머물렀다. 소맷자락에 서책을 넣고 전국을 떠도는 이동서점인 책쾌, 시체를 대신 만져야 하는 오작인, 궁궐과 관청의 심부름꾼 방자, 군역을 대신하는 대립군, 양반의 죄를 대신해 매를 맞는 매품팔이 그리고 남의 초상집에서 대신 울어주는 일까지. 그러나 대부분은 농업, 광업, 제조업, 성과 궁궐 공사, 얼음 채취 등 3D의 온갖 고역이었다.

전쟁의 역사 속에서 왕과 백성은 신음해야 했다. 그 참혹함 속에서도 수제비, 만두, 미역국, 해장국, 곰탕, 국밥 등 다양한 먹거리는 지친 영혼의 허기를 달래주었다. 무엇보다 반가운 일은 여행길에 묵어갈 수 있는 주막의 탄생이었다. 주막은 식량이 떨어진 여행객들이 안

도할 수 있는 충전소 겸 쉼터였으며 정보의 중심지 역할을 했고 문화의 교류장이자 한량들의 유흥장이기도 했다.

해외로의 여행은 자유롭지 못했지만 외국인에 대한 개방은 오랜 역사를 가졌다. 신라 때부터 접촉이 시작된 무슬림은 고려 땅에 정착했고 조선의 태종과 세종은 그들을 유달리 포용했다. 그들의 자취가 차츰 사라진 것은 조선사회에 적응하기 위해 자신들의 모습을 지워나갔기 때문이다.

특산물과 문화유산은 큰 자랑이었다. 금관의 나라 신라는 양탄자와 놋숟가락을 일본에 수출했다. 갑옷을 만들고 교황 요한 23세의 애장품인 지구본 복원에 활용되어 세계가 인정한 한지는 자긍심이었다. 고구려는 세계적인 천문도를 남겼고 백제는 동아시아 최고의 향로를 전했다. 노비와 승려들이 지켜낸 《조선왕조실록》과 《팔만대장경》은 유네스코 세계기록유산에 등재되었다.

그 밖의 흥미로우면서 생각에 머물게 하는 이야기들을 삼국시대부터 조선시대까지 다양하게 엮어보았다. 집필을 마치며 들었던 생각은 그때나 지금이나 사람 사는 세상은 같고 그 안의 희로애락 또한 다르지 않다는 것이다.

이 원 준

한국사 그 숨겨진 역사를 만나다

2장
찬란한 문화를 품다

3장
진실과 삶을 담다

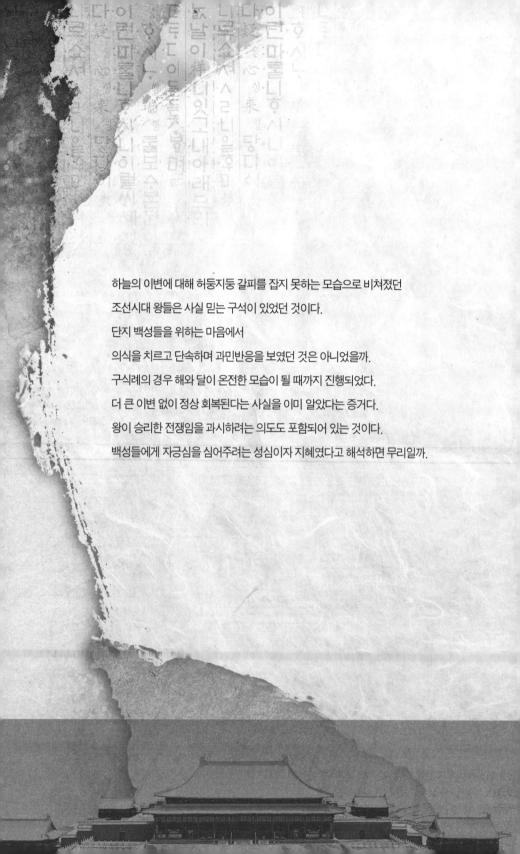

하늘의 이변에 대해 허둥지둥 갈피를 잡지 못하는 모습으로 비쳐졌던

조선시대 왕들은 사실 믿는 구석이 있었던 것이다.

단지 백성들을 위하는 마음에서

의식을 치르고 단속하며 과민반응을 보였던 것은 아니었을까.

구식례의 경우 해와 달이 온전한 모습이 될 때까지 진행되었다.

더 큰 이변 없이 정상 회복된다는 사실을 이미 알았다는 증거다.

왕이 승리한 전쟁임을 과시하려는 의도도 포함되어 있는 것이다.

백성들에게 자긍심을 심어주려는 성심이자 지혜였다고 해석하면 무리일까.

1장

그 역사와 소통하다

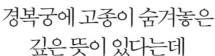

경복궁에 고종이 숨겨놓은
깊은 뜻이 있다는데

　국왕의 권위를 상징하는 경복궁의 중심 법전 근정전(勤政殿)에 숨겨진 비밀이 있다. '부지런히 정치하면 천하의 일이 잘 다스려진다'는 뜻의 근정전을 감싸고 있는 깃은 60여 마리 동물상이다.

　경복궁은 조선 개국 후 태조 4년(1395) 창건한 정궁(正宮)으로 지금과는 외양이 조금 달랐다. 다양한 동물상이 등장한 것은 고종 대(代) 중건되면서였다. 그동안 임진왜란 때 전소된 경복궁을 되살리고자 역대 왕들이 노력했지만 모두 불발이었다. 선조는 무엇보다 전쟁 뒤의 복구가 급선무라 엄두를 못 냈고 현종, 숙종, 헌종은 막대한 재정부담에 망설일 수밖에 없었다.

　폐허로 남아있던 경복궁의 중건공사는 고종 2년(1865) 착수되었지만 다음 해 병인양요가 일어나 왕실과 조정은 긴장상태에 빠졌다. 홍선대원군 이하응의 천주교 박해사건에 대한 보복으로 프랑스 함대가 강화도에 침범한 것이다.

경복궁 중건공사를 서둘러 2년여 만에 끝냈다. 광해군 대부터 사용되었던 창덕궁을 떠나 제자리로 돌아올 수 있었다. 그때 경복궁에 새롭고 다양한 동물상들이 모습을 드러냈다. 평소 미신에 관심이 많았고 그 영향으로 천도까지 구상했었다는 흥선대원군의 작품이라고 알려져 있다. 외세로부터 나라와 왕실을 지킬 수 있는 상징물로 동물상을 선택한 것이다.

병인양요가 일어나자 조정에서부터 민간에 이르기까지 주화론(主和論)을 내세웠다. 그러자 흥선대원군은 벽에 '양이가 침입하는데 싸우지 않으면 화해할 수밖에 없고 화의를 하면 나라를 팔아먹는 것이다(洋夷侵犯 非戰則和 主和賣國)'고 써 붙였다. 5년 뒤 신미양요 때는 돌에 새겨 큰길에 세워두기도 했는데 바로 '척화비(斥和碑)'다. 그는 먹의 한 면에도 똑같이 새겨 넣도록 묵공(墨工)들에게 명할 만큼 주도면밀했다. 항상 붓을 가까이 하는 관리와 선비들은 물론 상인들까지 하루에 한 번 이상 만져야 하는 것이 먹이었다. 사람들에게 쇄국사상을 강하게 심어주려는 그만의 심리전술이었다.

흥선대원군의 행보를 보면 경복궁 동물상 역시 그의 머리에서 나온 발상일 것 같은데 최근 그 주인공이 고종이라는 연구결과가 있다. 궁궐 내 답도(踏道, 왕 전용의 봉황이 새겨진 계단 길)에 배치된 동물들을 연구한 바 '구한말 조선 궁궐에 배치된 동물상에는 기울어진 국력을 회복하려는 고종의 소망이 담겨져 있다'는 주장이다.

근정전은 큰 행사 때 사용하던 곳으로 나라와 왕을 나타내는 상징물이기도 하다. 계단은 여러 층이며 기둥머리를 화려하게 장식했고 월대(月臺, 건물 앞에 설치된 넓은 기단 형식의 대)의 귀퉁이나 주위 난간 기둥에도 여러 동물상을 배치했다. 특히 답도 중앙의 봉황문양 부조가 주목되었다. 봉황은 새 가운데 으뜸이자 고귀하고 성스러운 기운의 상징이다. 그래서 세도정치에 무너진 왕권과 국력을 회복하려는 염원을 담아 새긴 것으로 보았다. 근정전에는 또 청룡, 백호, 주작, 현무의 사신상(四神像)과 각종 동물의 십이지상(十二支像)도 새겨져 있는데 왕실의 기운이 세상으로 퍼져나가기를 기원한 의미라고 한다.

근정전의 동물상들이 원래부터 존재했던 것이 아닌가 하는 의구심이 들 수 있다. 물론 사자상과 사악한 기운을 막아준다는 계단의 서수상(瑞獸像) 등은 임진왜란 이전에 조성된 것으로 보고 있다. 영조 대 연회 장면을 그린 〈영묘조구궐진작도〉 속에 묘사된 폐허로 남은 근정전 일대와 비교하면 그 차이를 알 수 있다. 사자상과 계단의 서수상만 눈에 띄고 난간 석주와 엄지기둥(난간 양쪽 끝에 세운 굵은 장식기둥) 위에 새겨진 동물상은 보이지 않는다. 나머지 서수상을 포함해 사신상과 십이지상 등은 고종 대 중건하면서 새로이 자리 잡았다는 것을 말해준다.

경복궁 중건의 공사일지인 《경복궁영건일기》를 통해서도 고종 대라는 사실을 엿볼 수 있다. 서수상 가운데 인수형(鱗獸形, 비늘이 있는 용, 해치, 물고기 등)의 특징을 살핀 결과 큰 코, 돌출 입, 형식적인 귀, 등 갈기 등을 꼽을 수 있었다고 한다. 그 특징을 조선시대 능묘의 석물들과 비교해보니 역시 중건 때인 19세기 후반에 제작된 것이었다.

고종의 발상이라는 주장에 따르면 추가된 동물상들은 단순한 조형미가 아닌 고도의 정치적 의도를 담은 상징물이라는 것이다. 고

경복궁 근정전 앞 동물상
용과 봉황에서부터 주작과 해치, 호랑이와 거북까지 경복궁의 법전인 근정전에는 무려 68마리의 동물상이 웅장하게 감싸고 있다. 무너진 국력을 회복하려는 고종의 염원이 담긴 동물상이다.

종은 근대화를 통해 자주독립국가를 꿈꾸었다는 해석이다. 근정전 뿐만 아니라 집옥재와 환구단 그리고 중화전 답도의 동물상에 독립, 근대화, 법치라는 의미가 담겨있다고도 한다.

경복궁 집옥재는 고종의 서재 겸 각국 공사들을 접견하던 집무실이었다. 원래는 창덕궁 내에 지었던 것을 1891년 현재의 경복궁으로 옮겼다. 고종은 그곳 천장과 벽에도 화려한 색채의 용 장식을 배치해 왕권강화의 의지를 드러냈다. 용은 왕의 권위를 나타내는 상징적인 동물로서 집옥재 답도에서도 찾아볼 수가 있다. 답도는 원래 정전에 깔려있는 것이지만 집옥재만 예외다. 여의주를 가운데에 두고 맞물린 두 마리의 용이 새겨져 있다. 경복궁 근정전과 창덕궁 인정전 등의 경우 봉황만 있는데 비해 집옥재에서 처음으로 용을 전면에 내세운 것이다. 지붕의 취두(鷲頭, 용마루 양 끝에 댄 장식) 역시

용이다. 눈을 부릅뜬 채 입을 크게 벌려 이빨을 드러내놓고 있다.

현재 서울시 중구 소공동에 위치한 환구단은 황제가 하늘에 제사를 지내던 곳이다. 일제에 의해 철거된 뒤 호텔이 들어서면서 축소된 채 남아있다. 대한제국 황제가 된 고종은 환구단과 부속건물인 황궁우 사이 아치형 석조대문의 답도에 쌍룡과 해치만 배치했다. 쌍룡은 황제의 권위를 상징하는 동물이고 해치는 정확한 판단력과 예지로 옳고 그름을 가리고 불의를 물리친다는 법과 정의의 화신이다. 덕수궁 내 전각인 중화전은 조회를 받던 장소로 역시 쌍룡과 해치 동물상이 있다.

도성 북쪽에 있다고 해서 북궐(北闕)이라고도 불렸던 경복궁은 다른 궁궐과 달리 봉황과 용 등의 동물상이 유난히 많다. 조선의 미래를 위한 고종의 의지와 바람만큼 곳곳에 배치되어있는 듯하다. 고종과 흥선대원군, 가깝고도 먼 사이의 두 사람이지만 나라와 왕실의 운명을 위해 공유한 부분은 있었으리라. 누구의 의도인지보다 중요했던 것은 국운이 쇠하지 않는 부국의 길에 대한 갈망이지 않았을까.

고종은 염원과는 달리 임오군란(1882), 갑신정변(1884), 동학농민운동(1894), 을미사변(1895), 아관파천(1896), 독다사건(1898), 을사조약(1905) 등의 대혼란을 겪을 수밖에 없었다. 더더욱 불운했던 것은 아들 순종이 한일병합(경술국치) 문서에 날인하는 치욕을 견디다 본인은 독살설을 남긴 채 죽었다는 사실이다.

아무 곳에나 묻힐 수 없었던 왕들

누군가 왕이 될 것이라는 예언과 함께 자주 등장하는 것이 풍수(風水)에 얽힌 이야기다.

고려 공민왕 대 아버지 이자춘이 죽자 이성계는 장지로 쓸 명당을 찾지 못해 애를 태웠다. 그 무렵 함경도 일대를 둘러보던 사제지간의 두 승려가 명당을 놓고 대화를 나누고 있었다. 스승이 동쪽의 산을 가리키며 저곳에 왕이 날 땅이 있는데 알아보겠느냐고 물었다. 제자가 세 갈래 중 가운데 큰 산맥에서 떨어져 나온 짧은 산기슭이 정혈(正穴)인 듯 보인다고 대답하자 스승이 고개를 내저었다.

"사람에게 비유하자면 두 손 모두 사용하지만 그중에서도 대부분 오른손이 요긴하게 쓰이듯이 오른편 산기슭이 진혈(眞穴)이로다."

마침 땔감을 해오던 이성계 집 노비가 대화를 엿듣고는 득달같이 달려가 알렸다. 말에 오른 이성계는 정신없이 치달려 고개를 넘고 있던 그들을 따라잡았다. 그는 큰절을 하며 간청한 끝에 왕이 날 수 있는 장지를 얻을 수 있었다.

한편 선조 대 문신 차천로는 《오산설림》에서 조금 다른 내용을 담아내고 있다. 두 승려가 왕과 장상(將相, 장수와 재상)의 혈 가운데 선택하라고 하자 이성계가 왕을 골라 너무 욕심이 많다고 꾸짖었다는 것이다. 두 승려 가운데 스승은 나옹선사고 제자는 무학대사라고 전해진다.

조선의 태조가 된 이성계는 새 도읍지 결정을 놓고 다시 고민에 빠졌다. 충청도 계룡산으로 도읍을 옮기려고 했지만 하륜이 풍수를 근거로 반대하고 나섰다.

"도선비기에 보면 한수(漢水)가 명당에 들어온다는 말이 있사오니 무악의 남쪽으로 정하는 것이 옳은 줄 아옵니다."

《도선비기》는 풍수에 능한 신라 때 승려 도선대사의 풍수서로 무악의 남쪽은 현재 서울시 서대문구 신촌 일대였다. 신하들 사이에 찬반양론이 격화되자 이성계는 왕사 무학대사에게 살펴보라고 명을 내렸다. 무학대사는 오래 전부터 자신이 왕이 될 운명이라고 예언했던 인물이라 이번에도 탁월한 선택을 기대했다.

무학대사가 이곳저곳 돌아다니다 왕십리(현 서울시 성동구 하왕십리동)에 이르렀을 때 적당한 장소로 생각되어 감탄을 터뜨렸다. 때마침 지나던 농부차림의 한 노인이 몰던 소를 향해 꾸짖었다.

"예끼 이놈아, 왜 하는 짓이 무학처럼 정도(正道)로 가지 않고 굳이 굽은 길로 가려드느냐?"

그 말에 무학대사는 그곳에서 십리(4km)를 더 찾아가 경복궁(현 서울시 종로구 세종로)의 터를 정할 수 있었다. 노인은 도선대사가 변신한 것으로 '십리를 더 가라(往十里)'는 가르침을 준 것이다. 그래서 도성으로부터 십리가 떨어진 거리에 있어 '왕십리'라는 마을 이름이 생겨났다고 한다.

왕의 탄생과 천도만큼 중요하게 여긴 것이 왕릉이었다. 세종의 능은 영민한 왕이라는 뜻의 영릉(英陵, 경기도 여주시 능서면 왕대리)으로 왕릉 중 풍수상 가장 뛰어난 자리라고 한다. 명당은 배산임수(背山臨水)에 묘혈(墓穴)을 중심으로 좌청룡 우백호가 있으며 뒤로는 내용(來龍)인 높은 주산(主山)이 위치한다. 또 앞에는 펑퍼짐한 내명당(內明堂)이 있고 멀리 안산(案山)과 더 먼 곳에 조산(朝山), 묘역 안에 천(川)이 있어 물이 동쪽으로 흘러 모아지는 곳이다.

조선시대 왕실의 묘는 능(陵), 원(園), 묘(墓)로 구분된다. 능은 왕과 왕비의 무덤만을 말하고 원은 왕의 사친(私親)이나 왕세자와 세자비의 무덤이다. 묘는 대군, 공주, 옹주, 후궁, 귀인들의 무덤으로 위계대로 그 명칭을 달리하고 있다. 조선왕조 5백 년 동안 조성된 44개의 왕릉은 각각 특색을 지니고 있지만 기본적인 능제(陵制)는 크게 다르지 않다.

숙종이 묻힌 서오릉의 명릉(明陵, 경기도 고양시 덕양구 용두동)에 얽힌 이야기가 있다. 숙종이 미복잠행 도중 수원성 고개 아래 냇가를 막 지날 때였다. 웬 남루한 차림의 시골총각이 관을 묻기 위해 땅을 파며 구슬프게 울고 있었다. 냇가에 묘를 정한다는 것이 기이해 사연을 묻자 갈처사라는 노인이 정해준 자리라고 했다. 갈처사가 괘씸했던 숙종은 일단 서찰 하나를 써서 총각에 전해주며 수원부로 가보라고 일렀다. 수원부에 도착한 총각이 서찰을 내밀자 관원들이

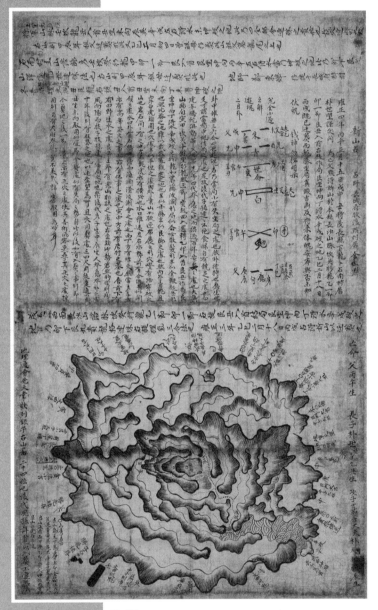

명당도
풍수지리에서 상징하는 이상적 공간의 명당에 자리 잡은 묏자리
그림　국립민속박물관 소장

기절초풍하며 부복했다. 그에게 당장 쌀 3백 가마니를 내주고 가장 좋은 묫자리를 쓸 수 있도록 조치하라는 어명이었다.

갈처사가 살고 있는 허름한 초가를 찾은 숙종은 그에게 왜 그런 가당치도 않은 말을 했느냐고 크게 꾸짖었다. 갈처사는 눈썹 하나 까닥하지 않고 오히려 되받아쳤다.

"쥐뿔도 모르면 가만히 있을 것이지 웬 참견이야. 이 양반아, 그곳은 관이 들어가기도 전에 쌀 삼백 가마가 생기고 덤으로 진짜 명당을 얻을 자리라고. 그러니 그런 곳에 물이 나오든 불이 나오든 무슨 상관이겠어!"

숙종은 갈처사의 말이 모두 맞아떨어져 속으로 크게 놀랐다. 그런데 뛰어난 능력을 지닌 사람이 왜 누추한 곳에 사는지 궁금해 물었더니 왕이 찾아올 명당이라는 대답이 돌아왔다. 숙종이 하도 신통해서 그날이 언제냐고 또 묻자 갈처사가 받아놓은 날짜를 확인하기 위해 방으로 들어갔다가 곧 대경실색하며 뛰쳐나왔다. 숙종 앞에 엎드리며 머리를 조아린 그는 불충을 저질렀으니 당장 죽여 달라고 소리쳤다. 숙종은 그를 직접 일으키더니 오히려 만난 것이 행운이라며 자신이 묻힐 자리나 알아봐달라고 했다. 그렇게 정해진 곳이 명릉인데 명당에 속한다고 한다.

영조가 죽자 정조는 유지를 따르지 않고 다른 곳에 왕릉을 조성했다. 그 이유가 아버지 사도세자를 죽게 만든 조부에 대한 복수라는 시각이 있다. 영조는 죽기 전 50년이나 함께 살았던 비 정성왕후 서씨 곁에 묻히기를 원했었다. 그러나 정조의 생각은 달랐는데 생존해있는 영조의 계비 정순왕후 김씨를 의식하지 않을 수 없었다.

만약 영조가 서씨 곁에 묻히면 김씨는 홀로 능에 들어가야 할 처지였다. 그래서 영조에 대한 복수가 아닌 당면한 정치적 상황 때문이라는 해석이다. 당시 김씨는 정치적 기반이 견고했던 반면 정조의 입지는 아직 불안한 상황이었다. 사도세자의 죽음에 관련된 자들을 제거했어도 여전히 반대세력이 남아있었다. 그들은 암암리에 칼까지 갈고 있는 국면이었다.

정치적 상황이 적용되기는 했지만 여전히 풍수에 따른 왕릉의 결정은 절대적이어서 쌍릉의 위치와 이장까지 좌지우지되었다. 경종은 의릉(懿陵, 서울시 성북구 석관동)에 안장되었는데 왕릉과 왕비릉을 앞뒤로 배치한 상하이봉릉(上下異封陵)으로 효종과 인선왕후의 능인 영릉과 같은 형식이다. 일반적으로 쌍릉은 좌우로 나란히 놓이지만 상하로 능을 배치한 이유가 있었다. 좌우로 능을 조성할 경우 능침이 정혈을 벗어나 좌정하게 된다는 풍수 때문이다.

순조는 인릉(仁陵, 서울시 서초구 내곡동)에 묻혔는데 원래는 경기도 파주 인조가 잠든 장릉 왼쪽 산줄기에 예장했었다. 그런데 풍수가 좋지 않다는 의견이 있어 철종 대 현 위치로 옮겨진 것이다. 명성황후 민씨도 처음 숭인원(서울시 동대문구 청량리동)에 묻혔다가 풍수상 불길하다는 이유로 고종의 홍릉(洪陵, 경기도 남양주시 금곡동)에 합장되었다.

풍수의 기본 논리는 일정한 경로로 지하에서 도는 생기(生氣)를 인간이 접해 복을 얻고 화를 피하자는 것이다. 죽어서도 영원하리라는 믿음으로 조성한 것이 왕릉이니 그 염원은 끝이 없었던 것 같다.

과인은 백성들의 해와 달이
된 적 없는 못난 왕이었소

"과인이 죽거든 절대 어진에 일월오봉도를 그려 넣지 마시오."

철종은 병색이 짙은 얼굴로 힘겹지만 의미심장한 고명을 남겼다. 일월오봉도(日月五峰圖)는 해와 달 앞에 있는 5개 산봉우리를 그린 것인데 주로 병풍에 담겨 어좌 뒤편에 놓였다. 그 장엄함은 왕의 신성과 위엄을 상징하며 위상을 높여주는 궁중회화의 대표작이기도 했다.

철종의 어진은 2년 전 그렸는데 당시 배경인 일월오봉도를 후일에 넣기로 하고 생략한 채였다. 왕과 함께 있어야만 비로소 완성된다는 일월오봉도를 철종은 왜 거부한 것일까. 스스로를 낮춰 자칭 과인이라 했던 철종의 비운은 자식복이 없었던 헌종의 죽음으로부터 시작되었다.

헌종이 후사를 남기지 못한 채 죽자 위기에 몰린 조정은 초긴장 상태였다. 대왕대비(순원왕후, 순조의 비) 김씨는 다급해져 대신들을 불러 모았다. 다음 왕위의 후보자 임명을 위한 발 빠른 조치였다. 수렴 안에서 대왕대비 김씨의 목소리가 들려왔으나 흐느낌에 섞여 뚜렷하지가 않았다. 글로 달라는 대신들의 간청에 김씨가 '광의 셋째 아들이다(卽之第三子)'고 적어주며 덧붙였다.

"영조대왕의 혈육은 오늘 승하하신 주상과 강화에 사는 전계군 이광의 셋째 아들뿐이니 그가 곧 원범(철종의 아명)이로다."

김씨는 즉각 영의정 정원용에게 강화도로 가서 새 왕을 맞이해오도록 명했다. 사도세자의 서자이자 정조의 이복동생인 은언군은 상계군, 풍계군, 전계군 등의 아들을 두었다. 전계군의 아들(원경, 경응, 원범) 가운데 김씨가 지목한 인물이 원범인 철종이었다.

헌종이 죽자 가장 민감하게 반응한 것은 권력의 중심이었던 안동 김씨 가문이었다. 권력 유지에만 급급했던 그들은 편법을 동원하기까지 했다. 원하는 대로 움직여줄 꼭두각시 왕이 필요해서였는데 가장 적합한 인물이 농사꾼 총각 강화도령 철종이었다. 헌종의 6촌 이내에는 종친이 없었지만 7촌 이상에서 몇 명 찾을 수 있었다. 원래 항렬로 따지자면 동생이나 조카뻘 되는 인물이 왕통을 이어야 마땅했다. 종묘에서 선왕의 제사 때 항렬이 높은 이가 낮은 이에게 올리는 것이 법도에 어긋나서였다. 그런데도 안동 김씨들은 헌종의 7촌 아저씨뻘 되는 원범을 지목했다. 권력을 위해 왕실 법도마저 무시한 전횡이었다.

고아나 다름없는 원범은 강화도에서 힘겹게 살아가고 있었다. 손바닥만 한 논에 기댄 채 나무를 해다 팔아야만 겨우 입에 풀칠할 수 있는 움막의 궁핍한 삶이었다. 그는 강화도에서 사는 내내 끊임없

일월오봉도 병풍 일월오봉도는 왕실의 위엄을 상징하는 그림으로 어좌 뒤에 배치된다. 국립고궁박물관 소장

이 감시를 받아왔다. 강화도에서 귀양살이를 시작한 14세 때부터 종친을 둘러싼 불길한 소문이 나돌았기 때문이다. 종친이라도 함부로 처신하면 서슬 퍼런 안동 김씨 세력에 쥐도 새도 모르게 죽을 수 있다는 것이었다.

정원용이 찾아와 대왕대비 김씨의 교지를 전하자 원범은 끝까지 버텨보려고 했지만 궁궐에서 내린 명이라 두려웠다. 왕통을 이으라는 명에 묶여 입궐한 19세의 원범은 덕완군으로 책봉되었다. 즉위식을 위해 차려입은 대례복이 어색하기만 했다. 난생처음 써보는 면류관과 무겁고 답답한 9장복이 곤혹스럽게 만들었다. 7월 한여름이라 온몸은 금세 땀으로 젖어 당장이라도 훌훌 벗어던지고 싶었다. 강화도 우물에 담가두었다 마시던 막걸리 생각이 간절했다.

헌종이 승하한 지 3일 후 원범은 어리둥절한 가운데 즉위해 왕이 되었다. 안동 김씨 세력이 권력 유지를 위해 순진한 강화도령을 데려와 용상에 앉힌 순간이었다. 철종으로서는 새로운 출발이자 과거로 회귀하고 싶어 몸부림치는 시간의 시작이기도 했다.

대왕대비 김씨의 수렴청정 속에서 용상에 앉게 된 철종은 왕으로서 위엄과는 거리가 멀었다. 주눅이 든 채 기를 펴지 못하는 날들을 이어가고 있었다. 그는 현실을 실감하지 못할 만큼 과거에 묶여있었다. 소박하지만 자유로웠던 시간에서 나와 하루아침에 왕이 되었으니 쉽게 용상이 익숙해질 리 없었다. 산해진미의 수라상 앞에서도 입맛이 나지 않을 때가 많았다. 갈증을 풀어줄 막걸리를 찾았지만 궁궐 안에는 그마저 없었다.

진퇴양난 아래 근엄하고 까다로운 왕실과 궁중의 법도를 조금씩 익혀갈 무렵 6세 어린 김문근의 딸 철인왕후 김씨를 왕비로 맞이했다. 김문근은 대왕대비 김씨의 근친으로 왕위를 이어야 하는 짐까지 떠안게 되었다. 권력의 두려움을 실감하게 된 계기이기도 했다. 왕의 장인이 된 김문근을 중심으로 안동 김씨의 세도정치는 절정에 달하고 있었다.

대왕대비 김씨가 수렴청정을 끝내고 무거웠던 엉덩이를 들어 정치일선에서 물러났으나 달라진 것은 없었다. 친정을 시작한 철종 주변에는 여전히 국정농단 주도세력인 김씨의 친정 집안 인물들이 포진해 있었다. 장인 김문근은 대부분의 국정을 장악한 채 무소불위 힘을 자랑했다. 철종은 나름대로 치세에 심혈을 기울이고자 했지만 그마저 세도정치에 막혀 뜻대로 되지 않아 심한 허탈감에 시달렸다. 차츰 용상이 지겹고 두렵기까지 했다. 대신들의 눈치를 보는 가시방석 위에서 그가 돌파구로 찾은 것은 술과 여자였다. 날마

予三十一歲眞

哲宗熙倫正極粹德純聖文顯武成獻仁英孝大王

철종 어진

조선 제25대 왕 철종의 31세 때 초상. 한국전쟁 당시 화재로
원본 오른쪽 1/3이 소실되었다. 현재 전해오는 어진들은 대
부분 익선관본인데 비해 철종 어진은 유일한 융복본(군복본)
이라는 점에서 귀중한 작품이다. 국립고궁박물관 소장

다 쌓여만 가는 불만과 시름을 잊고자 주색에 빠져들었다.

친정 집안을 권력 핵심에 앉힌 대왕대비 김씨는 69세로 숨을 거둬 순조와 합장되었다. 김씨가 죽자 왕대비로 있던 효명세자의 비이자 헌종의 어머니인 신정왕후 조씨가 대왕대비 방석을 차지했다. 조선에 또 하나의 강한 치맛바람을 예고하는 순간이었다.

안동 김씨의 세도정치는 헌종 대 문제가 되었던 삼정문란을 더욱 악화시켰다. 탐관오리까지 횡행해 백성들의 삶은 피폐함을 더해갔다. 농민들이 반발해 급기야 봉기로 이어졌다. 경상도 진주를 신호탄으로 함경도 함흥, 전라도 전주 등지에서 대규모 민란이 불붙었다. 민초들이 막혔던 가슴을 찢고 외친 함성의 임술민란이었다.

철종의 폐에 심한 병이 찾아들었다. 온갖 치료에도 몸에 깊이 박힌 병마는 수그러들 기미를 보이지 않았다. 보위가 위태로운 와중에도 안동 김씨들은 정적 제거를 통한 정권유지에만 혈안이라 조정은 복마전과도 같았다. 대신들은 철종이 국사를 소홀히 한 채 후궁처소에만 드나들며 술로 세월을 보낸 탓이라고 비난했다. 철종은 철저하게 외면당한 상태에서 왕위를 이을 아들도 남겨두지 못하고 각혈하며 쓰러졌다.

"경들은 명심해서 잘 들으시오. 거듭 말하지만 과인이 죽은 뒤라도 일월오봉도는 절대 그려 넣지 마시오. 자격이 없는 못난 왕의 부탁이오."

철종의 눈에서 참았던 눈물이 하염없이 흘렀다. 33세의 젊은 왕은 뜨거운 눈물을 그만 멈추려는 듯 눈을 감았다. 재위 14년간 세도정치라는 족쇄에 묶여 곧은 정사 한번 펼쳐보지 못한 일엽편주와도 같은 왕의 삶이었다. 철종은 철인왕후 김씨와 7명의 후궁 사이에 5남 6녀를 두었지만 모두 죽고 숙의 범씨가 낳은 영혜옹주만 생존했다. 영혜옹주마저 김옥균과 갑신정변의 주역으로 등장하는 박영호와 혼례를 올린 3개월 후 14세로 죽고 만다.

곤룡포만큼 부담스러웠던 일월오봉도를 거부한 철종의 어진은 한국전쟁 때 부산 보관창고 화재로 1/3 정도가 소실되었다. 조선시대 어진 속 왕들은 익선관이나 곤룡포 등 다양한 차림인데 비해 철종은 특히 융복(군복)을 입고 있다. 융복은 왕이나 신하들이 임진왜란 같은 국난 시 활동하기 편하도록 입는 옷이다. 철종은 자신의 생을 전쟁이었다고 여겼던 것은 아니었을까.

비장함마저 묻어나는 복장과 대조적이게 갸름한 얼굴은 짙은 눈썹과 깊은 쌍꺼풀이 진 동그란 눈으로 이루어져 있다. 약간 상기한 듯 안쪽으로 모인 두 눈동자는 왕으로서의 존엄함보다 강화도령의 순진함이 담겨져 있는 것만 같다. 어디를 그토록 뚫어지게 바라보느라 눈이 몰려있는 것일까.

왕들은 왜 물에 만 밥을
즐겨 먹었을까

　효종이 다섯째 딸 숙정공주의 남편인 사위 동평위 정재륜과 함께
식사를 할 때였다. 두 사람 모두 물만밥을 먹고 있었는데 효종은 싹
비웠지만 정재륜은 반이나 남기고 말았다. 효종이 눈살을 찌푸리며
불편한 심기를 드러냈다.

　"애당초 다 먹을 수 있는 양을 헤아려 물에 말아야 하거늘. 남긴
밥을 새나 짐승에게 먹이면 그나마 다행이겠지만 행여 곡식 귀한
줄 모르는 아랫것들이 함부로 버린다면 어찌 되겠는고. 이는 그들
의 잘못이 아니라 밥을 남긴 자의 허물이로다."

　선조, 영조와 함께 조선시대 검소한 왕 가운데 한 사람이 효종이
었다. 평소 북벌을 위해서라면 자신은 물론 만백성이 절약해야 한
다고 강조한 왕이기도 했다. 그래서 반찬 가짓수를 줄이기 위해 물
만밥을 먹었을 수도 있다. 그런데 사실 조선시대 역대 왕들은 물만
밥을 즐겼고 수라상에도 오른 일이 적지 않았다.

수반(水飯)이라고 하는 물만밥은 이미 고려시대 때부터 즐겨왔던 별미였다. 학자 이색은 유독 물만밥에 관련된 일화를 많이 남겼는데 그가 젊었을 때의 일이다. 새로운 인물들이 재상의 자리에 앉자 그들 집을 찾아다니며 인사를 하게 되었다. 그런데 정당문학 집은 물론 시중 집에서도 물만밥을 대접받았다고 한다. 종2품 정당문학은 지금의 차관보고 종1품 시중은 부총리에 해당된다.

권문세가들에게 물만밥을 대접받았다니 자칫 악감정을 숨겨놓은 홀대가 아닐까 생각되지만 전혀 아니다. 물만밥은 당시 고관대작들이 평소 즐기는 식사이자 손님에게 접대하는 음식이고 새참으로도 챙기는 별식이었다. 이색은 물만밥을 자주 먹었는지 '한더위에 가난한 살림 물에 밥 말면서 얼린 생선 말린 것이 늘 생각났는데'라고 시로 읊기까지 했다.

조선시대에도 신하는 물론 왕들까지 물만밥과 얽힌 여러 기록을 보이고 있다. 세종 대 영의정 황희는 물만밥을 진수성찬 못지않은 음식으로 여겼는지 아니면 대접받는 자체가 거북했는지 호조판서 김종서와 기 싸움을 한 적이 있었다. 김종서가 물만밥을 준비해 대접하려고 하자 화를 내며 아첨한다고 크게 꾸짖었던 것이다.

인조 대 문신 성이성은 청나라 사신단의 서장관으로 갔다가 귀국하는 길이 힘들었다고 한다. 서둘러 오느라 동이 트기도 전에 출발하고는 했는데 지치고 병이 들어 끼니조차 거르는 일행이 많았다. 그래서 조기를 몇 마리 사 물만밥을 먹게 했다는 것을 봐서 입맛이 없을 때도 요긴했음을 알 수 있다.

성종은 가뭄이 들자 백성들이 곤궁에 처했다며 하루 한 끼는 물만밥만 계속 올리도록 명했는데 무려 40일이 넘도록 이어졌다. 성종의 건강이 염려된 신하들이 반찬 가짓수도 줄였는데 물만밥만 올리게 한다며 명을 거둘 것을 청했다. 좌의정 김질은 역대 왕들도 그렇게 오랜 기간 수라상을 갖추지 않은 경우가 없다며 간청했다. 성종은 세종의 예를 들어 당시에는 풍년이라도 물만밥을 올리게 했는데 지금은 무슨 허물이 되겠느냐며 고개를 내저었다.

성종은 물만밥을 유난히 좋아했는지 한 달쯤 지난 뒤 또 그 문제로 신하들을 몰려오게 만들었다. 요즘 비가 풍족히 내려 곡식이 잘 익으니 마음 놓고 수라를 제대로 하라는 청을 성종은 한마디로 잘랐다.

"지금도 수반을 먹는 것은 날이 더워서다."

성종은 여름철 물만밥의 효능을 잘 알고 있었던 것 같다. 원래 물만밥에는 뜨거운 밥보다 찬밥이 더 어울린다. 밥이 마른 상태라 물에 말았을 때 되지도 질지도 않은 식감을 주기 때문이다. 성종은 찬밥을 찬물에 말아 후루룩 떠먹다 보면 입에서부터 뱃속까지 시원해져 더위를 몰아낼 수 있다고 본 것이다.

성종이 물만밥에 집착한 이유는 따로 있었는지도 모른다. 13세로 왕이 된 그는 예상치 못한 왕위계승임을 알고 있었다. 조모인 대왕대비(정희왕후, 세조의 비) 윤씨와 신숙주, 한명회 등의 뜻에 따른 결과였다. 즉위한 지 7년 동안 윤씨가 섭정으로 수렴청정을 했으며 원상제(신하들에 의한 섭정제도)에 따른 국정운영도 이루어졌는데 주역이바로 원상 신숙주, 한명회 등이었다. 성종은 자신의 뜻을 펼치지 못한 채 원상들이 논의한 국정을 확인하는 역할에 그쳤다. 그 결과 울화병을 불러왔고 늘 속에 열이 많아 물만밥을 찾았던 것은 아니었을까.

인조반정으로 폐위되어 강화도에 위리안치 된 광해군도 울화병에 시달렸고 물만밥을 찾을 수밖에 없었다. 6년이라는 세월이 지났는데도 마음을 비우지 못했는지 별장 권득수가 올린 장계에 그 사정이 담겨있다.

광해는 삼시세끼 물에 만 밥을 한두 숟갈 뜨는 게 고작이고 간혹 벽을 쓸면서 통곡하는데 기력이 쇠진해 목소리도 잘 나오지 않았사옵니다. 얼마 전부터는 빗질을 하지 않고 옷도 벗지 않은 채 늘 말하는 것이 있었사온데, 생전에 한번 만나보는 것이 소원이니 옛날 궁인들 가운데 생존한 자가 있으면 보내달라는 간청이었사옵니다.

인조는 광해군의 처지가 가엾다고 여겼는지 당시의 궁녀 한 사람을 보냈다. 광해군은 말년에 가서는 결국 모든 것을 내려놓고 18년의 귀양살이 끝에 어머니 무덤 발치에 묻어달라는 유언을 남긴 채 이배된 제주도에서 67세로 생을 마감했다.

인조가 인후염으로 고생할 때 물만밥을 먹었다는 기록이 있다. 감기몸살에 걸려 자리보전을 할 때 역시 물만밥으로 허기지지 않게 버텨내기도 했다. 물만밥은 왕이 정상적인 수라를 소화시키기 어려울 때 대체하던 음식이기도 했다. 영조가 낙선당에서 배꼽에 뜸을 뜬 일이 있었는데 내의원도제조 민진원이 수라의 상태를 묻자 나온 대답이 물만밥이었다. 효심이 깊었던 정조는 아버지 사도세자의 묘를 다녀오던 날 '비석 뒤에서 물만밥을 먹은 뒤 천천히 출발한다'는 내용의 시를 남겼다. 아버지 곁을 떠나기 아쉬워하는 아들의 마음이 잘 녹아있다.

영조 대 학자 이익은 《성호사설》에서 '반찬이 없어도 물만밥을 먹으면 맛이 더해지며 이는 우리의 풍속이다'고 예찬한 바 있다. 그래도 물만밥에는 어울리는 반찬이 있는데 짭조름하게 염장해 말린 생선이 그것이다. 그중에서도 대표주자인 굴비는 특히 여름철에 곁들여 먹는 별미였다. 조기를 보름 이상 건조한 뒤 통보리 뒤주 속에 보관해두었다가 먹는 보리굴비는 가히 일품이었다.

지금은 얼음 띄운 녹찻물에 밥을 말아 보리굴비와 함께 차려내는 전문식당이 주목받고 있다. 숭늉에 만 밥과 함께 먹는 젓갈 한상차림 역시 현대인의 입맛을 사로잡는다. 외식이 아니더리도 집에서 된장에 풋고추를 찍어 먹는 물만밥 또한 별미다. 처음에는 밍밍한 맛 같아도 씹을수록 그리고 곁들인 반찬에 따라 깊어지고 고소해지는 물만밥. 조상들은 이미 그 맛을 알았다는 사실이 자랑스럽기까지 하다.

조선의 환관은 없고
고려의 내시는 가졌다

고려시대 내시(內侍)는 조선시대 환관(宦官)과는 달리 거세되지 않은 귀족 권문세가의 자제나 과거급제자 출신들이었다.

내시에서 '모시는 사람'이라는 뜻의 '시(侍)'는 일본 봉건시대 무사 '사무라이(侍)'와 같은 한자다. 원래 왕의 곁에서 경호와 심부름을 해주는 역할로 시종 겸 수행비서인 셈이다. 내시가 언제 어떻게 생겨났는지에 대한 정확한 문헌은 없고 다만 《고려사》에 '태조 1년 (918) 광평시랑 직예를 내시서기(內侍書記)로 삼았다'는 기록이 보인다. 광평시랑은 모든 관료를 총괄하던 중앙 최고 관부인 광평성(廣評省)에서 2번째로 높은 벼슬(현 부총리급)이었다. 당시에도 내시의 위상이 어느 정도였는지 짐작할 수 있다.

내시에 대한 선발기준이 명확해진 것은 11세기 고려 문종 대였다. 공로와 재능이 있는 인재 중에 수려한 용모의 문인 20명을 선발했으며 대가로 별사미(別賜米)를 주었다. 그 후 12세기 의종 대에 이르러 좌우번(左右番)으로 나누게 되었는데 좌번은 권문세가 자제, 우번은 과거급제자가 채용되었다.

고려시대 전기 영예로운 문관으로 자부하던 내시는 제반의식의 집행과 왕의 행차를 수행하는 일을 맡았다. 왕에게 유교경전을 강의하고 어명의 초안을 작성했으며 왕실재정의 관리도 담당했다. 상황에 따라 왕을 대리해 궁궐 밖으로 나가 민정파악과 각종 민폐해소에 심혈을 기울였다. 또 죄인 압송과 국문에 이르기까지 국정 전반의 임무를 소화해냈다. 그밖에도 지방이나 외국에 봉명사신으로 파견되기도 했지만 무엇보다 중요한 임무는 왕실재정의 관리였다. 나라의 각종 창고인 경창의 돈과 곡식 출납을 관장하는 일이라 책임이 막중했다. 한편 암암리에 부수입이 생기는 자리라서 부정과 비리의 온상이 되기도 했다.

내시들은 기문과 학식이 뛰어나며 괸료적 능력까지 겸비해 왕의 측근으로 손색이 없었다. 사립학교인 '9재 학당' 설립자 최충의 손자 최사추, 최영 장군의 5대조 중서시랑평장사를 지낸 최유청, 의종의 태자 시절 스승인 정습명, 여진정벌로 명성을 드높인 문하시중 윤관의 아들 윤언민, 《삼국사기》의 편찬자 김부식의 아들 김돈중, 주자학 도입과 국립대학 성균관의 진흥을 꾀한 안향, 무신정권 집권자 최충헌의 사위 임효명 등이 이름난 내시들이다. 내시가 왕의 측근에서 수족처럼 움직였다는 것은 이자겸의 난이나 무신정변 때의 상황이 잘 말해주고 있다. 그 당시 피살된 대다수가 바로 내시였다.

묘지명에까지 내시였다는 이력을 새길 만큼 그들에게 있어서 천직이자 자부심 자체였다. 내시가 된다는 것은 탄탄대로의 미래와 부귀영화를 보장받는 일이었다. 실제 내시 출신 가운데 재상에 오른 자가 수십 명에 이를 정도였다. 고려시대 전기에는 오직 문신만이 내시가 될 수 있었지만 무신정변 후 변화가 생겼다. 무신들마저 겸임을 원할 만큼 선망의 요직으로 자리매김하자 12세기 명종 대부터 받아들여졌고 무술시험도 보게 되었다.

고려시대에도 거세한 성 불구자인 내시가 있었다. 그들은 내시가 아닌 환관 또는 환자라 불렸는데 궁궐 내의 잡역을 담당했다. 거세에는 고환과 음경을 함께 절제(중국)하거나 고환만 제거(우리나라)하는 두 가지 방식이 쓰였다. 내시가 신분과 지위 그리고 학식에 있어서 최고 집단이라면 환관은 대부분 노비 출신이거나 무녀의 자제 또는 특수 행정구역 부곡 출신으로 이루어졌다. 문반과 무반이 아닌 제3직 남반으로 품계가 아무리 높아져도 7품을 넘지 못하는 한품직에 그쳤다.

고려시대 내시와 환관은 엄연한 차이가 있는데도 혼동하는 이유가 있다. 후기로 들어서며 원나라의 영향권 아래 놓이게 된 것이 원인이었다. 원나라에서는 환관이 정치적으로 막대한 영향력을 발휘하고 있었다. 그것을 좇은 결과 의종의 총애와 신임을 받은 환관이 내시로 임명되는 일이 생겼다.

환관에서 내시가 된 대표적인 인물이 의종의 유모 남편인 정함이다. 의종에게 있어 정함은 은인이었는데 동생 왕경에게 밀려 왕위를 놓칠 뻔했을 때 든든한 울타리가 돼주었었다. 그를 내시로 임명하자 신하들은 전례가 없는 일이라며 강하게 반대하고 나섰다. 무관인 낭장 최숙청이 정함이 전횡을 일삼는다며 몰래 살해하려다 발각되어 외딴섬으로 귀양 가는 일도 벌어졌다. 의종은 끝내 신하들의 뜻을 받아들이지 않았다. 그러나 정함의 순조롭지 못한 정치 행보와 그를 의지한 의종은 무신정변을 불러오는 요인 가운데 하나가 되었다. 의종이 행차 길에 만나 양자로 삼은 관노 출신 백선연도 환관으로서 권세를 휘두르다 나라의 기강을 문란하게 만들기도 했다.

한편 왜구의 출몰과 홍건적의 침입 때문에 재정이 고갈되어 내시는 수적으로 증가했지만 질은 저하될 수밖에 없었다. 수적 증가의 요인은 조정에서 관직을 파는 육작(鬻爵)을 통해 들어온 천민 출신자들과 신분을 가리지 않고 선발한 군대에서 공을 세운 자들 때문이었다.

공민왕 대에 환관의 관청이 새로 설치되었는데 명칭이 내시부(內侍府)였다. 출세한 환관들의 수가 증가하고 궁궐 내 역할이 늘어나자 종9품부터 정2품에 이르는 환관들만의 관청이 필요했던 것이다. 그런데 내시가 소속된 관청명이 내시원(內侍院)이라 내시부 소속 환관과 본래 내시가 더더욱 혼동되어 불리게 되었다. 영예로운 직책으로 자부했던 내시는 환관의 또 다른 이름이 될 수밖에 없었다. 내시부가 만들어진 후에는 관료들이 담당하던 내시원은 군 복무 대신에 궁궐에서 숙직하는 성중관(成衆官)으로 위축되기도 했다.

차츰 내시는 명칭은 물론 고유의 지위와 역할까지 퇴색되어갔다. 조선이 건국되자 개국공신 사이에서 내시들에 대한 불만이 생겨나기 시작했다. 내시들의 월권행위가 잦자 폐지론까지 거론되어 태조 이성계는 잡음을 없애고자 특단의 조치를 내릴 수밖에 없었다.

조선시대 환관
조선 제21대 왕 영조가 정순왕후 김씨를 맞이하는 혼례식을 기록한
의궤에 담긴 환관의 모습 국립중앙박물관 소장

"앞으로 내시들은 어명 전달과 궁궐문의 경비 그리고 음식물 감
독과 청소만 하도록 하라!"

세조 대 폐지될 때까지 내시원은 축소되어 운영되었고 그 후 환
관과 동의어로 굳어지는 결과를 초래해 그들을 내시라고 잘못 부르
게 된 것이다.

조선시대 환관은 왕을 보좌하는 역할의 거세된 남자관리였다. 그
들을 거세한 이유는 왕의 여자들을 지키기 위해서였다. 환관은 궁

궐 내에 상주하면서 왕비와 후궁은 물론 궁녀와 최하층 무수리까지 늘 그녀들과 근접한 거리에 있는 존재였다. 그녀들 모두 승은을 입고 왕자를 생산하기 위해 대기 중인 여자들이었다. 행여 환관의 손길이 닿으면 큰일이 아닐 수 없어 원천봉쇄하듯 뿌리를 뽑아버렸던 것이다. 그런데 조금 모순인 것은 중국과 달리 고환만 잘라내는 조선시대의 환관은 발기능력에는 문제가 없었기 때문이다. 왕의 계승에 있어 정통성은 고수하되 승은을 기다리다 지친 외로운 여심에게 남자의 향기라도 제공하겠다는 것은 아니었을까.

조선왕조 5백 년 내내 존재했던 내시라고 불린 환관이 오를 수 있는 최고 품계는 종2품 상선(尙膳)이었다. 대표적인 환관이 성종 대 자헌대부까지 올랐던 김처선이다. 그러나 뒤를 이은 연산군에게 만취한 상태로 꾸짖는 직언을 했다가 철퇴를 맞았다. 연산군은 직접 그의 다리와 혀를 자를 만큼 분노가 대단했다. 문무신하와 군사들까지 김처선과 이름이 같은 자는 모두 개명토록 명을 내렸다. 장계를 비롯한 각종 문서에 김처선의 '처(處)'자를 쓰지 못하게 했고 심지어 24절기의 하나인 처서(處暑)마저 조서(徂暑)로 고치게 했다.

그 후 환관이 법률상으로 폐지된 것은 1894년 갑오개혁 때였다. 조선시대 환관은 거세되어 '남자'가 없었지만 고려시대 내시는 온전한 몸은 물론 영예와 부귀영화까지 가졌던 존재였다.

가짜들이 판을 친 과거시험장
— 자리를 잡고, 글을 짓고, 받아 적는 이 따로 있었다

조선시대 과거장 입구의 광경은 그야말로 북새통이었다. 좋은 자리를 선점하기 위해 먼저 들어가려고 시비가 붙어 욕설이 난무하고 몸싸움까지 벌어졌다.

온갖 잡상인마저 질서 없이 들끓어 난장(亂場)이라 했는데 그 후 난장판이라는 말이 생겨났다. 영조 대 과거장에서 떡과 엿은 물론 술에 담배까지 내놓고 팔아 혼잡을 야기한 일이 있었다. 그로 인해 과거시험 진행에 차질이 생기자 사헌부지평 이한일이 질서를 바로 잡지 못한 담당 관원의 파직을 주청했다.

과거장 안은 더욱 가관으로 부정행위가 난무했기 때문이다. 수만 명의 답안을 채점하는 고시관이 서너 명에 불과해 제출이 늦으면 자칫 묻혀버리는 일이 있었다. 먼저 제출한 답안지에서 급제자를 뽑는 과거장 풍습 탓이기도 했다. 입구부터 아귀다툼이 있었던 원인인데 먼저 과제를 확인하고 답을 작성하기 위해 여러 사람이 동원되기도 했다. 재력가 가문 출신 응시자일수록 고용한 인원이 많았다. 주로 조선시대 후기에 만연했던 일로 우선 선접군(先接軍) 무리가 몸싸움을 벌여 현제판(과제를 적은 널빤지)이 가장 잘 보이는 명당을 잡았다. 그러면 글재주 뛰어난 거벽(巨擘)이 글을 구상하고 명필가인 사수(寫手)가 붓을 놀려 응시자의 답안지를 대신 채웠다.

선접꾼 또는 수종군으로도 불린 선접군은 대부분 무뢰배 출신이었다. 응시자가 과거장 안으로 신속히 들어갈 수 있도록 길을 여는 역할도 했는데 그에 걸맞게 힘깨나 썼다. 더군다나 죽창과 쇠를 씌운 대형 일산(양산)으로 무장한 상태였다. 정약용의 《경세유표》에 보면 그들은 '붉은색 짧은 저고리 차림에 고양이 귀 같은 검은 건(巾)을 쓰고 어깨에 죽창을 메거나 손에 쇠몽둥이를 들기도 했다'고 한다. 그런 모습으로 두 눈 부라리며 주먹을 휘두르고 고함치며 달려들었다. 과거장 입구를 지키고 있던 관원들이 겁에 질려 줄행랑을 칠 정도로 위협적이었다. 그들은 부유한 양반가의 수종이 되기 위해 자원한 자들로 그중에는 엄청난 대가를 챙기는 경우도 있었다.

명당을 잡은 선접군은 그곳에 나무말뚝을 박고 대형 일산을 세운 뒤 장막까지 쳤다. 응시자를 비롯해 거벽과 사수가 모두 모일 때까지 자리를 지켰는데 명당을 빼앗으려는 다른 무리와 싸움이 일어나기도 했다. 주먹과 발이 오가면서 코나 이가 부러지고 흉기에 죽는 자도 생겨났다. 그들이 목숨까지 내놓고 선접군이 되고자 했던 것은 행운을 기대해서였다. 대가로 거벽과 사수에게서 글을 얻어 급제하는 일이 있었기 때문이다.

과제를 보고 글을 구상하는 거벽의 역할이 무엇보다 중요했다.

원래 거벽은 특정한 분야에서 실력이 출중하거나 최고로 인정받은 사람을 가리키는 말이었다. 그중에서도 문장이 뛰어난 자를 문장거벽(文章巨擘)이라고 했는데 남의 글을 대신 지어주는 사람이라는 속어가 되었다.

조선시대 후기 대술(代述)이 성행하면서 거벽의 존재가치가 높아졌다. 과거시험을 대비해 한성의 일부 양반가에서는 글재주 뛰어난 지방 선비들을 불러들였다. 그들을 무엇이든지 다해주는 유모(乳母)라고 비아냥거리면서도 은밀한 관계를 유지해나갔다. 거벽은 문객으로 상주하거나 따로 지내다가 과거장에서 대신 글을 지어주고 성과에 따른 대가를 챙겼다. 그들은 직접 과거급제를 할 수 있는 실력자들이었다. 하지만 몰락한 양반 출신이거나 급제해도 출세하기 어려운 서자 또는 중인이었기에 대술로 살 수밖에 없었을 것이다. 일찌감치 출세를 포기하고 거벽의 길로 들어섰을 가능성이 높다.

영남지방의 이름난 거벽 유광억은 갑부로도 유명했다. 가난한 중인 출신인 그는 재력가 가문의 자제들을 급제시키고 꽤 많은 돈을 모았다. 그 명성은 날이 갈수록 높아졌지만 꼬리가 너무 길어 붙잡히고 말았다. 한성으로 압송되려고 하자 어차피 모진 고문 끝에 죽을 것이라 여겨 자살해버렸다.

거벽이 구상한 글을 보기 좋게 완성시키는 자가 사수였다. 거벽이 직접 쓸 수도 있었겠지만 악필일 경우 채점에 영향을 미쳤다. 사수도 거벽이 불러주는 글을 써야 했기에 어느 정도 글재주가 있었다. 하지만 무엇보다 바르고 신속히 쓰는 능력을 우선으로 삼았다. 그들 역시 거벽처럼 몰락한 양반이거나 중인의 신분으로 호구책 속

평생도
소과에 응시하는 과거장에서 선접군, 거벽, 사수가 판을 치는 광경이
적나라하게 묘사된 작자 미상의 작품 　국립중앙박물관 소장

에서 역할을 이어갔다.

　급기야 대리시험을 가려내고자 급제자를 따로 불러 자신이 쓴 글
을 암송하게 하는 일까지 벌어졌다. 정약용은 《목민심서》에서 '글
자 한 자 배우지 않고 뇌물로 글과 글씨를 사서 합격하는 부잣집 자
식들이 태반을 차지하고 있으나 나라에서 인재를 뽑는 유일한 길이
니 이 어찌 한심하지 않겠는가'고 개탄했다.

과거시험의 부조리에 대한 지탄과는 상관없이 부정행위 방법은 상상을 초월했고 이미 조선시대 깊숙이 뿌리박혀 있었다. 숙종 대 과거장으로 쓰인 성균관 반수당에서 수상한 대나무 통들이 발견된 일이 있다. 과거장 밖까지 연결된 그 속에는 노끈이 이어져 있었는데 과제를 매달아 내보내기 위한 용도였다. 공범에 의해 작성된 답안은 얼마 후 같은 방법을 통해 안으로 들어와 응시자에게 전해졌다. 범인은 색출하지 못했는데 대나무 통의 상태를 살펴보니 색이 바랜 오래된 것도 있었다고 한다.

명종 대 권신 이양의 아들 이정빈은 표절을 택했다. 표절로 장원급제를 한 뒤 이조좌랑까지 오른 그는 훗날 공론이 일어 삭직되고 말았다. 그 일을 개탄한 선조는 매번 대신들에게 '뛰어난 인물을 얻는 길은 과거뿐이지만 남의 글이나 베껴 쓰는 파렴치한은 엄중히 색출해 공명정대한 등용문으로 만들라'고 전교했다.

이름을 바꿔치기 하고 매수한 관리를 통해 과제를 빼돌리는 방법도 있었다. 예상 과제에 대한 답안을 미리 작성해 오거나 아예 참고할 서책을 소지한 채 임하는 사람마저 있을 만큼 부정행위는 천태만상이었다. 부정행위가 발각되면 시험은 당연히 무효가 되고 3년에 한 번 있는 식년시를 비롯해 알성시, 전시 등의 응시자격이 박탈되었다. 부가형으로 장형 1백 대와 3년의 도형(강제노역)에 처했으며 형을 더욱 강화해 강제로 군복무를 시키기도 했다.

강력한 단속과 무거운 죗값이 뒤따랐어도 부정행위는 근절되지 않았다. 출세하거나 양반으로서 당당히 살아가기 위한 자격증 따기에 사활을 걸었기 때문이다.

공민왕이 정말 그래서 죽었을까

고려 제31대 공민왕이 붉은 피를 흘리며 쓰러졌다. 자신이 가장 총애하던 자제위(子弟衛) 소속 홍륜 등에게 시해당하는 순간이었다.

자제위는 고려시대 후기 왕의 신변호위 겸 지도사 양성을 위해 설치한 관청이었다. 공신과 고관대작 자제 가운데 선발하고 대언 김흥경에게 지휘하도록 했다. 왕을 가까이서 보필하는 신하의 무리가 새롭게 등장한 것이다.

기왕이면 다홍치마라고 용모가 뛰어난 젊은 청년들로 구성했다. 영조 대 학자 이익의 《성호사설》에 의하면 그들 '어여쁜 청년들에게 분홍색 옷과 검은 예복을 입히고 왕 곁에서 시중을 들게 했는데 이것이 대전별감(조선의 대전 소속 별감)의 시초'라고도 한다. 그 정도의 외양이라면 왕의 좌우에서 수족이 돼주는 역할로 일단 그림은 좋았다. 그것이 화근이었을까, 공민왕이 차츰 그들에게 빠져들기 시작했다. 공민왕의 성격이 변하게 된 것은 사랑하는 노국공주가

공민왕과 노국공주 초상화
고려 제31대 공민왕과 비 노국공주의 초상   국립고궁박물관 소장

난산으로 죽은 후부터였다.

공민왕은 백성들에게 신망 받을 정도의 자질을 지녔지만 2번이나 왕위에 오르지 못한 이력이 있었다. 당시 고려를 지배하고 있던 원나라의 황실 출신이 아니라는 혈통상의 문제 때문이었다. 공민왕은 원나라 황족인 위왕의 딸 노국공주와 혼인하면서 전환점을 맞이했다. 충정왕이 재위 3년 만에 폐위되자 왕위에 오른 그는 원나라의 속박에서 벗어나려는 의욕을 다졌다.

12세부터 전례에 따라 원나라에서 10년을 보낸 바 있는 공민왕은 미래를 내다보고 있었다. 그곳 내정을 누구보다 잘 알았고 각지에서 일어난 반란으로 곧 멸망할 것이라고 확신했다. 그의 영토회복과 국권회복의 의지를 응원하던 노국공주에 대한 사랑은 각별할 수밖에 없었다. 혼인한 지 10년이 넘도록 후사를 두지 못했는데도 계비를 맞이하지 않을 정도였다.

16년 만에 노국공주가 어렵게 임신했지만 분만 도중 태아와 함께 죽자 공민왕은 깊은 절망에 빠졌다. 공민왕은 노국공주에 대한 사랑과 미안함을 드러내고자 했다. 노국공주의 무덤 정릉(正陵)과 신위를 모시는 영전(影殿)의 조성공사를 진행시켰다. 공민왕은 장엄하고 화려한 조성공사에 애착을 보였지만 백성들의 원망은 차츰 높아갔다.

공민왕의 방황은 쉽게 끝나지 않았다. 노국공주의 초상화를 직접 그려 벽에 걸어두고 밤낮으로 바라보며 눈물만 흘릴 뿐 정사조차 제대로 돌보지 않았다. 승려 신돈에게 국정을 떠맡겨 현명한 인재를 쫓아내거나 죽이는 결과를 불러왔다. 변태적인 성향까지 생겨 자제위 청년들을 가까이 했고 밤이면 어울려 은밀히 유희를 즐겼다. 《여사제강》에 보면 '항상 스스로 화장을 하고 여인의 모습을 한 채 홍륜 등을 끌어들여 마음껏 음란한 짓을 했다'고 한다. 또 따로 경대부 자제 가운데 선발한 미소년들을 두리속고치(頭裏速古赤)리 부르며 시중들게 했는데 역시 공민왕의 사랑을 받았다. 그러면서도 후사에 대한 집착은 버리지 못했는지 《무명자집》에 그 속사정이 담겨있다.

자제위란 이름이 새롭고도 기이했으니 (子弟衛名新且奇)
어리고 예쁜 사내를 선발해 채웠다오 (選充年少與丰儀)
흥경과 윤과 안이 늘 침실에서 모셨고 (興慶倫安常侍內)
왕은 밤낮으로 아들 태어나길 바랐다오 (君王日夜望熊羆)

그런 일이 드러날 때마다 공민왕의 호위군사 지휘관으로 있던 조준의 입에서는 깊은 탄식이 터져 나왔다.

"사람의 도리도 없어졌으니 이 일을 어찌할꼬. 더군다나 죄를 다스리고 벼슬을 주는 일마저 군자를 놔두고 늘 소인배들과 의논하고 계시니 참으로 위태로운 시국이로다!"

공민왕의 총애를 받아 벼슬까지 하게 된 조준으로서는 암담함 그 자체였다. 그는 훗날 전제개혁(私田改革) 단행을 통해 기반을 닦고 정도전 등과 함께 이성계를 추대해 조선 개국 일등공신이 된다.

노국공주가 죽은 뒤 계비를 들이기도 했지만 공민왕에게는 여전히 후사가 없었다. 그 무렵 더 큰 불행의 불씨가 공민왕의 머릿속에서 싹트고 있었다. 그는 자제위들로 하여금 자신의 계비들과 강제로 동침시키기로 작정했다. 그중에 낳은 아들을 후계자로 삼기 위해서였다. 정비 안씨, 혜비 이씨, 신비 염씨는 사생결단으로 끝내 항거했다. 충신들의 진언이 빗발쳤어도 공민왕은 귀담아듣지 않았다. 그는 익비 왕씨에게도 동침할 것을 강요했다. 그녀 역시 거절했지만 칼까지 빼드는 바람에 어쩔 수 없었다. 홍륜 등은 어명이라 둘러대며 왕씨의 처소를 왕래하기 시작했다.

급기야 홍륜이 익비 왕씨를 임신시키는 일이 벌어졌다. 그 사실을 환관 최만생이 은밀히 알려오자 공민왕은 기뻐하면서도 단호한 태도를 보였다.

"이를 아는 자 모두 죽일 수밖에 없다!"

공민왕은 비밀이 누설될까봐 홍륜은 물론 최만생 등도 함께 처치하려고 했다. 최만생은 자신의 목숨도 위태롭다는 현실을 깨닫고 홍륜에게 급히 알렸다. 며칠 후 홍륜 등은 신하와 궁녀들을 닥치는 대로 살상하고 곳곳에 불을 질렀다. 술에 취해 자고 있던 공민왕은 놀라 도망치려고 했지만 그들에 의해 시해되고 말았다. 그들이 휘두른 칼에 뇌수가 벽까지 튀어 붙을 정도로 처참했는데 그의 나이 45세였다. 역모에 가담한 자들은 그해 새로 들어선 정권에 의해 효수되었고 가산까지 몰수당했으며 자제위는 폐지되었다.

정말 공민왕은 그래서 죽임을 당한 것일까? 공민왕이 자제위 청년들과 동성애를 즐기고 그들로 하여금 계비와 동침하게 했다는 등의 내용은 조선시대 전기 사가들에 의한 기록이다. 조선왕조의 개국을 정당화하기 위한 의도적인 왜곡으로 보는 시각이 강하다.

친원(親元) 세력을 제거하고 개혁정치를 추진했던 공민왕이 위태로웠던 것은 사실이다. 그의 죽음에 대한 원인은 불명확하지만 사별한 노국공주와 그녀를 위한 조성공사가 어느 정도 작용했다는 해석이다. 10년 넘게 지속되는 조성공사에 신음하던 백성들은 연일 중지할 것을 호소했다. 그러나 민심을 공민왕에게 전하려던 신하가 목숨이 위태롭게 되자 더는 간언하는 사람이 없었다. 《고려사》에 당시 상황이 담겨져 있는데 '영전의 공사를 오래 끄는 탓에 엄청난 노역과 경비가 들었으며 죽은 일꾼들의 시신이 길에 깔렸어도 감히 말을 꺼내지 못했다'고 한다. 설상가상 백성들과는 달리 권문세가들은 소유한 것들을 빼앗길까봐 공민왕의 개혁정치를 강력히 반대하고 나섰다.

원나라 후기의 혼란한 틈을 이용해 홍건적이 개경(개성)까지 침입해 공민왕이 경상도 안동으로 피난을 가야 하는 일도 벌어졌다. 왜구들의 잦은 출몰까지 겹치는 국내외 불안한 시국 속에서 더 이상의 개혁은 추진할 수 없었다. 그러던 중 자신이 설치한 자제위 소속 홍륜 등에 의해 최후를 맞이한 것이다.

해가 먹히지 않도록
소복을 입고 북을 쳐라

간밤에 달이 먹히는 변고가 생겨 처참한 광경이 벌어졌는데도 길거리와 관부에서 밤새 징을 울려 구제하지 않았다. 이는 매우 놀라운 일로 한성부 오부(五部)의 해당 관원을 당장 추고하라.

달 전체가 보이지 않는데도 아무런 대처를 하지 않자 대노한 인조가 내린 명이다.

일식(日蝕)과 월식(月蝕)을 자연현상으로 받아들이지 못했던 시절 두려움 속에서 징을 울려야만 했다. 두 단어의 음을 '日食'과 '月食'으로도 쓰는데 해(달)를 좀먹고(蝕) 먹는다(食)는 뜻이 된다. 해와 달을 바라보며 농사를 지어온 농경사회에서 크나큰 재앙이 아닐 수 없었다. 더군다나 해는 왕이고 달은 고관대작의 상징으로 여겨 두 믿음이 먹히는 날이면 온 백성이 두려움에 떨어야 했다. 공포를 몰아내는 방법은 왕마다 조금씩 달랐다.

조선시대 전기부터 일식과 월식을 하늘의 경고라고 믿어 구식례(救食禮)를 지내기 시작했다. 천변(天變)과의 전쟁선포로 각 관청 관리들이 일식 때는 소복차림에 북을 치고 월식에는 징을 울려 왕이 승리하기를 성원한 것이다. 소복을 입는 것은 스스로를 나라에 불길한 기운을 불러온 죄인이라 여겼기 때문이었다. 왕 역시 소복차림으로 인정전 월대 위에서 석고대죄 하듯 해나 달이 다시 나오기를 기원했다.

세종은 일식과 월식이 발생했을 때 삼가해야 할 일들을 당부하기도 했다.

"일식과 월식은 하늘의 변고 중에서도 큰일이니 마땅히 음악을 끊고 사형집행과 짐승의 도살을 금해야 한다. 아울러 조회와 시장을 중단시켜 천변의 두려움을 알아야 할 것이다."

태종 대 일식의 시기를 잘못 예측한 서운관(관상감 전신)부정 박염을 귀양 보낸 일이 있었는데 세종 대 역시 같은 일이 벌어졌다. 일식을 1각(刻) 앞당겨 계산한 죄로 서운관술자 이천봉이 매질을 당한 것이다.

일식이 있어도 구름에 가려 보이지 않을 때는 구식례를 생략하기도 했다. 서운관에서 구름이 몰려올 것이라고 아뢰자 세종은 각도에 유시를 내려 해의 먹히는 정도를 알아보게 했다. 얼마 후 보고에 의하면 짙은 구름에 가려 보이지 않는 곳과 더러 현상이 생겼다는 지역도 있었다.

세조 대는 구름에 가려 일식이 관측되지 않았는데 구식례를 치렀다. 궁궐 문을 활짝 열어놓고 장날이 아닌데도 시장을 열었다. 장이

서 북적이고 사람들이 왁자지껄 떠들어대면 악귀가 물러날 것이라
는 믿음 때문이었다.

일식의 시기를 정확히 예측해 포상을 받기도 했는데 성종 대의
일이다. 서운관의 관원 조희윤은 그 대가로 아마(兒馬, 왕이 하사하던
어린 말) 한 필을 받았는데 얼마 후 월식까지 알아맞혀 옷 한 벌도 얻
을 수 있었다. 그러나 예측과 천변을 대하는 백성들의 현실상황은
별개였다. 하늘에 작은 변고만 생겨도 전전긍긍하며 몸을 사리기
일쑤였다. 중종은 궁궐에 제단까지 만들어 옥황상제가 재난을 막아
주기를 기원할 수밖에 없었다.

구식례는 상황에 따라 예를 갖춰 치러지고 생략되기도 하다가 조
선시대 중기부터는 잘 지켜지지 않았다. 다시 엄격하게 시행된 것
은 예법을 강조한 후기 영조 대였다. 구식례가 형식적인 예에 지나
지 않는다며 폐지된 것은 고종 대로 조선왕조 내내 하늘을 향해 빌
었던 것이다.

조선시대 왕을 비롯해 조정대신 이하 관료들은 사실 일식과 월식
에 대해 그 실체는 몰랐어도 어느 때가 되면 벌어지는 현상임을 인
식하고 있었다. 당시의 과학수준은 생각보다 높아 천체의 움직임
을 모두 파악할 정도였다. 구식례를 비롯한 왕들의 처신은 백성을
위한 요식행위이자 이벤트였을 가능성이 농후하다. 구식례와 같은
의식을 치르지 않을 경우 우매한 백성들이 더욱 두려워해 동요할
까봐 예법으로 정착시켰다는 견해다. 그래서 세종 대 구름으로 인
해 해가 보이지 않자 구식례를 생략할 수 있었다. 고종 대의 폐지
는 인식의 변화 등으로 더 이상 필요가 없어진 형식이라고 판단했

기 때문이다.

그 옛날 일식과 월식을 대하는 사람들의 태도는 변함이 없지만 관측하는 기술까지 원시적인 것은 아니었다. 오차가 없었던 것은 아니지만 비교적 하늘의 변화를 정확히 예측했다. 그 기록은 현재에도 천문학 자료로 활용될 만큼의 가치가 있었다. 우리는 예로부터 이어온 농경사회로 인해 농사의 절기를 알리는 천문학이 발달했다. 그래서 천체의 움직임을 관측해 파종과 추수 등 정확한 시기를 짚어낼 수 있었던 것이다.

일식과 월식의 관측은 삼국시대부터 있어왔다. 신라의 첨성대와 고구려의 여러 벽화에 남겨진 그림(해, 달, 별자리)으로 얼마든지 확인 가능하다. 고려시대 역시 '고려 첨성대'라는 천문대가 존재했다. 서운관에서 하늘과 땅의 이변을 관측해 기록하고 역서(曆書)를 편찬하며 절기와 날씨 그리고 시간을 관장했다. 그러나 몽골과의 기나긴 전쟁으로 천문학은 더 이상 발전할 수 없었다.

조선시대 전기 천문학이 괄목할 만한 발전을 보이게 된 이유 가운데는 태조 이성계의 심중도 포함되어있었다. 그는 천체의 움직임은 왕조와 왕의 운명과도 직결된다고 보았다. 조선이 천명에 의해 세워진 왕조이며 자신 역시 백성을 잘 다스릴 왕임을 강조하기 위해 새로운 천문도가 절실했다. 그렇게 권근 등 학자들이 각고 끝에 탄생시킨 것이 국보 제228호 '천상열차분야지도(天象列次分野之圖)'였다. 고구려의 천문도를 참고해 직육면체 흑요석에 새긴 것으로 거의 모든 별자리를 담고 있다.

그 후 세종은 서운관에 독자적인 달력을 제작하도록 지시했고 경

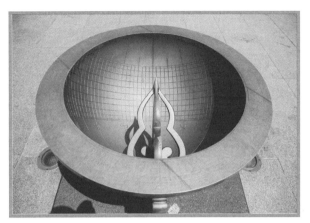

앙부일구

세종 대 널리 보급된 해시계. 백성들이 시간을 쉽게 읽을 수 있도록 12간
지 한자 대신 12개의 동물 그림으로 시각을 표시했다.

복궁 안에 간의대(천문대)를 세웠다. 그곳에 혼천의(천문관측기), 앙부
일구(해시계), 자격루(물시계), 옥루(자동물시계) 등 여러 관측기기들이
설치되어 천문학은 세계적인 수준에 오를 수 있었다.

　하늘의 이변에 대해 허둥지둥 갈피를 잡지 못하는 모습으로 비쳐
졌던 조선시대 왕들은 사실 믿는 구석이 있었던 것이다. 단지 백성
들을 위하는 마음에서 의식을 치르고 단속하며 과민반응을 보였던
것은 아니었을까. 구식례의 경우 해와 달이 온전한 모습이 될 때까
지 진행되었다. 더 큰 이변 없이 정상 회복된다는 사실을 이미 알았
다는 증거다. 왕이 승리한 전쟁임을 과시하려는 의도도 포함되어있
는 것이다. 백성들에게 자긍심을 심어주려는 성심이자 지혜였다고
해석하면 무리일까.

양반가 잔칫상과
왕의 수라상에도 올랐던 수제비

녹색 구슬 가지에 맺혔고　　　(綠珠枝上結)

검은 옥 잎사귀 속에 달렸네　　(玄玉葉中垂)

죽을 끓어 먹으면 체증 풀리고 (煮粥寬胸滯)

수제비 끓이면 허기를 달래네 (烹餅理腹飢)

　광해군 대 선비 이응희가 시로 쓴 백과사전 《옥담사집》에 수록된
〈율무〉의 일부다. 그는 〈수수〉편에서도 '비록 밥을 지어 먹을 수 없
지만 수제비를 만들어 먹기에는 좋아라'며 수제비를 다루고 있다.
그러나 율무와 수수로 만든 수제비 역시 밀가루를 어느 정도 섞은
상태라 가능했을 것이다.

　밀가루를 반죽해 맑은 장국 등에 적당한 크기로 떼어 넣어 끓인
음식이 수제비다. 중국에서 전래되었다고 알려진 수제비는 국수와
함께 이미 고려시대 때부터 먹기 시작했다. 두 음식을 유독 즐긴 탓

인지 당시 밀의 공급량이 부족해 송나라로부터 수입했다는 기록이 있다.

수제비라는 말은 조선시대 때부터 시작되었다고 보는데 손 수(手)와 접을 접(摺)을 써서 '수접(手摺)'이라고 하던 것이 '수접이'로 불리다가 차츰 '수제비'로 굳어졌다고 추정된다. 그 후 근대에 이르기까지 지역마다 부르는 명칭도 다양해져 경기도와 강원도에서는 뜨덕국, 뜨데기, 전라도에서는 떠넌죽, 띠연죽, 경상도에서는 수지비, 밀제비, 밀까리장국이라고 했다. 특히 경상도 봉화에서는 벙으래기, 통영에서는 군둥집이라고도 했으며 제주도에서는 저배기라고 불렀다. 북한에서는 밀가루뜨더국이라고 하는데 밀가루반죽을 뜯어 만든 국에서 나온 말이다.

조선시대에는 수제비를 운두병(雲頭餠)이라고도 불렀다. 끓는 장국에 밀가루반죽을 뜯어 넣으면 익은 후 둥둥 뜬 모양이 하늘의 구름 같아서 붙여진 이름이라고 전해진다. 수제비하면 서민의 음식 가운데 하나라고 생각하는데 당시에는 양반가의 특식이었다. 고품질의 밀가루에 다진 고기와 기름, 장, 파, 후춧가루, 계핏가루 등을 넣은 되직한 반죽이 쓰였다. 닭을 삶아낸 장국에 반죽을 숟가락으로 떠 넣고 끓여 그릇에 담은 뒤에는 찢어놓은 닭고기를 얹었다. 조리과정과 사용된 재료만 봐도 양반가의 음식임을 짐작할 수 있다.

수제비는 양반가의 잔칫상에도 오를 만큼 특식에 속했다. 서민들이 끼니를 때우고자 대충 만들어먹던 음식이 아니었다. 생일과 혼례 등 잔칫날에 장수와 백년회로를 기원하며 차리는 국수처럼 잔칫상을 장식하던 것이 수제비였다. 수제비가 왕의 수라상에도 올랐다는 문헌이 있다. 조선시대 전기 세종, 문종, 세조 대에 걸쳐 전의감 의관을 지낸 전순의의 《산가요록》에는 수제비를 '나화(剌花)' 또는 '수라화(水剌花)' 등으로 표기하고 있다. 왕의 밥상이 수라상(水剌床) 이니 수제비인 수라화는 곧 '수라의 꽃'만큼 의미 있는 음식이 아니 었을까 추정할 수 있다.

수제비가 양반가의 음식이라지만 그들이 바라보는 시각에는 조 금씩 차이가 있었다. 숙종 대 여주목사를 역임한 목천성은 검소하 고 곧은 성품에 말수가 적어서 집안의 나이든 노비들조차 감히 쳐 다보지 못했다. 그는 평소 손님이 오면 진수성찬을 물리고 수제비 를 내오게 해서 마주하고 먹었다. 수제비를 수수한 생활을 지키면 서도 누릴 수 있는 특식의 개념으로 본 것은 아니었을까.

영조 대 학자 이상정은 말년에 열병을 크게 앓아 잇몸이 썩기도 했는데 지인에게 보낸 서찰을 통해 '밀과 보리가 익어가니 조만간 수제비 한 사발 먹을 수 있겠다'며 수제비에 대한 남다른 기호를 드 러냈다. 철종 대 충청도 문의현령으로 있던 윤종의는 1년 가까이 잠 도 제대로 자지 못한 채 어머니 병구완을 한 효자로 알려진 인물이 다. 그러나 결국 어머니가 수제비와 돼지고기를 잘못 먹고 생긴 병 으로 죽자 평생 입에 대지 않았다고 한다.

밀가루를 쉽게 구할 수 없었던 지역에서는 쌀가루로 수제비를 만 들어 잔칫상을 마련했다. 추수 후 쌀은 얻지만 밀가루가 없고 그것 을 살 현금조차 넉넉하지 못할 때 유용했다. 쌀을 팔아 밀가루를 사 는 번거로움보다 아예 쌀가루를 반죽해 만들었던 것이다. 오히려 쌀수제비는 특히 농촌에서 추수가 끝난 뒤 한철에만 맛볼 수 있었

수제비
조선시대 양반가의 특식이자 왕도 즐겼던 수제비

기에 귀한 음식으로 인식되기도 했다.

수제비가 다양한 형태로 개발된 것도 귀한 밀가루를 적게 넣어 만들 수 있다는 장점 때문이었다. 밀가루를 체질하고 남은 찌꺼기로 만든 노깨수제비, 통밀을 맷돌에 갈아 만든 막갈이수제비, 어린 보리 싹을 볶고 찧어 만든 보리수제비, 보리쌀을 깨끗이 찧어 얻은 겨로 만든 겨수제비가 있었다. 메밀가루의 메밀수제비, 감자녹말의 감자수제비, 칡뿌리녹말의 칡수제비, 송기가루의 송기수제비 등도 아쉬운 밥상을 달래주었다.

조선시대에 양반가 특식이었던 수제비가 서민들의 대중음식으로 탈바꿈하게 된 것은 1950년대 중반이었다. 그 계기를 한국전쟁 후 미국으로부터 대량 반입되기 시작한 구호물자인 밀가루로 보고 있다. 그 전에는 밀가루를 구하기 힘들었고 있어도 고가여서 서민들은 엄두를 내지 못했다. 그러다 수제비는 차츰 서민들의 중요한 주식으로까지 자리 잡게 되었다.

그 후 쌀 생산량의 부족으로 절미운동을 해오던 정부가 그 일환으로 쌀막걸리 제조금지와 '혼·분식 장려운동'을 벌였고 '분식의 날'까지 지정해 밀가루의 소비는 더욱 늘어났다. 매주 수요일과 토요일 전국 식당에서 오전 11시~오후 5시까지 쌀로 만든 음식을 팔지 못하게 규제한 것이다. 대신 국수, 짜장면, 만두와 같은 밀가루 음식을 팔아야 했기에 자연스럽게 수제비의 수요도 증가할 수밖에 없어 대중화를 부추겼다. 쌀의 자급이 달성된 1977년 해제될 때까지 이어진 일명 '무미일(無味日)'은 밥의 섭취를 줄이기 위해 설렁탕에 국수사리를 넣게 하는 원인이 되었다고도 한다.

요즘 그 옛날처럼 생일, 결혼식, 고희연 등에 수제비를 내놓으면 뒷말이 생길 것이다. 생활수준이 높아진 지금에는 특식과 주식이 아닌 지난날의 향수를 담아먹는 별미에 속한다. 새참으로 먹거나 어쩌다 외식으로 맛집을 찾아 맛보는 정도다. 칼제비와 라제비까지 응용되어 색다른 풍미를 경험할 수도 있게 되었다. 물론 간편하게 집에서 해먹기도 하는데 국물의 양이 많아 조금만 먹어도 포만감이 와서 필요영양분 섭취가 어렵다는 단점이 있다. 그럴 때는 가능하면 육류와 어패류 그리고 각종 채소 등을 함께 섞어 먹는 것이 좋다.

부엌에서 살다시피 했는데
고추가 안 떨어진 남자들

조선시대 권문세가에서 일상적인 음식 준비는 주로 안방마님이나 며느리의 지시 아래 계집종들이 했다. 그러나 잔치와 같은 많은 양이 필요할 때는 외부에서 전문 조리사를 불러야 했다. 그때 부엌칼과 국자를 들고 방문한 조리사들은 모두 남자였다. 그들을 숙수(熟手)라고 했는데 궁궐에 전속된 자를 대령숙수(待令熟手)라 불렀다. 대령, 말 그대로 어명을 기다리는 조리사인 것이다.

종9품에서 종6품까지 품계를 지닌 중인계급의 대령숙수들은 궁궐 밖에서 살며 가정도 꾸리고 있었다. 궁중에서 연회가 열리면 출퇴근하면서 10세 전후의 아들을 조수 삼아 데리고 다녔다. 아들에게 조리기술을 전수해 대물림하기 위해서였다. 그들 모두 궁중음식을 맡은 이조의 사옹원(司饔院) 소속이었다.

사옹원은 진상된 음식 관련 물품들을 맡아 관리하며 필요할 때 조달하는 관청이다. 사옹원의 '옹(饔)'은 음식물을 잘 익힌다는 뜻으로 '할팽전화(割烹煎和)'를 함축하고 있다. 썰고(割) 삶고(烹) 조리고(煎) 양념해(和) 맛있는 음식을 만든다는 의미다. 사옹원에는 정1품의 도제조를 비롯해 제조, 부제조, 제거, 제검을 두었다. 그밖에도 정, 첨정, 판관, 주부, 직장, 봉사, 참봉이 있었다. 그들은 행정 실무직이었으며 실제로 궁궐 내의 대전, 왕비전, 문소전, 세자궁, 빈궁 등의 수라간에서 음식을 담당하는 것은 잡직인 숙수였다. 총책임 주방장 재부(宰夫, 종6품 1명), 식사 담당관 부주방장 선부(膳夫, 종7품 1명), 조리사 조부(調夫, 종8품 2명), 불을 다루는 임부(飪夫, 정9품 2명), 삶기를 담당하는 팽부(烹夫, 종9품 7명) 등이다.

숙수 아래 임시 고용한 노비들로 구성된 각색장(各色掌)이 있었다. 고도의 조리기술을 지녔던 숙수들이 가장 하층계급인 그들을 지휘하고 감독했다. 각색장들 역시 숙수라고도 불렀는데 육류 조리를 담당한 별사옹, 물 끓이는 업무의 탕수색, 상 차리기의 상배색, 고기 굽기의 적색, 밥 짓기의 반공, 두부 제조의 포장, 술 빚기의 주색, 차 담당의 다색, 떡 담당의 병공, 찜 담당의 증색, 등촉 담당의 등촉색, 은그릇 관리의 성상, 능침 등의 청소 담당 수복, 마당 청소와 물 긷기의 수공, 별감 등이 있어 한번 연회가 열리면 대규모 인원이 동원되었다.

왕과 왕비의 수라는 평소 소주방(燒廚房)에서 해결해 문제가 없지만 진연(進宴, 나라 경사 시의 연회)과 같은 큰 규모일 경우 조리할 수 있는 공간이 부족했다. 연회의 모든 준비는 숙설청(熟設廳)에서 하는데 진연의 경우 일시적으로 진연도감(進宴都監)을 설치하고 숙설소(熟設所)를 세웠다. 숙설소는 임시로 세운 주방으로 감관이 파견되고 40~50명에 이르는 숙수가 음식을 담당했다.

선조 대 예조에서 70세가 넘은 노인들을 초청해 장수를 축하하는 경수연(慶壽宴)을 베푼 일이 있었다. 2년 전 한성부우윤 이거가 100세가 된 어머니의 축하연을 열겠다고 했을 때였다. 전국이 임진왜란 후유증에 시달리고 있어 작은 연회도 엄격히 제한되던 시국이었지만 선조는 기뻐하며 어명으로 특별히 허락했다. 조정이 평안도 의주까지 몽진할 정도로 피해가 심했던 전란을 겪고도 장수한 노인이 있다는 사실을 알리고 싶은 속내였다. 선조는 매우 흡족한 나머지 이거를 형조참판으로 승진시키기까지 했다. 그 계기로 70세 이상의 노모를 봉양하던 고관대작들이 봉로계(奉老契)라는 계를 조직하게 되었다. 그들이 노모를 모시고 경수연을 열겠다고 청하자 선조가 이번에도 흔쾌히 받아들였다. 풍악까지 허락했으며 사옹원으로 하여금 음식 준비에도 만전을 기하라는 명을 내릴 정도였다.

그 연회의 장면들이 〈선묘조제재경수연도〉라는 5폭 병풍에 담겨 전해진다. 그림에는 찾아온 하객들로 가득한 대문 안과 밖에서 말과 함께 주인을 기다리는 시종의 모습이 먼저 눈에 띈다. 음식을 준비하느라 분주한 움직임이 드러나 있으며 계원인 고관대작들이 모여 있는 모습과 노모에게 예를 드리고 연회가 벌어지는 장면으로 이어져 있다.

유독 눈에 띄는 것이 임시 주방인 숙설소 주변의 풍경이다. 손님이 모여 있는 차일 뒤쪽으로 음식준비를 하는 숙수들 모습이 생동감 있게 표현되어있다. 솥에 불을 때며 조리하는 사람, 긴 부엌칼을 들고 있는 사람, 국자로 항아리에서 술을 푸는 사람, 커다란 채반에

선묘조제재경수연도
선조 38년(1605) 4월 신하들이 70세 이상의 노모를 모시고 벌인 경수연의 모습을 5개 장면으로 나누어 그린 화권
고려대학교박물관 소장

음식을 담아 나르는 사람 등이 있는데 모두 남자다. 예로부터 남자가 부엌에 들어가면 고추가 떨어진다고 했으나 그들은 거의 종일 살다시피 하고도 멀쩡했다. 정서마저 허물만큼 그들을 부엌, 그것도 궁궐 내 주방에서 필요로 했던 이유가 있다.

왕실의 연회와 제사는 하루가 멀다 하고 열려 우선 체력적으로 남자가 적합했다. 궁중음식은 조리과정이 복잡하고 국이나 탕 하나 완성하려고 해도 서너 시간이 소요되었다. 조리는 모두 나무와 숯을 사용했고 한여름에도 하루에 네다섯 번 불 앞에 있어야 했다. 특히 대령숙수는 야참을 대령하라는 왕의 명이 있을지 몰라 밤늦도록 항시 대기로 조리할 준비를 갖추고 있을 수밖에 없었다. 궁궐뿐만 아니라 정조 대 화성행차처럼 장거리 출장에 나서 왕은 물론 공식수행원을 포함한 수천 명의 식사를 책임졌다. 권문세가의 요청이 있으면 달려가 반생작업을 하는 일도 있었기에 강한 체력이 요구되었다.

수라간은 왕의 건강과 생명에 직접적인 연관이 있는 장소로 건장한 남자들이 종사하는 것이 행여 벌어질지 모르는 실수를 사전에 차단할 수 있는 예방책이었다. 그리고 수라를 정적 세력에게 맡길 수 없어 가장 신임할 수 있는 측근에게 일임했는데 남자가 적합하다는 판단도 한몫을 했다. 왕의 수라는 단순한 음식이 아니라 약이라는 개념이 강했다. 그래서 기초적인 의학상식을 제대로 갖추고 실전에 적용하는 것 역시 남자가 유리하다는 생각도 있었다. 종합해보면 나라의 공식 업무인 수라간에서의 조리작업을 여자에게 맡길 수 없다는 유교적 인식이 작용한 결과였다.

수라간에도 수라상궁과 나인 등 여자는 분명 있었다. 그러나 나인들은 왕과 왕비에게 음식을 운반하는 일이 주된 임무였다. 나머지는 식자재를 옮기거나 설거지 등의 조리사 보조역할로 그쳤고 수라상궁은 그녀들을 지휘하고 감독만 했다. 수라상궁은 수라간의 일을 주재했지만 직접 손에 물을 묻히지는 않았던 것이다. 왕의 수라상 가까이 있던 기미상궁 역시 검식이나 시중을 들뿐 부엌칼을 쥐는 일은 없었다.

숙수들에게 조선왕조의 종말은 새로운 전환점이 되었다. 사옹원은 1885년 전선사(典膳司)로 명칭이 바뀌면서 궁내부에 소속된 뒤 폐지되었다. 궁궐에 있던 대령숙수들도 졸지에 실업자 신세가 되었는데 일부는 궁중요릿집을 개업했다. 대표적인 인물이 전선사 책임자이자 고종의 전속요리사였던 안순환이다. 그가 1903년 황토마루(현 서울시 종로구 세종로 사거리)에 명월관을 세우면서 일반인에게도 궁중음식이 본격적으로 알려졌다.

궁중요리가 입소문이 나자 일반인들 사이에 선풍적인 인기를 끌었고 일본 관광객까지 몰려들었다. 대한제국마저 무너지고 일제강점기로 접어들자 그 수가 줄어들고 숙수 출신 요리사들도 하나둘 자취를 감췄다. 그러나 조선시대 궁중의 맛을 지금까지 이어놓은 그들은 또 하나의 감칠맛 나는 역사였다.

고려시대에도 전쟁터에
군의관이 있었다

　인조는 겨울철 군사들이 한데서 지낸다는 말에 짚으로 커다란 광주리를 만들어 그 안에서 잠을 자도록 했다. 그때부터 동사하는 사람이 없었다는데 군사를 걱정하는 마음은 아들 효종도 마찬가지였다.

　병자호란의 뼈아픈 기억을 씻어내지 못한 효종은 암암리에 북벌을 준비하고 있었다. 그러자면 자신은 물론 조정과 백성들이 일심단결로 검약하고 소박한 생활을 해야 한다고 강조했다. 그 실천의 하나로 선비들에게 낡은 서책이나 서찰 등 각종 파지를 모아두도록 명을 내렸다. 겨울이 닥치기 전 변방의 군사들에게 보내기 위해서였는데 훌륭한 속옷 재료가 되었다. 종이 원료인 닥나무 섬유가 보온에도 뛰어나 지의(紙衣, 종이 옷)를 만드는 데 제격이었던 것이다.

　변방과 전쟁터에서 목숨을 내놓고 싸우는 군사들에게 무엇보다 필요한 것은 의료시설이었다. 부상은 적과의 전투에서 생긴 자상과 찰과상 그리고 골절이 주를 이루었다. 그중에서도 칼과 창에 베이고 찔린 상처는 예후가 좋지 않았다. 쇠붙이 날에 오염까지 심해 상처가 생겼을 때 신속한 치료가 필요했다. 환부가 더 커지고 과출혈이 생기며 균의 침투로 인해 염증에 시달리기 때문이었다. 행여 녹이 슨 날에 부상을 당했다면 파상풍 위험도 경계해야 했다.

더 심각한 것은 장기까지 손상되었을 경우로 무엇보다 신속하고 전문적인 진단과 치료가 급선무였다. 치료시기를 놓쳐 악화되어 목숨까지 잃게 되는 일이 빈번했다. 설상가상 전염병마저 창궐하면 사망률이 더 높았다. 이질과 장티푸스와 같은 전염병에 온갖 피부병까지 생겨 직접적인 전투에서보다 더 많은 군사가 죽어나갔다.

그 대책으로 군의관(軍醫官)을 파견하기 시작했는데 세계 최초는 1914년 제1차 세계대전 때라고 한다. 그런데 고려 인종 대 이미 군의관에 관한 기록이 있다. 《고려사》에 의하면 '인종 24년(1146) 각 군(軍)의 정찰담당 지휘관이 약원(樂員) 5인을 사용했다'고 한다. 약원이 의료업무인 군의관 역할을 한 것으로 볼 수 있다. 조선시대에는 의원이 병조의 군직(軍職)으로 근무했다.

세종 대 공조참의 장우량이 아뢴 내용이다.

"지금 경상우도 수군 천여 명 가운데 백여 명이나 감기와 열병 그리고 봄철 돌림병에 걸려있사옵니다. 하옵고 열에 여덟아홉은 갑작스러운 두통과 복통을 호소하고 있는 형편이옵니다. 인근 고을에서 의학을 공부하는 의학생도에게 도움을 청했으나 글을 잘 안지 못해 진찰하는 방법조차 모르는 자들이 있었사옵니다. 하여 진단이 어긋나고 조제한 약도 효험을 보지 못하고 있는 실정이옵니다."

인명사고까지 발생한다는 보고에 세종은 고심하지 않을 수 없었다. 당시 나라에서 파견된 의원 한 명이 경상도 60여 군(郡)을 순회하며 치료업무를 담당하고 있었다. 하지만 내륙의 백성들에게만 국한되었고 해안과 섬에 주둔한 수군(水軍)에게까지는 손길이 미치지 못했다.

세종은 실력이 뛰어난 의원들을 선발해 각 도의 감영과 병영에 한 사람씩 보내도록 명했다. 그들은 1년 순환근무로 매년마다 치료실적을 보고하도록 해서 상벌의 근거로 삼는 등 철저한 관리감독 하에 있었다.

세조 대 여진족이 두만강을 넘어와 민가에서 약탈을 일삼자 세조는 군사를 파견했다. 그런데 타지에서의 복무 때문인지 많은 군사가 풍토병에 걸려 고생하다 죽는 일까지 벌어졌다. 세조는 함경도 절제사 양정에게 어찰을 보냈다.

그곳의 군사들은 갑옷으로 몸을 감싸고 예리한 병장기를 든 채 싸우고 있다. 헌데 질병이 생기고 몸이 아프면 의원은커녕 합당한 약도 없으니 속수무책으로 죽어갈 것이다. 이 위급함에 약간의 약을 챙겨 의원을 보냈으니 그대는 병든 군사를 잘 돌볼 수 있도록 모든 조치를 취해 짐이 백성을 생각하는 뜻을 잘 받들도록 하라.

양정은 어명에 따라 병영 내 의료시설을 갖추고 의원으로 하여금 진료와 약 조제를 할 수 있게 했다. 파견된 군의관은 풍토병 외 동상과 식중독의 예방 및 치료에도 맡은 바 임무를 다했다. 그로 인해

각종 한약재

군사들의 사기진작은 물론 몸을 사리던 나약함마저 사라지게 하는 힘이 되었디.

　한편 정유재란 당시 군의관으로 종군한 일본 의승(醫僧) 케이넨은 조선의 참담한 실상을 기록하는 역할도 한 모양이다. 그의 종군일지 《조선일일기》에는 '재물을 빼앗고 살상하려고 벌떼처럼 몰려들어 서로 다투는 모습들이 끔찍했다'거나 '들과 산은 물론 섬도 전부 불태우고 죄 없는 사람을 마구 죽여 부모를 찾는 아이들의 울부짖는 소리가 지옥과도 같다'는 내용이 있다. 또 '아이를 잡아가자 애원하는 그 아비를 칼로 찔러 죽이니 다시는 서로 복수 없게 되었다'며 '살아남은 아이들은 귀신이 덮친 것처럼 공포와 두려움에 몸을 벌벌 떨고 있었다'고 그날의 살풍경을 담아내고 있다. 그는 '남녀노소 할 것 없이 목을 묶어 끌고 가는데 마치 원숭이 무리를 엮어서 걷게 하는 것과 같았고 소나 말을 다루듯 하는 광경은 차마 눈 뜨고 볼 수 없었다'는 감회를 남기기도 했다. 그는 아군인 왜군의 부상병을 치료하면서 진료일지도 썼을 텐데 종군일지에 사용한 같은 붓과 먹이었을까.

변방과 전쟁터에서 의료를 담당했던 군의관제도는 1894년 갑오개혁 때 체제가 갖춰지기 시작했다. 광복 후인 1946년에는 남조선 국방경비대 총사령부 내 현대식 의무국이 처음 창설되었다. 의무국은 의무처로 개칭되었으며 1964년 군의관을 베트남에 최초로 파견하기도 했다. 1970년대에 들어서 3군의 군병원이 국방부에 속하게 되었으며 4년제 정규 의과대학 및 치과대학을 졸업한 의무 군복무 대상자가 입대하면 소정의 훈련 후 군의관으로 임관되었다.

현대의 군의관은 군부대 안에서 보건, 방역, 진료 업무를 담당하는 의사를 지칭한다. 균이의 질병예방 및 계몽, 교육, 건강관리에 관한 직무를 수행하며 환자와 훈련 및 전투 시 발생한 부상자를 치료한다. 그 밖의 특수질병 연구와 의학정보 수집 등 종합병원과 다를 바 없는 전문 진료업무에 종사하고 있다.

비록 현대의 군의관과 같은 다양한 업무와 전문의술을 펼칠 수는 없었지만 그 시대 역시 생명을 살리는 목적은 같았을 것이다.

향기 나는 여인 선덕여왕

역사상 첫 여주(女主)라 일컬어지는 신라 제27대 선덕여왕은 과연 몇 살에 왕관을 썼으며 남편은 누구였을까?

632년 진평왕 김백정이 왕위를 물려줄 아들을 남기지 못한 채 숨을 거뒀다. 그는 슬하에 딸 덕만(德曼), 천명, 선화만 두었다고 전해진다. 덕만이 바로 왕위를 잇게 되는 선덕여왕이고 천명은 태종무열왕 김춘추의 어머니다. 선화는 백제 무왕과 혼례를 올린 설화 〈서동요〉의 주인공이기도 하다.

조카인 김춘추가 태어난 것은 603년으로 선덕여왕이 즉위한 632년에 그의 나이는 30세가 된다. 김춘추의 어머니 천명이 대략 18~20세에 출산했다면 그녀는 사십대 후반이나 50세 정도로 계산할 수 있다. 그렇다면 언니인 선덕여왕은 최소한 오십대 초반에서 중반까지도 추정된다. 당시 김춘추가 장자인 김법민(문무왕)을 낳은 상태였을 테니 그녀는 진이종조모로서 할머니였던 셈이다.

그런데 자매간의 터울에 조금 혼선이 온다. 《삼국사기》에는 선덕여왕이 '진평왕과 마야부인의 장녀'로 되어있는 반면 《화랑세기》 필사본에는 '차녀'라고 기록되어있기 때문이다. 《삼국유사》에는 그저 '딸'이라고만 되어있을 뿐 아예 그들의 출생 순서에 대한 언급이 없다. 또 다른 기록에는 천명이 김용춘(진지왕의 아들)과 혼례를 올리기 위해 보위를 동생인 선덕여왕에게 양보한 것으로 전하고 있다.

그 때문인지 선덕여왕과 천명이 이복자매라는 해석도 있다. 신라 왕실에서는 동부동복 동성형제 사이에 돌림자를 쓰는 것을 원칙으로 하는데 두 사람의 이름은 다르다. 선덕여왕의 이름인 덕만과 같은 돌림자를 쓰고 있는 사람은 놀랍게도 사촌여동생인 승만(勝曼, 진덕여왕)이다. 한편 선화 역시 이름이 다른데 《삼국유사》에서 3녀로 나와 있지만 설화 속 인물로 더 부각되어있다. 실제로 존재한 인물이 아니거나 실존했어도 진평왕의 딸이 아닐 가능성도 있다는 견해다.

만약에 선덕여왕이 차녀라고 해도 즉위했을 때 이미 당시로서는 고령인 오십대를 바라보는 상태다. 신라 여자의 평균수명을 남자보다 조금 많은 31~35세로 보고 있는데 그 기준으로 한다면 결코 적은 나이가 아니다.

선덕여왕이 즉위한 632년 한반도는 전운에 휩싸인 난세의 시기였다. 고구려 영양왕이 598년 전략적 요충지를 손에 넣기 위해 요서(랴오시) 지역을 침공했었다. 그 후 수나라 황제 문제가 30만 대군으로 고구려에 반격을 가하는 등 북쪽은 피 튀는 전쟁의 소용돌이였다. 대외적으로 혼란한 가운데 진평왕이 후계자 없이 숨지자 화백회의에서 선덕여왕을 왕으로 추대하고 '성조황고(聖祖皇姑)'라는 존호를 올렸다. '신성한 황제의 혈통을 이은 자'라는 뜻으로 전대의 왕들에게는 존호를 따로 붙인 기록이 없다. 선덕여왕이 즉위할 수 있었던 이유가 바로 '성골(聖骨)'이라는 신라 고유의 왕족의식 때문이다. 진평왕에게 아들이 있었을 가능성에 대한 시각도 있다. 다만 왕실에서 유지하고 있는 왕족 사이의 근친혼으로 태어난 적통(嫡統)이 아닌 서자라 계승권에서 밀렸다는 해석이다.

어쨌든 당시 왕실은 동륜태자(진평왕의 부) 계열이 전대와는 다른 '신성한 뼈'를 이어받았다고 주장했다. 그래서 '성골'만이 왕통의 정통성을 지닌다는 것이다. 진평왕에게는 성골인 아들이 없었으니 선덕여왕이라도 계승해야 한다는 명분으로 충분했다. 화백회의에서 내세운 왕통에는 선덕여왕이 박혁거세의 후손이자 석가족(부처의 혈통)의 후예라는 점이 강조되어있었다.

진골(眞骨) 귀족들은 그다지 우호적이지 않아 선덕여왕이 즉위하기도 전에 '칠숙·석품의 난'이 일어나기도 했다. 이찬 칠숙과 아찬 석품이 반란을 도모했지만 사전에 발각된 사건이었다. 칠숙은 참형에 처해졌고 그의 9족까지도 처벌받았다. 석품은 백제 국경까지 도망쳤지만 처자식 걱정에 나무꾼으로 변장한 채 몰래 돌아오다 붙잡혀 역시 처형되었다.

선덕여왕은 즉위하자 대신 을제에게 국정을 총괄하게 하고 각지에 관원을 파견해 백성들의 진휼에 심혈을 쏟았다. 다음 해에는 주(州)와 군(郡)의 조세를 1년간 면제해주는 등 여러 시책으로 민심 수습에 나섰다. 즉위 초부터 국정에 바빴던 선덕여왕 곁에 참모들이 아닌 마음을 나누고 외로움까지 달래줄 남자라도 있었으면 그녀의 노고가 조금은 덜어졌을까.

선덕여왕의 공식 남편이 누구였는지부터 살펴보는 것이 순서겠다. 《삼국사기》에는 선덕여왕의 혼인 여부에 대한 언급조차 없어 처녀인 것으로 추정하게 하며 천명의 배우자가 김용춘으로 되어있다. 선덕여왕이 혼례를 올렸으며 '국서(國壻, 여왕의 남편)가 음갈문왕(飮葛文王)이다'고 이름까지 거론된 것은 《삼국유사》에서다.

갈문왕은 왕과 가까운 친족에게 붙은 명예호칭으로 왕과 왕비의 아버지, 동생, 여왕의 남편이 해당된다. 갈문왕 앞 음(飮) 자를 주인공의 이름으로 추정할 수 있는데 당시 기록에는 같은 글자가 들어간 사람이 없다. 그래서 반(飯)의 오기로 본다면 김국반(金國飯)과 김백반(金伯飯)을 추려낼 수 있다. 두 사람은 선덕여왕의 아버지 진평왕 김백정의 동생들이다. 김국반은 선덕여왕의 숙부이자 왕위를 물려받는 진덕여왕의 아버지이기도 하다. 다른 한 사람은 김백반인데 누구였든지 선덕여왕이 숙부의 부인이었다는 말이 된다. 당시 근친혼이 일반적인 관행이었다는 점을 감안하면 숙부와 혼인했다고 보는 시각이 무리는 아니다.

그런데 《화랑세기》 필사본에 따르면 선덕여왕이 총명하고 지혜로웠으나 남자를 밝혔다고 한다. 진평왕이 김용춘과 김용수 형제에게 번갈아가며 선덕여왕과 잠자리를 하게 했지만 모두에게서 자식을 얻지 못했다는 말도 덧붙여 놓았다. 위서(僞書) 논란에서 자유롭지 못한 《화랑세기》 필사본은 선덕여왕이 김용춘은 물론 을제, 흠반까지 남편으로 삼았다는 기록도 담고 있다.

선덕여왕은 아름다웠을까 라는 궁금증이 생기는데 〈지귀설화〉를 통해 그녀의 자비와 신묘한 능력까지 엿볼 수 있다. 지귀(志鬼)라는 청년이 도성에서 우연히 선덕여왕을 보고 사랑에 빠진 뒤 그리움으로 점점 야위어갔다. 어느 날 지귀가 선덕여왕이 불공을 드리는 사찰 탑 아래서 기다리다 지쳐 잠이 들었을 때였다. 선덕여왕은 탑에 기댄 채 잠든 지귀가 안쓰러워 자신의 금팔찌를 그의 가슴 위에 놓고 돌아갔다. 잠에서 깬 지귀는 기뻐 날뛰다가 가슴부터 불이 타올라 탑까지 태우고 끝내 화귀(火鬼)가 되었다. 그 후 선덕여왕은 술사에게 명해 지귀주사를 짓게 해서 문과 벽마다 붙여 화재를 막았다고 한다. 지귀가 선덕여왕을 만나지 못한 것을 원통해하며 죽었다는 이야기도 있는데 아쉬운 것은 설화가 아닌 실화였다면 하는 점이다. 그렇다면 그녀가 오십대 나이에도 아름다웠다는 것을 간접적으로나마 확인할 수 있었을 것이다. 한편 선덕여왕의 자비심과 신령함을 드러내고자 불교의 설화를 재구성한 이야기라는 지적도 있다.

642년부터 본격적으로 고구려와 백제의 침공을 받자 선덕여왕은 김유신으로 하여금 방어에 나서게 했다. 그 후 당나라에 구원요청을 하게 되지만 황제 이세민은 신라 사신에게 '여왕이 통치하기 때문에 권위가 없어 고구려와 백제가 업신여기고 침범한 것이다'고 일침을 놓았다. 그의 지적은 신라 정계에 큰 파문을 일으켜 선덕여왕의 무능함이 거론되기 시작했다. 선덕여왕에서 진덕여왕으로 왕위계승이 되려고 하자 마침내 647년 상대등 비담과 염종 등 진골 귀족들이 반란을 일으켰다. 그들이 내세운 명분은 '여주불능선리(女

선덕여왕릉
경상북도 경주시 보문동에 있는 신라 제27대 선덕여왕의 능으로 지름 23.6m, 높이 6.8m이다.

主不能善理)'로 여자가 왕이 되면 도탄에 빠지니 따를 수 없다는 것이었다. 김춘추와 김유신이 진압했지만 그 혼란 속에서 선덕여왕은 재위 16년 만에 죽고 진덕여왕이 뒤를 잇는 격변이 있었다.

선덕여왕이 즉위하기 전 당나라 황제 이세민이 붉은색, 자주색, 흰색으로 그린 모란꽃과 그 씨를 보내온 일이 있었다. 진평왕이 그림을 보여주자 선덕여왕은 '아름다운 꽃이지만 나비와 벌이 그려져 있지 않아 필시 향기가 없을 것'이라 대답했다. 씨를 심어 확인했더니 정말 그녀의 말대로 향기가 없었다고 한다. 그녀의 예지는 자신의 죽음까지도 헤아리고 있었던 듯싶다. 대신들에게 연월일 구체적인 날짜까지 언급하며 그날 죽을 것이니 '도리천(忉利天) 속에 장사지내라'는 말을 남겼다. 그곳은 경주에 있는 낭산 남쪽으로 그녀가 정확히 그날 숨을 거두자 유언대로 장례를 치렀다. 10여 년이 지난 뒤 문무왕이 사천왕사(四天王寺)를 그녀의 무덤 아래에 짓게 되었다. 불경에 '사천왕천(四天王天) 위에 도리천이 있다'고 했는데 그때서야 선덕여왕의 신성함을 깨닫게 되었다고 한다.

선덕여왕의 사망원인에 대해서는 두 가지 설이 있다. 우선 반란 속에서 진덕여왕이 즉위한 사실을 놓고 반란세력에 의해 피살되었다는 시각이다. 다른 견해는 자신의 장지까지 미리 알린 점을 들어 위중한 상태에서 병사나 자연사했을 것이라는 추측이다.

선덕여왕은 고구려와 백제의 공세 속에서도 첨성대를 비롯해 황룡사 9층탑과 영묘사 등을 건립해 불교를 진흥시켰다. 김춘추와 김유신 같은 뛰어난 인재들을 양성해 삼국통일의 기초를 닦았다는 평가도 받고 있다. 그녀는 역사서에 '선덕왕'으로 기록되어있지만 현재 선덕여왕으로 호칭하는 것은 제37대 선덕왕(宣德王)과 구별하기 위해서다.

선덕여왕의 출생, 나이, 자매, 사랑, 결혼, 남편, 업적 등에 관심이 몰리는 것은 그녀가 한반도 첫 여주라는 점 때문이다. 걸고 가볍지 않은 역할의 명암에 대해 살펴보고자 하는 마음도 있을 것이다.

만두는 사치한 음식이니
가려서 대접하소서

만두는 밀가루 또는 메밀가루를 반죽해 만든 만두피에 각종 소를 넣고 빚어서 삶거나 찐 음식으로 중국에서 전래되었다고 알려져 있다. 그 시기는 정확히 알 수 없고 여러 의견이 있지만 일반적으로 고려시대로 추정한다.

《고려사》에 보면 고려 충혜왕 대 내주(內廚, 왕의 수라를 준비하는 주방)에 들어가 만두를 훔쳐 먹은 자를 처벌했다는 기록이 있다. 왕이 먹을 음식에 손을 댄 불충도 있겠지만 만두를 그만큼 귀한 음식으로 여겼기 때문이라는 해석이다. 그 이유로 음식도둑이 아닌 만두도둑이라고 표현했으며 극형인 사형에 처했다는 점을 들었다.

고려가요 〈쌍화점〉 첫 대목에 '쌍화점에 쌍화를 사러갔더니 회회아비가 내 손목을 쥐더라'는 내용이 있다. 여기서 쌍화를 만두로 보는데 곡물가루에 술을 넣어 부풀린 반죽을 찐 것으로 소가 없는 찐빵에 가까운 것이었다. 쌍화점은 만두전문점으로 그곳에서 쌍화가 쪄지는 동안 찜통에 하얀 김이 꽃같이 고은 서릿발 모양으로 맺혀 상화(霜花)라고도 했다. 쌍화점 주인인 회회(回回)아비는 중앙아시아의 유목민족(위구르족, 투르크족 등)으로 만두가 고려시대 후기 그들에 의해 전래된 것이라는 의견이다.

만두는 유목민족의 휴대음식에서부터 시작된 것으로 보고 있다. 곡물가루 반죽을 작은 덩어리로 휴대해 다니다가 끓는 물에 넣어 바로 먹었던 것이다. 소로 들어가는 육류와 채소 역시 기온이 낮고 건조한 지역이라 장기간 보관이 가능했다. 그래서 만두가 거란의 요나라와 몽골의 원나라 등에서 전해졌다고 보는 견해가 높다.

고려시대 만두는 서민들이 쉽게 접할 수 있는 흔한 음식이 아니었다. 학자 이색이 말년에 관악산 내 사찰 신방사에 머물 때 그곳 주지에게 만두를 대접받은 일이 있었다. 이색은 시를 통해 '흰 눈처럼 쌓아 푹 쪄낸 만두를 속인에게 대접하다니 놀라 넘어질 만하다'고 감동을 드러냈다. 만두가 접대용으로도 손색이 없을 만큼 귀한 음식이었음을 확인할 수 있는 일화다.

당시 이색이 맛본 만두는 쌍화점에서 팔던 것처럼 소가 없는 찐빵 형태였을 것으로 보고 있다. 원조 만두에 대해 전혀 모르거나 자주 접해보지 못해 소가 있든 없든 뭉뚱그려 만두라고 지칭하는 일이 적지 않았다.

귀한 음식인 만두가 조선시대에는 사치음식으로까지 불리게 되었다. 세종 대 종친과 문무백관이 참석해 거행되는 태종의 수륙제(水陸齋)를 앞두고 예조에서 '진전(眞殿)과 불전(佛前) 및 승려 대접 이외에는 만두, 면, 떡 등의 사치한 음식은 모두 금하소서'라고 아뢰었다. 세종은 윤허했는데 어진을 봉안하고 제를 올리던 진전과 부처 그리고 승려에게 차리는 상 말고는 만두와 같은 사치스러운 음식을 올리지 말라는 것이다.

귀하고 사치스러운 만두는 그래서 선물용으로도 제격이었다. 세종 대의 문신 서거정이 이조참판을 역임한 김뉴에게 만두를 선물받은 일이 있었다. 서거정이 그 정성에 감복해 남긴 시의 일부다.

처음 붉은 통을 열어보았더니 　　(朱櫝初開見)
만두가 서릿빛처럼 희어라 　　　(饅頭白似霜)
보드라움은 병든 입에 딱 알맞고 　(軟溫宜病口)
달착지근함은 약한 장을 보호하네 (甛滑補衰腸)

당시 서거정의 건강상태가 좋지 못했는지 몸에 도움이 되었다며 깊은 뜻을 잊지 않겠다는 마음도 담아냈다.

그 후 만두에 대한 기록에는 주로 밀가루나 메밀가루를 반죽해 소를 싸서 삶아낸 교자에 해당되는 것으로 언급되어있다. 조선시대 중기까지 만두는 상화로, 교자는 만두로 전해지다가 교자만 만두라는 명칭으로 이어지게 되었다. 만두는 생김새와 성질이 중국인 기호에 맞아 사신이 오면 그들의 접대에 쓰였고 궁중연회에도 자주 차려지게 되었다.

만두는 만두피와 소의 재료 그리고 빚는 방법과 조리법에 따라 종류가 다양하다. 대표적인 것이 전분 만두피인 밀만두와 메밀만두인데 어만두도 빼놓을 수 없다. 어만두는 생선의 살을 얇게 저며 소

만두
고려시대 서민들은 접할 수 없었던 귀한 만두는 조선시대에도 사치음식으로 불렸다.

를 넣고 반달 모양으로 찐 것이다. 주로 숭어의 살을 이용했는데 조선시대 궁중요리의 하나였으며 초여름에 별식으로 즐기는 계절음식이기도 했다. 숭채만두의 배춧잎을 비롯해 소의 양과 천엽도 만두피로 썼고 얇게 저민 전복도 이용했다. 특히 전복만두는 인조가 좋아해서 생일이면 소현세자 내외가 직접 만두를 만들어 새벽에 문안을 올렸다고 한다. 현재까지 다양한 만두피가 개발되어 감자만두와 얇게 썬 동아를 데쳐낸 동아만두까지 생겨났다.

소의 재료에 따라서는 고기만두와 김치만두가 대표적이다. 고기만두라면 쇠고기, 돼지고기, 닭고기를 먼저 떠올리게 되지만 꿩고기 역시 빠질 수 없다. 주로 충청도의 향토음식으로 알려져 있는데 얇게 민 만두피에 꿩의 가슴살과 무채 그리고 숙주와 양파 등을 다져 만든 소를 넣고 찐 만두다. 김치만두는 잘게 썬 배추김치와 각종 채소를 넣고 빚은 만두로 남부지방에서는 양념이 묻은 채로 넣는다. 반면 중부나 북부지방에서는 양념을 씻어내고 넣는데 고춧가루 등의 텁텁함을 없애기 위해서다. 호박과 버섯 등도 만두소로 이용되었다.

빚는 모양에 따라서도 구분이 되는데 우선 독특한 변씨만두가 있다. 삼각형의 만두피에 소를 넣고 모서리를 붙여 삼각뿔 모양으로 빚는 것이다. 변씨라는 사람이 처음 만들어 변씨만두라 부르게 되었다고 한다. 규아상은 조선시대 후기 궁중요리의 하나로 해삼 모양으로 생겼다고 해서 '미만두'라고도 한다. 대만두는 호두알만한 작은 만두 여러 개를 큰 만두 안에 가득 넣어 만든 것이다. 그 밖에도 병시만두(숟가락 모양), 귀만두, 둥근 만두 등 다양하다.

조리법에 따른 분류를 보자면 쪄낸 뒤 국물 없이 먹는 것을 찐만두라고 한다. 만둣국은 빚은 만두를 장국에 넣고 끓인 것이다. 식힌 장국에 넣어먹는 것을 편수라고 하며 그 후 생겨난 것이 기름에 굽거나 튀긴 만두 종류다.

조선시대 중기에 물만두를 만들어 먹었다는 기록이 있다. 이응희의 《옥담사집》〈만두〉편을 보면 '우리 집 며느리 솜씨가 좋아 맛있는 물만두를 잘 빚누나'는 대목이 있다. 그것을 '한 사발 새벽에 먹고 나면 아침 내내 밥이 안 먹히네'라고 한 것을 봐서는 장국까지 포함된 든든한 만둣국이 아니었을까. 그런데 물만두라는 것이 익힌 만두를 간장 등에 찍어 먹는 형태이니 미처 생각해내지 못한 방식은 아니었을 것이다.

우리나라 만두는 전통적으로 북부지방에서 발전되어 이어져 왔다. 상대적으로 남부지방에서 만두가 보편화되지 못한 이유는 따뜻한 지역이라 소의 재료인 육류와 두부 등이 쉽게 변질되기 때문이었다. 북부지방에서는 명절음식으로 설날에 만두를 빚고 만둣국을 먹는 풍습이 있었다. 차츰 남쪽으로 전해지면서 분단 이후 중부지방에서도 같은 풍습을 갖게 되었다. 특히 일찍부터 전해진 강원도에서는 설날에 만둣국을 먹었는데 경기도와 충청도에서는 떡을 넣은 떡만둣국을 주로 끓였다. 그런데 남부지방 경상도에서는 설날에 만두를 빚는 경우가 드물다고 한다.

개성지방의 향토음식인 편수는 유명하다. 보통 설날에 먹는 만두와 달리 모양이 네모꼴이고 쇠고기에 오이, 호박, 버섯 등을 섞은 소를 이용해 담백한 것이 특징이다. 초간장에 찍어 먹거나 양지머리를 삶은 육수를 차게 식혀 띄워 먹기도 한다. 그런 면에서 냉면과도 같은 의미의 여름철 별식이기도 하다.

현재는 만둣국을 잔칫상이나 제사상에 올리고 겨울의 제철음식으로 찾기도 한다. 평상시에도 자주 먹는 만큼 우리와 친숙한 음식이 된 만두는 그 안의 소 재료처럼 다양한 추억이 든 정겨운 먹거리가 아닐 수 없다.

비나이다 비나이다,
내 엉덩이를 보고 흠뻑 적셔주소서

우리나라는 고대부터 가뭄이 들면 왕이 기우제(祈雨祭)를 지냈는데 비가 내릴 확률은 100%였다. 왕에게 초능력이 있어서가 아니라 비가 내릴 때까지 계속되었기 때문이다. 그만큼 비는 농경사회에 꼭 필요한 것이었지만 장마철에만 집중되고 다른 달에는 가뭄이 지속되는 일이 많았다. 저수지 등의 수리시설이 부족했던 시대일수록 기우제의 필요성이 절실했고 그 방법도 기상천외할 정도였다.

경상도 경주에서는 파란색 버들가지 고깔의 무당 수십 명이 속옷을 입지 않은 채 치맛자락 들춰대며 춤을 추었다. 노출한 음부로 천신(天神)을 노하게 만들어 비를 부르는 것인데 마을 아낙들이 무당에게 물을 끼얹으며 분위기를 고조시켰다. 평안도 지역의 '꽃요람굿' 역시 속옷을 입지 않은 무당이 등장해 그네를 타는 장면이 펼쳐진다. 그네의 움직임과 드러낸 음부가 곧 성행위를 연상시켜 더 강하게 하늘을 자극한다는 것이다.

비에 대한 관심은 〈단군신화〉에 '환웅이 풍백(風伯), 우사(雨師), 운사(雲師)를 거느리고 내려 왔다'는 기록에서 볼 수 있듯이 오랜 역사를 갖고 있다. 고대 부여에서는 가뭄이 들면 왕이 정치를 잘못하거나 운이 다한 탓이라고 여겨 목을 베거나 쫓아냈다고 전해진다.

삼국시대에는 시조묘나 명산대천을 찾아 기우제를 지냈으며 오랫동안 비가 내리지 않을 때는 왕이 직접 나섰다. 조선시대까지 이어진 '시장 옮기기'는 오랜 전통으로 비가 내릴 때까지 옮긴 장터에서 계속 장을 펼치는 일이었다. 조선시대 전기의 경우 시장을 현재의 서울시 종로구 종로에서 남쪽인 남대문이나 충무로 쪽으로 옮겼다. 그러면서 남대문을 닫고 북문을 열었는데 음기(陰氣)인 시장을 옮기면서 남문의 양기(陽氣)를 막는다는 의미였다. 북문의 음기(비구름)를 들이려는 음양설에 근거한 주술적 신앙행위로 보고 있다.

고려시대에는 왕과 대신들이 근신하며 천지, 산천, 용신에게 제를 올렸다. 왕은 정전 대신 밖에서 정무를 보았고 반찬의 가짓수도 줄였다. 가뭄이나 홍수 등 천재지변은 부덕한 왕이나 조정대신들이 정치를 그르친 결과라고 생각했기 때문이다. 비가 내리도록 비는 법회를 열고 무당을 모아서 지내는 취무도우(聚巫禱雨)도 벌였다.

가뭄이 지속되어 기우제가 진행되는 동안 관마(官馬)의 먹이에 곡식을 쓰지 못하게 했으며 도살도 금지시켰다. 백성들이 더위를 피하고자 머리에 쓰는 쓰개와 부채마저 간섭할 정도였다. 규제만 한 것이 아니라 백성들을 위한 배려도 뒤따랐다. 죄수들을 신중히 가려 누명으로 처벌받는 일이 없도록 했다. 가난한 백성들을 구제하고 행여 무덤이 훼손되어 유골이 드러났을 경우 정성으로 다시 묻어주었다.

민간 장터에서는 용을 모형으로 만들어 용제(龍祭)를 지냈다. 용은 몸통인 통나무에 짚을 감고 흙을 바른 뒤 파란색의 비늘까지 그려 완성했는데 크기가 다양해 20여m에 달하는 것도 있었다. 용의 머리 쪽에서는 무당들이 굿을, 몸통 쪽에서는 판수들이 독경을, 꼬리 쪽에서는 승려들이 염불을 외웠다. 비구름을 자유로이 부른다는 용의 영력이 발휘되기를 재촉하기 위해서였다.

용신이 산다고 전해지는 용소와 용연 등에 개의 머리를 던져 넣거나 피를 뿌려 더럽히는 방법도 있었다. 용신이 부정을 씻어내기 위해 큰 비를 내린다고 믿었다. 조선시대에는 '한강, 양진(광나루), 박연폭포에 용의 원수인 호랑이 머리를 넣었다'는 기록들이 있다.

민가에서는 집집마다 사립문에 금줄을 치고 처마 끝에 버들가지나 솔가지로 마개를 한 물병을 거꾸로 매달아놓았다. 물이 떨어지는 모양을 연출한 유사 주술행위로 비슷한 현상은 같은 결과를 가져온다는 의미였다. 아낙들은 키로 강물을 퍼 머리에 이고 온몸을 적신 채 뭍으로 오르내리기를 반복했다. 역시 유사 주술행위의 하나인데 물동이로 강물을 길어 산 위의 기우제장까지 올라가 절을 하고 쏟아버리기도 했다. 충청도 금산에서 전해지는 '농바우 끄시기'라는 풍속이 있다. 마을 아낙들이 장수의 갑옷이 들어있다는 시루봉 중턱의 농바우(뒤집힌 반달이 모양의 바위)에 동아줄을 매고 잡아당기다가 속옷을 벗어던지고 냇가로 뛰어들었다. 그리고 키로 냇물을 떠서 비가 내리듯 까부는 시늉을 했다.

조선시대로 넘어오면서 기우제는 유교식 중심으로 각종 주술적 방법들이 가미되었다. 고려시대와 마찬가지로 가뭄이 들면 왕과 조정대신들이 근신했는데 여전히 천명을 어기고 정사를 그르쳤다는 인식이 사라지지 않은 결과였다. 근신중인 왕은 몸과 마음을 깨끗이 하며 여자를 멀리해야만 했다. 가뭄이 오래 지속될수록 왕에게 가해지는 제약도 많아져 거처를 초가로 옮기거나 수라마저 끊은 채 기도를 이어갔다. 기우제 때문에 왕이 목숨마저 잃는 경우도 있었다. 귀 아래 볼에 작은 종기가 생긴 효종은 기우제를 지내는 동안 몸을 돌보지 않아 결국 상처를 악화시켜 죽고 말았다.

민간에서도 다양한 기우제 풍경이 벌어졌으며 여러 가지 주술적 방법이 동원되었다. 정월 초의 줄다리기는 줄을 용으로 여기는 쌍룡상쟁(雙龍相爭)의 상징으로써 기우의 한 풍습이었다. 비 한 방울이 더 절실했던 곡창지대 호남지역에서는 방법이 한층 색달랐다. 특히 산상분화(山上焚火)가 성했는데 솔가지와 장작 등을 산 위에 쌓고 불을 질렀다. 불(양)을 지핌으로써 비(음)가 내리기를 기대한 것이다. 한밤중 보통 여러 마을이 함께 지냈기 때문에 불야성의 장관이 펼쳐졌을 것으로 보인다. 비에 대한 염원을 천신에게 알리고 길을 밝힌다는 의미도 있었다. 한편 기압의 변화가 적은 한밤중 고기압에 덮혀진 저기압의 충격이 비구름을 형성시킬 수 있으리라는 관점도 있다. 고려시대처럼 더럽혀진 것을 씻기 위해 비를 내려준다는 민음으로 개의 피를 산봉우리에 뿌려놓기도 했다. 부인방뇨기우제(婦人放尿祈雨祭)라는 것이 있어 마을 아낙들이 산꼭대기에 올라 일제히 방뇨를 했다. 더럽혀진 제단을 정화시키기 위해 비가 내릴 것이라는 바람 때문이었다.

정성어린 기도로 마침내 비가 내리면 백성들은 몸이 젖어도 가리지 않을 만큼 기뻐했다. 농촌에서는 비를 맞으면서도 일을 할 수 있게 도롱이, 갈모, 삿갓이나 기름종이로 만든 주름진 모자 등을 사용했다. 반면 우산처럼 넓은 면적을 가릴 수는 있는 도구는 멀리했다. 양손이 자유롭다는 장점도 있었지만 비를 가리는 것이 하늘을 거역하는 행위라고 여겼던 탓이었다. 우리나라는 오랜 농경사회 속에서 비는 식량과 밀접한 관계가 있는 것이며 풍요와 행복을 가져다주는 대상이기도 했다. 한편 비는 홍수 등의 재앙까지 불러오기 때문에 반대로 하늘에서 내리는 천벌이라는 믿음도 강했다.

결실의 계절인 가을에 비가 잦으면 농작물 피해가 컸다. 입추가 지나도록 비가 지속되면 조정과 지방에서 날이 개기는 바라는 '기청제(祈晴祭)'를 올렸다. 그러는 동안 성 안으로 통하는 물길을 모두 막고 샘을 덮었다. 남녀노소 지위고하를 막론하고 물을 사용해서는 안 되며 소변마저 참아야 했다. 부부는 각방을 쓰도록 했는데 남자의 땀과 정액마저 비를 상징한다고 여겼기 때문이다.

오래 전부터 오직 하늘을 바라보며 살았던 조상들은 인내하고 견뎌야 할 것이 많았다. 그 대가를 비옥한 땅과 풍요로운 결실에서 받았던 그들은 천지(天地)의 조화 속에 가장 정직한 삶을 누린 주인공들이 아니었을까.

절름발이 시늉에
부엉이 성대모사까지 했던 정약용

조선시대에 처음 관직생활을 시작하는 새내기 관리가 선배에게 성의를 보이던 의식이 있었다. 주로 술과 안주를 성대하게 대접했는데 부임과 동시에 허참례(許參禮, 인사를 허락하는 예)로 신고한 뒤 약 10일 후 면신례(免新禮, 새로움을 면하는 예)라는 명목으로 또 주연을 베풀었다.

허참례 전에 신입관리를 일컫는 신래(新來)가 가장 먼저 해야 할 일은 밤마다 선배들 집을 찾아다니며 눈도장 찍는 것이었다. 그때 일종의 명함인 신상명세서 자지(刺紙)를 지참했는데 두껍고 큰 것이 선호되어 비용이 꽤 들었다. 선배들에 대한 인사가 끝나면 비로소 허참례가 이뤄졌지만 단 한 차례로 끝나지 않았다. 관행대로 퇴직한 선배들까지 초대해서 기둥뿌리가 뽑힐 지경이었다. 차려내는 것이 생선이면 용(龍), 닭이면 봉(鳳)이라 불렀으며 술이 청주면 성(聖), 탁주면 현(賢)이라 했는데 수량이 정해져 있었다. 아무리 산해진미로 구색을 갖췄어도 선배들이 만족 못 할 경우 한 달이 지나도록 참여가 허락되지 않았다. 기녀와 악사가 빠지기라도 하면 노골적으로 화를 내며 닦달까지 해댔다.

숨 돌릴 새 없이 이어지는 면신례 역시 집안을 거덜낼 만큼 큰 비용이 들었다. 수라상 못지않은 상차림은 물론 기녀와 악사에 광대까지 불러야 해서 전답을 팔거나 여기저기서 빚을 내기 일쑤였다. 기녀를 끼고 앉은 선배들이 신입관리들에게 술을 돌렸는데 춤을 강요한 뒤 트집 잡아 벌주까지 마시게 했다. 새벽이 되어 가장 고참자가 자리에서 일어나면 모두 손뼉치고 춤추며 〈한림별곡〉을 부르다 날이 밝아서야 끝을 냈다.

면신례가 더 힘들었던 이유는 혹독한 과정이 기다리고 있었기 때문이다. 선배들은 유쾌하게 대접을 받으며 너그러이 후배를 받아들이기보다 교묘히 시험하고 온갖 방법으로 괴롭혔다. 인격적인 모독과 업무상의 과오를 범할 수 있는 함정에 밀어넣거나 심지어 가혹행위에 구타까지 일삼았다.

관복을 벗겨 흙탕물에 담그고 온몸에 진흙 바르기는 대수롭지 않았다. 선배들의 이름을 외우지 못하면 얼굴에 오물을 묻히고 성기에 먹칠까지 해댔다. 관모로 물고기를 잡게 하고 여름 땡볕 아래 서 있게 했으며 한겨울 연못에 얼음을 깨고 입수하도록 떠밀었다. 일명 거미잡기라고 해서 부엌 벽을 손으로 문질러 재가 묻으면 씻은 물을 마셔 토하게 만들었다. 그밖에도 개가 교미하는 동작을 시키고 대소변 만진 손을 씻은 물까지 강제로 마시게 했다. 그 과정에서 마음에 들지 않거나 거부하면 구타도 벌어져 다치고 죽는 일도 비

김준근의 풍속화
조선시대 면신례 모습

일비재했다.

　단종 대 면신례를 하다가 가혹행위로 승문원 신입관리가 목숨을 잃었다. 당사자인 정윤화는 원래 고질적인 만성종기를 앓고 있어 술이 독이라 몸을 사렸다. 그러자 선배들이 강제로 술을 먹이고 놀리면서 육체적인 학대까지 가했다. 그는 견디다 못해 맥을 놓고 쓰러졌는데 끝내 절명하고 말았다. 사헌부에서 그곳에 있었던 승문원 박사 강폭은 장형 1백 대에 나머지는 90대에 처해줄 것을 아뢰었다. 단종은 강폭을 포함한 2명은 태형 50대를 쳐서 파직시키고 저작 윤필상과 부정자 권제는 공신(功臣)의 자제라는 이유로 파직에만 그치게 했다. 윤필상은 세조의 왕위찬탈 후 호조좌랑을 시작으로 영의정까지 오르게 되는 인물이다. 그러나 연산군 대 갑자사화가 일어나 폐비 윤씨(연산군의 모)의 폐위를 막지 않았다고 추죄되어 유배 후 사약을 받았다. 한편 정윤화는 조선왕조 개창에 반발하다 살해된 정몽주의 증손자라고 전해진다.

성종 대는 《경국대전》 규정에 면신례 때 가혹행위를 한 자는 장형 60대에 처한다는 조항을 넣기도 했지만 허사였다. 신고식은 뿌리가 깊이 박혀 양반가 노비들까지 따라할 지경이 되고 말았다. 한성을 비롯해 전국이 매질소리와 맷독에 못 견뎌 내는 신음으로 하루도 조용할 날이 없는 조선이 돼버렸다.

중종 대에도 사헌부감찰 조한정이 면신례 과정에서 죽는 사고가 발생했다. 가혹행위에 기절한 그를 선배들이 업어 집으로 옮겼지만 끝내 눈을 뜨지 못했다. 특히 군대에서의 면신례는 그 과정이 더 혹독해서 목숨을 잃는 일이 부지기수였다. 우선 집에서처럼 흡족하게 대접할 만한 여건이 되지 못했고 군기라는 미명 아래 벌어졌기 때문이기도 했다.

명종 대 이이는 면신례의 악습에 정면도전하기도 했다. 그러나 승문원의 선배들에게 집단 따돌림을 받아 결국 쫓겨나고 말았다. 면신례를 신래침학(新來侵虐)이라고도 하는데 말 그대로 '신입관리에 대한 따돌림과 가혹행위'였다. 선조는 이이의 면신례 폐단에 대한 건의가 있은 뒤 여러 번 금지를 명했지만 쉽게 지켜지지 않았다.

이이처럼 항거했지만 따돌림을 받거나 쫓겨나지도 않은 인물이 이미 훨씬 전 대에 존재했었다. 예문관대제학을 지낸 박안신의 아들 박이창이 그 주인공으로 기골이 장대하고 호걸이며 강직한 인물이었다. 그는 한림원에 발령을 받았는데 호탕하고 괄괄한 성격 탓인지 첫날부터 선배들의 눈 밖에 났다. 면신례까지 치렀는데도 한 식구로 받아들이지 않고 배정된 자리에 앉지도 못하게 철저히 따돌림을 시켰다. 선배들의 비위를 맞춰 면신을 받는 것이 보통이었지만 그는 오히려 그들을 무시하기로 했다. 자신의 자리에 보란 듯이 앉은 채 어리둥절해하는 선배들 앞에서 천연스럽게 업무를 보기 시작했던 것이다. 자허면신(自許免新)이라고 해서 스스로 면신을 허락했다는 뜻이었다. 선배들의 코를 납작하게 만들며 시작된 그의 관직생활은 자칫 불이익이 뒤따를 수도 있었으나 강직한 성격이 힘이 되어 비교적 순탄했다. 사헌부지평, 좌부승지, 평안도관찰사, 형조참판 등을 지내며 승승장구했다. 그러나 평안도감사가 된 뒤 성절사로 명나라에 갈 때 오점을 남기고 말았다. 먼 길에 대비해 정해진 양보다 많은 양곡을 챙겨간 것이 죄가 되어 귀국길에 체포되었다. 그는 끝내 성격대로 국법을 어긴 죄를 뉘우치며 목을 찔러 자결했다.

박이창은 특별한 경우고 대부분은 면신례의 노예가 될 수밖에 없었다. 면신례가 사라지지 않는 이유는 잘 치를 경우 선배들로부터 재능과 인품을 인정받기 때문이었다. 유대가 돈독해지고 관직생활이 순탄하게 되는데 반대일 때는 온갖 멸시와 차별이 돌아와 견뎌내기 힘들었던 것이다. 신입관리들이 거금을 들여 성대한 자리를 마련하고 금품까지 상납하는 악습이 근절되지 않는 이유였다. 면신례의 폐단이 오히려 더 심각해지자 선조는 적발해 엄히 치죄하라는 명을 내렸다. 면신례와 관련해 금품을 바친 자는 최저 장형 60대, 최고 1백 대에 유형(流刑, 유배형) 3천리로 처벌하도록 했다.

훗날 정약용도 자신이 면신례 때 받았던 수모를 밝힌 바 있는데 '절름발이 걸음으로 게를 줍는 시늉을 하고 부엉이 울음을 내라'고 해서 곤욕을 치렀다고 한다. 그는 '시키는 대로 해보려고 애를 썼지만 소리는 목구멍에서 나오지 않고 발걸음이 떨어지지 않았다'며 그날을 쓴맛으로 회상했다.

그러나 쉽게 사라지지 않아 현종 대도 해당 관청의 장을 엄히 다스리고 비용 때문에 가세마저 기우는 일이 없도록 하라는 명을 내렸다. 면신례의 좋지 않은 기억을 갖고 있는 이이에게 선조가 그 유래에 대해 물은 적이 있었다. 이이는 과거제도가 문란했던 고려시대 후기 귀족자제들이 무더기로 관모를 쓰자 공분을 사게 되어 침학이 시작되었다고 아뢰었다.

면신례는 조선시대 전기부터 시작되어 영조 대까지 이어졌다. 그런데 그 후 실록에서 흔적이 보이지 않는 것은 강력한 왕권을 내세우던 영조가 대노한 나머지 문제가 된 부서를 통째로 교체해버렸기 때문이다.

면신례의 순기능은 선후배의 위계질서를 세우고 신입관리의 자질과 능력 그리고 재치 등을 시험하는 전통적인 단련과정이었다. 그러나 차츰 향응의 정도가 커지고 가혹행위가 더해지면서 금품을 요구하는 일까지 확대되어 그 취지가 퇴색되고 말았다. 구습은 단절되어야 하는데 현재까지 일부에서 각종 신고식이라는 명목으로 행해지는 가혹행위나 향응과도 무관하지 않아 씁쓸하다.

주인 양반에게 재산을 물려준
부자 노비가 있었다

　조선시대 양반이라고 모두 배부르고 등 따습게 살았던 것은 아니었다. 과거급제로 벼슬길에 올랐어도 박봉에 시달리기 일쑤였다. 대대로 궁핍힌 양반가면서 돈벌이마저 시원치 않을 경우 사정은 더 형편없었다.

　양반하면 생각나는 것이 글공부고 벼슬인 것처럼 그들 대부분 과거시험을 목표로 두고 살았다. 선대로부터 물려받은 재산도 없이 40세가 넘도록 과거시험에만 매달리던 선비가 있었다. 손바닥만 한 밭조차 없어 처자식은 굶기를 밥 먹듯 하는 처지였다. 훈장 노릇을 하거나 돗자리라도 짜면 좋으련만 그런 주변머리조차 없었다. 생활고에 시달리던 그는 고심 끝에 군수가 사는 집 곳간에서 쌀을 훔쳐오기로 작정했다. 야밤을 틈타 쌀 한 가마니를 끌고 나오는데 성공한 그는 곧 당황하고 말았다. 쌀가마니가 돌부리에 걸려 아무리 용을 써도 움직이지를 않았다. 발각될 것이 두려워 포기할까 하던 중에 쌀가마니가 딸려오기 시작했다. 알고 보니 뒤에서 군수가 밀어주고 있었는데 그는 오죽하면 쌀을 훔치겠느냐며 가져가서 글공부나 열심히 하라는 것이었다. 선비는 감동을 받아 글공부에 더 매진했고 바라던 과거급제도 이뤄낼 수 있었다.

전래동화와 같은 그런 일화는 가난을 딛고 열심히 공부해서 꿈을 이룬다는 뜬구름성 교훈에 지나지 않았다. 실질적인 민생고 해결책에 대한 모색이 필요하다는 것을 숙종도 알고 있었다. 그는 일찍이 '나이 쉰 살이 되도록 제 앞가림도 못 하고 궁벽하게 사는 선비는 나도 겁난다'고 말한 적이 있다. 그러나 손에 서책과 붓만 쥐던 양반들에게 있어서 돈벌이는 결코 만만치 않은 일이었다.

역사에 이름을 남긴 인물들 중에는 벼슬살이를 하면서도 가난을 이어갔던 경우가 많다. 청백리로 알려진 황희의 궁색함은 정승이 되어서도 변함이 없었는데 여름철 장맛비가 내릴 때면 집 곳곳이 새는 바람에 늘 도롱이를 입거나 갈모를 써야 할 지경이었다. 그런데도 걱정하는 부인에게 웃으며 '이런 것도 없는 집에서는 어찌 견디겠소?'라는 여유를 부렸다. 그렇다면 황희보다 더 궁핍한 양반도 있었다는 말이다. 선조 대 5번이나 영의정을 지낸 이원익은 두어 칸 초가에서 살았고 퇴관 후에는 끼니조차 걱정할 만큼 청빈한 삶을 이어갔다. 영조 대 사헌부지평이었던 이광현은 '가난에서 도피하는 것은 무더위를 피하는 것과 같으니 어딜 간들 덥지 않겠느냐'는 자세로 일관한 인물이기도 하다.

'가난한 양반 씨나락 주무르듯 한다'는 속담이 있다. 가난한 양반이 볍씨를 털어서 먹자니 내일이 걱정되고 놔두자니 당장 굶어죽

김홍도의 벼 타작
땀과 정성의 결실인 타작에 여념이 없는 한가로움 속에서 양반과 노비의
불공평한 신분 관계에 대한 비판을 풍자적으로 보여주는 그림
국립중앙박물관 소장

을 것 같아 하릴없이 주무르고만 있다는 뜻이다. 대체 조선시대 양반, 벼슬아치들의 녹봉이 얼마나 되었기에 그런 속담까지 나온 것일까.

녹봉은 조선시대 전기에는 연 2회 지급되었고 세종 대 4회로 바뀌었다가 월급제가 된 것은 1671년 현종 대였다. 연 4회 지급하던 인조 대를 예로 들면 삼정승인 정1품이 1분기에 쌀 11석(1석 약 76kg)과 전미 2석 그리고 콩 4석을 받았다고 한다. 말단인 참봉, 수문장 등 종9품은 쌀 2석에 콩 1석이 전부였다. 거느린 식솔과 부리는 노비의 수가 얼마인지에 따라 다르겠지만 고관대작의 경우는 배를 곯는 일은 없었을 것으로 보인다. 문제는 품계가 내려갈수록 입에 풀칠조차 제대로 못할 만큼 박봉이라는 점이다. 녹봉이 수입의 전부였던 관원들은 지방에서 올라오는 뇌물로 부족함을 충당할 수밖에 없었다. 뇌물을 마련하기 위해 백성을 수탈하는 지방의 탐관오리가 근절되지 않은 요인 가운데 하나이기도 했다.

초근목피로 살아도 선비정신만은 버리지 않겠다는 체면에 묶인 양반의 삶보다 땅과 가까이 사는 계층이 오히려 나을 수도 있었다. 머리 아프도록 맹자 왈 공자 왈 하지 않아도 되는 노비가 생활전선에서 더 강했다. 실제 노비 가운데는 양반조차 부러워할 부자들도 존재했다.

한집에 살던 대다수의 솔거노비들은 주인 눈치 보며 먹고사는 일에 급급했다. 반면 떨어져 살던 외거노비의 경우 농업과 어업은 물론 장사 등으로 주인에게 바치는 세금인 신공(身貢, 돈, 쌀, 삼베 등)을 제외하고도 재산을 모을 수 있었다. 땅과 집을 구입해 자식에게 물려줬으며 심지어 노비를 소유할 만큼 거부마저 생겨날 정도였다. 태종 대 불정이라는 거상이 1천 5백 필이나 되는 삼베를 저화(지폐)로 교환하라는 명을 어기고 숨겼다가 체포되었는데 그의 신분은 공노비였다. 그가 장사로 큰돈을 버는 부자 상인임에도 저화를 쓰지 않아 법의 허점을 노렸다고 판단한 것이 주된 혐의였다. 당시에 이미 노비가 상인으로서 부를 축적했다는 사실을 인정했으며 그들의 수가 적지 않았음을 말해주는 것이다.

세조 대에 와서는 노비의 재산을 보호해주려고까지 했다. 주인이 노비의 재산에 함부로 손을 댈 수 없도록 규정한 것이다. 반대로 세력가 주인을 만난 노비 가운데는 양인보다 나은 생활을 꾸려갈 수 있었다. 주인 대신 농장을 운영하는 외거노비였던 자들로 큰 부자가 많았다.

대표적인 인물이 임복이라는 노비였는데 성종 대 충청도 진천에 심한 흉년이 들자 곡식 2천 석을 기꺼이 바쳤다. 부자 양반도 선뜻 하지 못하는 선행이라 조정에서는 칭찬이 이어졌다. 성종 역시 크게 기뻐한 나머지 임복에게 면천이라는 상을 내렸다. 임복의 미담이 소문나자 전국에 있는 부자 노비들도 앞 다투어 곡식을 바치는 일이 벌어졌다. 한 달도 되지 않아 기근을 구제하고도 남을 만큼의 곡식이 모아졌는데 뒤늦게 임복과 똑같이 2천 석을 내놓은 노비도 등장했다. 전라도 나주 남평에 사는 가동이라는 자로 성종의 반응은 의외였다.

"이미 충분한 양을 모았고 선례는 임복이면 되니 면천해주지는 마라!"

양반은 현장실무에 있어서 노비보다는 능력과 경험이 부족했고 체면상의 문제까지 있어 직접 전답을 관리하지 않았다. 일반 양인은 부리기가 어려워 노비에게 권한을 위임하는 일이 대부분이었다. 노비 중에서도 일 잘하고 영리한 자를 관리자로 선발했는데 그들을 우두머리라는 의미로 수노(首奴)라고 불렀다. 수노는 주인집 사노비들을 통솔하고 외거노비들이 바치는 신공을 관리했다. 먼 지역에 사는 외거노비들의 신공을 받으러 다니기도 했다. 주인 이상의 영향력을 발휘해 신분상 위인 양인들조차 함부로 대하지 못할 정도였다. 더 큰 수혜는 주인의 토지를 잠식해 재산을 축적할 수 있었다는 것으로 부자 노비가 탄생하는 통로이기도 했다.

막정이라는 부자 노비는 죽으면서 양반 주인에게 재산을 물려주기까지 했다. 선조 대 학자 오희문은 자신의 일기인 《쇄미록》에 '살아서는 몸을 바치고 죽어서는 재산을 바치니 막정은 공이 있는 노비다'고 감회를 적었다. 한편 상속의 개념보다는 노비가 죽으면 그 재산은 주인의 소유가 된다는 해석으로 봐야 할 것이다.

16세기 한성에서 명성을 날렸던 기녀 성산월을 부인으로 삼은 관청 장흥고 소속 공노비처럼 부자인 노비들은 적지 않았다. 비록 죽는 날까지 노비라는 신분은 벗을 수 없었지만 양반 부럽지 않은 의식주 속에서 그나마 위안을 받았으리라.

밖에서 변호하다
더 밖으로 사라진 변호사

조선시대에도 돈을 받고 의뢰인의 송사를 도와주는 지금의 변호사와 같은 직업이 있었다. '외지부(外知部)'라고 불린 그들은 나름대로 전문적인 법률지식을 갖춘 자들이있다.

조선시대는 신분제도가 엄격했어도 공정한 법치사회를 지향했다. 신분과 상관없이 누구나 억울함을 풀기 위한 소송제기를 할 수 있게 했는데 사실상 현실에서는 차별이 없지 않았다. 신분에 걸맞게 챙겨야 하는 것이 체면이라 당시 양반이나 부녀자들은 소송을 하고 싶어도 선뜻 나서지 못했다. 소송의 당사자로 출두하는 것을 천하게 여기기까지 해서 법률에 밝은 다른 가족이나 친척 또는 똑똑한 대노(代奴 상전 대신 소송을 제기하는 노비)에게 맡겼다.

일반 백성은 한문을 몰라 소장(訴狀)조차 제대로 작성 못 한 채 그대로 당하는 경우도 적지 않았다. 운 좋게 누군가의 도움으로 준비를 했어도 관아 자체가 출입이 녹록치 않은 곳이라 어려움이 따랐다. 문지기 사령의 살벌한 눈총을 지나 까다로운 형방의 형리에게 접수해 겨우 현감 앞으로 전달했다고 끝이 아니었다. 더욱 힘든 과정이 남았는데 위압적인 분위기의 관아에서 소송 상대와 벌이는 송사다툼이었다. 논리적으로 조목조목 맞서면 좋겠지만 그렇지 못해 오히려 불이익을 당하는 일마저 있었다. 설득력 있는 소장을 작성하고 소송에 사정이 밝은 조력자가 필요했던 이유였다. 외지부는 변론에 능할 뿐 아니라 평소 형리와 친분이 있는 경우도 있어 절반의 승소나 마찬가지였다. 그 때문에 양반들 사이에서도 외지부의 도움을 받으려는 풍조가 만연했다.

조씨 집안에서 〈어부사시사〉로 유명한 윤선도에게 외거노비 문제로 소송을 걸었을 때의 일이다. 당시 남인이었던 윤선도는 송시열 등 서인에 대항해 상소를 올렸지만 과격하다는 죄명으로 귀양을 갔다가 풀려난 상태였다. 칩거 중이던 81세의 고령인 윤선도가 직접 소장을 작성하는 등 적극적이었던 이유가 있었다. 쟁점이 된 외거노비가 부자들이었고 그 수도 수십 명이나 되었기 때문이다. 그 노비들의 조상격인 갑과 을 두 사람이 과연 누구의 소유냐는 것이 쟁점이었는데 조씨 집안에서는 아전 출신을 소송대리인으로 내세웠다.

윤씨 집안의 대노는 거론된 갑과 을 두 사람은 윤선도의 조부가 사마시에 급제했을 때 장인이 선물로 준 노비라고 주장했다. 윤선도가 작성해준 소장의 내용만 반복하는 대노를 향해 조씨 집안 측 아전 출신은 문서도 없이 말로만 떠드는 것을 어떻게 믿느냐며 반박하고 나섰다. 그는 문서 하나를 꺼내 보이면서 장인이라는 사람이 선물로 줬다는 노비명단에는 두 사람의 이름이 없다며 그것을 현감에게 제출했다. 문서에는 정말 두 사람의 이름이 없었는데 현감은 상급자인 관찰사에게 사건을 넘겼다. 윤선도는 아전 출신이라는 자가 조씨 집안에서 돈을 주고 고용한 외지부라며 불편한 심기를 드러냈다.

외지부는 '외부에 있는 지부(知部)'라는 뜻으로 원래 장례원(掌隷院)의 전신인 고려시대 '도관지부(都官知部)'에서 유래한 명칭이다. '도관'은 형부 소속 아문이었고 '지부'는 지부사(知部事)의 줄임말로 도관에 파견되어 노비소송을 판결하던 관리였다. 조선시대에는 장예원에서 노비소송 업무를 담당했던 형부 관리가 도관지부고 외지부는 도관 밖에서 지부사 행세하는 사람을 지칭했다. 장례원 소속 관리도 아닌데 소송의뢰자를 교사하고 승소하면 이익을 취한다고 해서 장례원 밖에 있는 지부, 외지부라 불렀던 것이다.

무지한 일반 백성들에게 외지부는 큰 힘이 되었다. 전문지식을 앞세워 송사에서 승소할 수 있도록 도와주는 은인과도 같았다. 일부 외지부들은 그 점을 악용해 억지로 소송하도록 부추겼다. 그래서 법조문을 제멋대로 해석한 뒤 시비를 일으켜 이득만 챙기는 범법자로 취급받기도 했다.

성종 대 송사가 지체되는 일이 벌어졌는데 원상인 신숙주와 한명회가 외지부 탓이라며 엄벌에 처할 것을 주청했다.

"모든 폐단은 외지부라 불리는 교활한 무리들로부터 비롯되고 있사옵니다. 그들이 송사를 사주하거나 대신 나서 시시비비를 불러 일으키는 바람에 관리들의 사리판단을 흐리게 하는 것이옵니다."

성종은 지목된 외지부들과 그 가족을 변방으로 내쫓는 전가사변(全家徙邊)의 형벌로 다스렸다. 그 후로도 성종은 송사다툼이 빈번한 것은 외지부 때문이라며 엄히 징계할 것을 명했다. 그러나 외지부는 사라지지 않아 연산군 대에도 문제가 되었고 16명이나 변방인 함경도의 삼수와 갑산으로 추방하는 일이 있었다. 연산군은 형조의 건의에 따라 외지부를 알면서도 고발하지 않은 자는 장형 1백 대와 3천리 유형에 처하게 했다. 한편 자수하면 용서해주는 강온 양면책까지 펼치며 외지부 근절에 애를 썼다.

반정으로 연산군을 폐위시키고 왕위에 오른 중종 대 역시 외지부는 골칫거리였다. 종부시주부 성희는 교활한 자신의 노비에게 사주해 불법을 많이 저지른 자였다. 그래서 해당 노비를 잡으려고 하자 외지부와 결탁한 뒤 부당한 소장으로 비호하려다 파직되고 말았다. 근절이 쉽지 않았던 외지부는 오히려 권력과 손을 잡기도 했다. 역시 중종 대의 일로 이침(성종의 서자)이 외지부들과 결탁해 송사를 벌인 뒤 이익을 챙겼다. 또 이호원(태종의 증손)은 매년 수교(受敎, 왕의 교명)를 꿰차고 있으면서 비리로 송사하는 것을 즐겨 외지부 노릇까지 했다. 명종 대 이상(성종의 손자)은 외지부와 짜고 문기(文記, 소유권 증명문서)를 위조해 남의 노비들을 가로챘다. 그들 모두 종친이라 문제의 심각성은 더 클 수밖에 없었다.

조선시대 양반들은 성리학 이념을 바탕으로 이상 국가를 추구하고 있었다. 그들에게 양민들의 소송에 개입해서 부추기고 이득을 노리는 외지부는 부정적일 수밖에 없었다. 반면 일반 백성들에게는 절실한 도움의 손길이었다. 생활고에 시달릴수록 이웃이나 이해관계에서 크고 작은 마찰이 자주 일어날 수밖에 없었다. 그때 법률에 대해 무지하면 더욱 고통을 떠안게 되니 권리를 지키기 위해 누군가의 도움이 절박했다. 외지부의 긍정적인 역할이라면 바로 백성들이 부당하게 침탈당할 수 있는 권리를 지켜주는 일이었을 것이다.

외지부라는 단어는 선조 대 이후 사료에서 자취를 감추게 되었다. 다만 수면으로 떠오르지 않았을 뿐 변호를 해줄 역할은 필요해 근절되기는 불가능했을 것이다. 임진왜란을 겪은 뒤 조선시대 후기로 갈수록 정묘호란, 병자호란, 세도정치, 천재지변, 전염병 창궐, 민란 등으로 인한 민생고에 다툴 일이 많아졌기 때문이다. 궁핍이 이어져 키우던 닭 한 마리 없어져도 이웃부터 의심할 수밖에 없는 몰인정의 결과를 낳았다. 경제생활의 변화와 신분제도의 붕괴 등으로 분쟁이 더 빈번해진 것도 요인이었다. 그 속에서 외지부는 작지만 여전히 민초들의 든든한 목소리로 존재하지 않았을까.

자기 집을 태우면 매질,
왕릉을 태우면 사형

조선시대를 떠들썩하게 했던 방화사건은 적지 않았다.

인종이 세자시절 잠자던 동궁에 불이 난 일이 있었다. 후궁과 환관들의 도움으로 겨우 빠져나온 인종은 수십 마리의 쥐가 불에 탄 채 죽어있는 것을 목격했다. 누군가 꼬리에 화선을 매달아 동궁으로 이어지는 외길로 몰았던 것이다. 임진왜란 때 선조가 방어를 포기하고 몽진을 위해 도성을 버리자 경복궁 등 궁궐에 화재가 발생했다. 분노한 백성들이 노비문서를 태우기 위해 불을 질렀거나 입성한 왜군의 짓이라는 양설이 있다.

고종 대 덕수궁 부근이 불바다로 변했는데 화재원인은 함녕전에 새로 만든 아궁이의 과열이었다. 일부에서는 고종을 시해하려는 일제의 소행이라고 보기도 하나 확실한 증거는 없다. 15년 후 고종이 급작스레 세상을 떠난 곳이 바로 덕수궁 함녕전이라는 사실만이 명백하다. 일제의 방화로 의심되는 사건은 순종 대도 있었는데 창덕궁에서였다. 나인들이 옷을 갈아입는 갱의실에서 시작된 불은 대조전과 내전의 대부분을 집어삼켰다. 단순한 실화가 아니라 방화로 추정하고 있다.

궁궐에서 화재가 발생하면 큰 종을 쳐서 알렸다. 민가의 경우는 기와집 3칸, 초가 5칸 이상이 전소되면 왕에게 보고하도록 했다. 방화에 대한 처벌은 엄격해서 비록 본인 집을 태웠어도 장형 1백 대를 감수해야 했다. 본인 집뿐만 아니라 이웃집이나 관아에 피해를 주면 장형 1백 대와 유형에 처해졌다. 관아 및 민가의 창고에 방화한 자는 참형으로 다스렸고 주인집에 불을 지른 경우 역시 교형을 면치 못했다.

처벌만을 강구한 것이 아니라 방지 목적의 대책도 마련되어있었다. 이미 조선시대 전기인 태종 대 화재사건이 자주 일어나자 '금화법령'을 제정했다. 세종 대는 화재방지를 위해 집과 집 사이에 방화장을 쌓게 했으며 곳곳에 우물을 파서 유사시를 대비하기도 했다. 그것을 총괄하는 '금화도감'은 우리나라 최초의 소방관청으로 금화군(소방관)을 편성해 화재방지에 나섰다. 한성에서 2천여 채 집과 행랑채 1백여 칸을 태워 30여 명의 인명피해를 낸 대형화재사건에 따른 조치였다. 물론 실화나 방화에 대한 처벌을 강화하기는 했지만 한편 그에 따른 포상 및 사면제도도 함께 시행했다.

궁궐은 물론 종묘에 불을 낸 자는 실수였어도 교형을 피해갈 수 없었다는데 장소가 왕릉이라면 어떤 처벌을 받았을까. 궁궐이든 사대문 밖 먼 지방이라도 화재발생은 왕에게 있어 마음의 짐이었다. 왕의 자질이 부족하거나 국운이 다해 벌어지는 일로 여긴 탓이다.

창덕궁 드므
궁궐의 건물 네 모서리에 방화수를 담아 놓는 청동이나 돌로
된 드므는 화마를 막기 위한 상징물이다. 험상궂게 생긴 화
마가 불을 내리려 왔다가 드므에 비친 자신의 모습을 보고
놀라 도망간다고 여겼나.

경복궁 드므

그런 정서 아래 선대의 왕들을 모신 왕릉이라고 예외는 아니었다.

성종과 계비 정현왕후 윤씨가 묻힌 선릉(宣陵)은 유난히 많은 변고에 시달렸다. 임진왜란 때 왜군에 의해 능이 파헤쳐지고 재궁(왕의 관)이 불타는 수모를 겪었다. 인조 대에는 정자각에 불이 나서 수리를 했고 다음 해에도 두 차례나 능 위에 화재가 발생했다. 장릉(章陵)은 추존왕 원종(인조의 부)과 비 인헌왕후 구씨가 잠들어있는 곳으로 인조 대 기록된 화재만도 3건이 있었다. 숙종 대에는 방화범을 잡아 사형에 처했는데도 영조 대 또 구씨의 능에 불이 났다. 왕릉에 방화한 자는 '국경 변방에 유배시킨다'는 정도로는 방지책이 못 되어 강화되었는지 극형으로 다스렸다.

숙종 대 어처구니없는 실수로 화재가 발생하기도 했는데 인종과 인성왕후 박씨의 효릉(孝陵)에서였다. 더군다나 범인은 능을 지키는 노복인 주명철이라는 자로 너구리를 잡기 위해 피운 불이 화근이었다. 너구리가 능 주변 굴로 들어가자 연기를 내려고 불을 피웠다가 불길이 걷잡을 수 없이 번져 도망쳐버렸다. 그는 동생의 제보로 체포되어 삼성추국(三省推鞫)에서 범행을 자백한 뒤 사형에 처해졌다.

삼성추국은 의금부, 의정부, 사헌부에서 합의해 중죄인을 국문하는 추국의 한 형태다. 그런데 의금부에서 주명철의 가산을 몰수하고 가족들까지 처벌하자는 의견이 나왔다. 대신들의 주청에 숙종이 하교했다.

"능침에서 고의로 죄를 범한 자를 역률(逆律)로 논한 경우가 많은 것은 이 때문이로다. 주명철의 죄는 무지하고 망령된 행동에서 나온 것으로 봐야 할 것이다. 그 본래의 마음을 헤아려보면 지난번 영릉(英陵, 효종의 묘)의 석물에 해를 가했던 수호군 사건과는 다르다. 따라서 연좌시키는 것은 너무 과중하니 대신과 의논토록 하라."

대신들은 의논 끝에 주명철의 집만 몰수하는 것으로 매듭지었다.

왕조의 중심은 말 그대로 왕이라는 존재일 수밖에 없었다. 그래서 왕과 관련된 어떤 장소라도 훼손된다는 것은 왕권에 도전하거나 위협하는 일로 간주했다. 비록 세상에 없는 선대의 왕릉이라도 엄격함은 지켜야 했을 것이다. 극형을 적용한 것은 일벌백계의 의미가 더 크다고 볼 수 있다. 다만 역심(逆心)과는 거리가 먼 평범한 일반 백성이 저지른 실화에 대해서는 사형으로 그치고 그 이상의 처벌을 더하지 않았다. 최소한 멸문지화를 당해야 하는 대역죄인과는 다르게 여긴 결과다.

왕릉 관련 방화는 아니지만 헌종 대에도 백성의 마음을 헤아린 일화가 있다. 경상도 의령에 사는 한 여자가 개인적인 억울함을 호소하기 위해 남산에 불을 냈을 때의 일이다. 엄벌에 처해야 한다는 공론이 있었지만 대신들은 입을 모아 헌종에게 선처해줄 것을 간청했다. 방화는 사형에 해당하는 죄지만 시골 사는 어리석은 백성이 법률을 몰라 벌인 일임을 강조했다. 헌종은 형조에서 가벼운 벌을 준 뒤 잘 타일러 보내도록 윤허를 했다.

장소가 왕릉이었다면 사정은 달라졌겠지만 백성을 생각하는 왕의 마음은 같지 않았을까. 왕조를 이어가는 주인공은 왕이어도 민심이 있어야 지탱할 수 있다는 사실만큼은 잘 알고 있었을 것이다.

아버지에게 등을 돌린 고종의 비애

철종의 뒤를 이은 고종이 12세라 관례에 따라 대왕대비(신정왕후, 헌종의 모) 조씨가 수렴청정을 맡았다. 조씨는 모든 정사를 흥선대원군 이하응에게 일임한 채 뒷전에 물러나 있다가 2년 뒤 아에 섭정을 거둔다고 하교했다.

본격적인 흥선대원군의 국정운영이 시작되었다. 그는 60년간 독재로 전횡을 일삼던 안동 김씨 가문을 조정에서 몰아냈다. 당색으로 차별받던 남인 계열의 인물, 서북인, 고려왕조 후손들에게 관직의 길을 터주었다. 열강들의 압박으로부터 조선을 수호하기 위해 당쟁의 폐해를 극복하고자 했다. 왕권강화 필요성에 따라 당쟁의 온상이 되고 있던 서원의 철폐령을 내렸고 경복궁 중건사업을 시작했다. 열강들을 막기 위한 강력한 통상수교거부정책(쇄국정책)은 그의 의지였다. 그 밖의 추진하고자 했던 개혁정치는 파란곡절의 조선시대 후기 역사를 이 땅에 새기게 하는 시발이었다.

아버지의 10년에 걸쳐 거침없이 펼쳐진 행보를 바라보는 고종의 마음은 무거웠다. 그는 이미 성년이었기에 친정(親政)을 할 수 있는 나이였으며 무엇보다 역량이 충분하다고 자부하던 터였다. 한 나라의 왕인 자신이 무력하다는 현실이 견디기 힘든 치욕이었다. 권력은 부자지간도 나눌 수 없다는 사실에 그는 결단내릴 때가 되었다고 절감했다. 왕좌를 위해서라면 칼이든 독이든 상대에게 내밀었던 조선왕조가 아니었던가.

고종은 흥선대원군에게 등을 돌릴 각오로 그를 견제하기 시작했다. 우선 시아버지 흥선대원군을 원수처럼 여기고 있는 비 명성황후 민씨를 든든한 조력자로 삼았다. 흥선대원군은 외척들에 의한 전횡을 의식해 민씨가 고아나 다름없다는 이유로 왕비 후보 1순위로 꼽을 만큼 흡족해했었다. 최고의 며느릿감이라며 칭찬까지 받던 민씨의 기쁨은 오래 가지 않았다. 이미 고종에게는 총애하던 후궁 영보당 귀인 이씨(당시 상궁)가 있었는데 2년 뒤 아들 완화군을 낳았기 때문이다. 흥선대원군은 노골적으로 완화군이 고종의 첫째 아들이라며 세자로 책봉하려고 했다. 민씨는 자칫 뒷방신세가 될지도 모른다는 위기에 자구책으로 흥선대원군을 일선에서 퇴진시키기 위해 세력몰이를 시작했다.

민씨도 고종 8년(1871) 아들을 낳았지만 5일 만에 죽고 말았다. 항문이 막혀 배설을 못 해 죽었다는 어의의 말에 민씨는 자신이 임신했을 때 달여 먹었던 흥선대원군이 보내온 산삼 때문이라고 믿었다. 항문 없이 태어난 선천성 무항증(無肛症)이었는데 완화군을 세자로 책봉하려는 음모로 여길 수밖에 없었다. 민씨는 흥선대원군을 더욱 증오하게 되었고 두 사람의 갈등은 깊어갔다.

마침내 민씨마저 흥선대원군의 축출을 도모하려던 고종 10년 (1873) 승정원동부승지 최익현의 '계유상소'가 올라왔다. 최익현은 경복궁 재건을 위해 흥선대원군이 펼친 그릇된 정치를 비판하고 서원철폐의 시정 등을 건의하며 탄핵했다.

"그는 경복궁을 무리하게 중건한 바 있사옵니다. 정부재정의 파탄과 당백전 주조로 인한 민생의 피폐를 불러왔으며 과중한 노역으로 민심 동요를 초래했고 천주교와 동학을 탄압한 일마저 있었사옵니다."

동부승지로 임명된 지 불과 보름 만에 흥선대원군에게 정면 도전장을 내민 최익현을 고종은 내심 반가워했다. 그는 왕이 아닌 대원군이 나라를 다스리는 그릇된 정치판에 대한 일침으로 여겨 대단히 만족스러웠다. 고종은 상소문이 마음 깊은 곳에서 우러난 충정의 결과라고 칭찬까지 했다. 그런데 상소를 규탄한 고관대작 중 여럿이 사직을 청했고 몇몇은 유배를 가게 되었다. 그 소식을 접한 흥선대원군은 분노하지 않을 수 없었다. 고종이 자신에 대한 도전을 보다 확실히 보여준 일이었기에 치를 떨어야 했다.

최익현이 재차 올린 상소에는 고종이 21세가 되었으니 섭정은 불가하다는 내용도 포함되어있었다. 명분마저 잃게 된 흥선대원군은 통상수교거부정책 속에서 병인양요, 신미양요 등의 암울한 치적을 남긴 채 물러날 수밖에 없었다. 그의 실각을 막아줄 유일한 존재는 고종이었지만 오히려 그 무엇도 하지 않는 것으로 의지를 밝혔다. 고종은 자신을 왕으로 만들어준 아버지를 기꺼이 버리기로 결심한

지 이미 오래였다. 사실 고종의 왕위계승에는 아버지 홍선대원군의 발 빠른 처세가 큰 몫을 했었다.

철종이 죽자 왕실 최고 어른인 대왕대비 조씨는 고종을 다음 왕으로 정하고 남편인 효명세자의 대통을 잇게 하라는 내용의 교지를 내렸다. 홍선대원군이 이미 찾아와 묵계 하에 후계자 문제를 결정한 뒤의 결과이기도 했다. 그는 행여 안동 김씨 가문이 철종의 후계를 정할지 모르니 선수쳐야 한다고 주장했다. 그동안 숨죽이며 살던 조씨라 그 제안을 기꺼이 받아들였던 것이다.

아버지를 등진 고종은 즉각 친정을 선포했다. 어명으로 홍선대원군이 사저 운현궁에서 드나들던 창덕궁의 전용문을 아예 폐쇄시켰다. 문이 막혀 갈 곳을 잃은 홍선대원군은 경기도 양주 곧은골(直谷)로 들어가 은거하면서 정계복귀를 노릴 수밖에 없었다.

아들의 배신과 정계에 대한 미련으로 참담한 시간을 보내던 홍선대원군에게 기회가 찾아왔다. 8년 후 김홍집이 수신사로 일본에 다녀오며 가져온 《조선책략》이 널리 전파되자 위정척사론(衛正斥邪論)을 주장해온 전국 유생들이 반발하며 상소를 올렸다. 홍선대원군은 기회라 여겨 고종을 폐위시키고 서장자인 이재선을 즉위시키려고 했지만 실패하고 말았다. 연루된 이재선은 유형에 처해졌지만 만인상소에 부담을 느낀 고종은 사약을 내렸다. 다음 해 벌어진 임오군란으로 잠시 권력을 되찾은 홍선대원군은 궁궐에서 빠져나간 명성황후 민씨가 죽었다고 공포한 후 반개화정책을 펴기도 했다. 하지만 민씨 세력의 요청을 받은 청군에 의해 납치되고 유폐생활까지 하는 등 다시금 고개를 숙여야 했다.

열강들이 서로 견제하며 조선을 노리고 있는 동안 궁궐 안 고종과 명성황후 민씨는 태평세월이었다. 정적 흥선대원군은 이미 날개가 꺾였고 척신들까지 주변에서 보호막이 돼주고 있었다. 동학농민운동(갑오농민전쟁) 진압에 개입했던 일본이 청일전쟁에서 승리로 조선의 내정개혁을 주장했지만 민씨 세력이 거부했다. 일본은 무력으로 경복궁을 점령한 뒤 동학농민군의 지지를 받고 있던 흥선대원군을 입궐시켰다. 그는 한때 자신이 탄압했던 동학농민군과 손잡고 반전을 꾀하려고 했지만 날개를 다시 펼치기에는 늦은 뒤였다.

조선의 노선을 등한시할 수 없었던 일본은 명성황후 민씨만 제거하면 모든 일이 뜻대로 될 것이라는 판단 하에 을미사변을 일으켰다. 민씨가 무참히 살해되자 자기주장만 펴다가 일본으로부터 정계 은퇴까지 강요당했던 흥선대원군은 일본군과 궁궐로 들어가 고종에게 새로운 내각을 제시했다. 그리고 이미 죽은 줄도 모르고 민씨의 소식만 기다리는 고종에게 국상을 선포하자고 부추겼다.

흥선대원군은 고종이 아관파천을 단행하고 친러파 정권이 들어서자 다시 곧은골로 갈 수밖에 없었다. 그는 민씨가 죽은 지 3년 뒤 79세의 나이로 무너져 가는 왕조를 바라보며 숨을 거뒀다. 아버지에 대한 감정이 아직 남아있는 고종은 직접 문상을 하지 않는 것으로 끝내 화해의 기회마저 놓아버렸다.

그토록 의욕적으로 조선을 이끌어가고자 했던 고종은 그 후 을사조약으로 휘청거릴 수밖에 없었다. 결국 나라를 빼앗기는 치욕까지 목도해야 했으니 어떤 가슴으로 마지막 왕조의 숨결을 바라보았을까.

욕쟁이 왕이라 불린 정조의 카리스마

"입에서 젖비린내 나고 사람 같지도 않은 놈!"

정조가 학덕 높고 성리학에도 일가견이 있는 젊은 학자 김매순을
향해 내뱉은 욕설이다.

정조는 조선시대 역대 왕 가운데 뛰어난 학식과 무예로 신하들을
휘어잡은 카리스마가 있던 인물이었다. 그런 그에게 '욕쟁이 왕'이
라는 또 다른 수식어가 붙은 이유는 무엇일까. 신하들이 오래 살기
를 바라는 마음이었는지 욕은 다양했고 그 대상도 가리지 않았다.

당대 최고의 학자들도 꼬리를 내릴 만큼 높은 식견을 지녔던 정
조는 늘 자신감이 넘쳤다. 문치의 왕정을 펼치고자 한 그에게 동상
이몽에 빠진 신하는 배척할 대상이었다. 학문과 법령에 의한 정사
에 있어 무엇보다 중요한 것은 신하들의 자세라고 보았다. 그래서
비밀서찰집인《정조어찰첩》에 보면 마음에 들지 않는 신하들을 향
해 '나는 이렇게 똑똑한데 너희들이 무엇을 안다고 그러느냐'며 직

설화법으로 주의를 환기시키고 있다. 또 '너희들에게는 더 이상 배울 것이 없다'면서 '공부를 조금 더 하라'는 일침을 가하기도 한다.

정조는 정약용 등이 모여 있는 곳에 예고도 없이 나타나 시험을 보고 직접 채점까지 하는 것을 즐겼다. 그가 운을 띄우면 정해진 시간 안에 시를 지어야 했는데 어긴 신하에게는 벌을 내렸다.

"네 이놈, 그런 돌머리로 녹을 받아먹다니 지금 당장 저 섬으로 귀양을 가라!"

정조가 가리킨 곳은 부용지(창덕궁 후원의 연못) 한가운데 있는 작고 둥근 섬으로 지목당한 신하는 그곳에 잠시 머물다 풀려나고는 했다.

학문 이외에 무예에도 소질이 있었던 정조는 특히 활쏘기를 수양으로 삼았었는데 실력 또한 탁월했다. 그의 활솜씨는 신궁이라 불린 태조 이성계나 장군 이순신과도 어깨를 견줄 만했다. 특히 50발을 연속해 쏘는 오십사(五十射)에서 이순신은 43발을 명중시켰다는 기록이 있는데 정조도 그에 못지않은 41발이었다. 10순을 쏠 때 9순까지 45발 모두 적중시킨 적도 있었다고 한다.

매사에 기세등등하고 자신만만했던 정조는 그 의욕을 곧잘 욕으로 표출하고는 했다. 욕이 얼마나 심했던지 스스로 줄여야겠다고 다짐할 정도였다. 사관이 그의 말을 받아 적을 때 순화시킬 단어를 찾기 위해 전전긍긍할 만큼 입이 거칠었다.

역대 왕 중에도 욕설을 남긴 인물이 있었는데 그럴 때마다 사관은 '흉악한 말', '차마 입에 담을 수 없는 말' 같은 식으로 희석할 수밖에 없었다. 반면 구체적인 표현을 적나라하게 기록하는 일도 종종 있었다. 세종의 경우 그나마 '더벅머리 선비놈'처럼 구수한 냄새까지 풍기는 욕에 그쳤지만 인조는 상황이 달랐다. 소현세자가 죽고 남은 세자빈 강씨와 3명의 아들이 냉대를 받을 때였다. 신하들이 소현세자가 왕의 아들인데 어찌 남은 식솔들을 모질게 대하느냐며 진언하자 인조는 '개새끼 같은 것을 억지로 임금의 자식이라고 하니 이는 모욕이다'며 등을 돌렸다.

현륭원 주변에 엄청난 송충이 떼가 발생해 솔잎을 모두 갉아먹는 일이 발생했을 때였다. 아버지 세도세자의 무덤에서 벌어진 일이라 정조는 사소한 기우조차 용납할 수 없었다. 화가 난 그는 그곳에서 잡아오게 한 송충이를 산 채로 한줌 집어삼키며 소리쳤다.

"이런 괘씸한 벌레새끼들. 차라리 내 오장육부를 뜯어먹어라!"

그 후 현륭원으로 솔개와 까마귀들이 날아들어 송충이를 잡아먹는 바람에 다시 숲이 울창해졌다고 한다.

문제는 벌레처럼 험담과 욕을 들어야 하는 대상이 신하였다는 것이다. 《정조어찰첩》에는 다양한 욕과 함께 정조의 성격까지 잘 드러나 있다. 입에서 젖비린내가 난다고 했던 학자 김매순에게 '경박하고 어지러워 주둥이를 함부로 놀린다'는 비아냥거림을 덤으로 안겨주었다. 청주목사 김의순을 '사람 꼴을 갖추지 못한 졸렬한 놈'이라 악담했고 이조참의 이노춘은 '약하고 물러터진' 쓸모없는 사람이 될 수밖에 없었다. 성격이 원만하고 근면해 장자(長者)로 칭송받던 이조판서 서매수에게는 '늙고 힘없는 놈'이라 했으며 예조판서이자 최측근인 서용보에게까지 '호로자식'이라 서슴없이 표현하고 있다. 우의정 심환지도 예외는 아니어서 '갈수록 입조심을 안 하는 생각 없는 늙은이'로 전락해버렸다.

비밀서찰답게《정조어찰첩》속에는 구어체의 비속어와 함께 속담도 등장한다. '말할 건더기', '꽁무니를 빼다', '이 떡 먹고 말을 마라', '개에 물린 꿩 신세', '볼기 까고 주먹 맞기' 등이다. 정조 자신의 정서도 엿볼 수 있는데 '동전 구린내를 풍겨 사람들이 모두 코를 막는다'든가 '놈들이 한 짓에 화가 나서 서찰을 쓰느라 거의 밤을 샜다'는 표현을 통해서다. 한편 한문으로 써내려가던 도중에 느닷없이 '뒤죽박죽'이라고 한글로 휘갈겨놓기도 했다. 마땅한 한문이 떠오르지 않았거나 강조하려던 결과였다는 해석이다.

깊은 소양에 무예까지 갖추고 있어 무인군주로 통했던 정조는 규장각제도를 시행하고 왕의 호위군대인 장용영(壯勇營)을 만들었다. 무예 훈련교범인《무예도보통지》를 편찬하는 등 국방에 대한 많은 관심을 기울이기도 했다. 규장각은 문신을, 장용영은 무신을 양성하기 위한 기관이었다. 그는 두 기관을 이용해 왕권강화를 꾀하기 시작했다. 조부 영조가 추구한 탕평론을 그대로 이어 왕정체제강화를 통해 백성을 위하고자 노력했다. 편전의 이름을 '탕탕평평실(蕩蕩平平室)'이라 해서 실현의지를 확고히 세웠다.

정조는 약화된 시력에 안경을 써야 했지만 안질 이외에는 큰 질병은 없었는데 허리의 종기가 운명을 바꿔놓고 말았다. 종기에서 고름이 생기더니 악화되어 극심한 고통이 뒤따랐고 한여름이라 쉽게 아물지 않았다. 어린 시절 아버지 사도세자의 죽음을 목도하고 호랑이보다 무서운 영조의 그늘 아래서 살아온 그였다. 스트레스 때문인지 골초라고 불릴 정도로 담배를 즐겼고 술은 자주 찾지는 않았지만 한 번 마시면 말술이었다. 그는 종기 하나 극복하지 못할 만큼 면역력을 잃은 상태였다. 누적된 과로까지 더해져 패혈증으로 진행되었고 한 달 가까이 고통스럽게 투병하다 49세로 눈을 감았다.

정조가 독살설에 휩싸이자 반대세력인 벽파에게로 의심의 시선이 몰렸다. 반면 벽파세력의 영수 우의정 심환지와 주고받은 비밀 서찰 때문에 단정 짓지 못한다는 시각이다. 정조는 서찰을 통해 그에게 자신의 병세를 여러 번 알렸다. 그 안에는 '눈이 하도 침침해져 글도 읽을 수가 없다'면서 어디가 아파 탕약을 언제 얼마큼 먹었는데 고통스럽다고 비교적 세세한 내용이 담겨져 있다.

눈을 감기 10일 전쯤에는 '속에 든 화기가 오르기만 하고 내려가지를 않아 늘 얼음물을 마시거나 차가운 온돌에 등을 대고 있지만 불면 때문에 고생스럽다'고 호소하기도 한다. 그렇듯 시시각각 악화돼가는 정조의 병세까지 간파하고 있던 심환지가 무리수를 두었겠느냐는 것이다. 왕의 병은 극비임에도 불구하고 정조가 시시콜콜 심환지에게 밝힐 수 있었던 것은 오히려 그를 정적으로 여기지 않은 반증이라는 해석도 있다. 한편 정조는 서찰을 읽는 즉시 태우거나 먹물이라도 씻어내라고 명했지만 그는 따르지 않았다.

정조는 신하들을 향해 '경박하고 어지러워 동서도 분간 못 하는 놈'이라 힐난할 만큼 강한 자존을 자부하고자 했던 왕이었다. 그래서 온갖 치장과 듣기 좋은 말보다는 화력이 강한 어조로 전달하고자 했을 것이다. 늘 거침없이 말하고 논쟁이 있을 때는 밤을 새울 정도로 집요해 다음 날 앓아눕는 신하가 있었다고 한다. 그가 욕쟁이면서 조선시대를 대표할만한 카리스마 넘치는 왕 가운데 한 사람으로 기억되는 이유일 것이다.

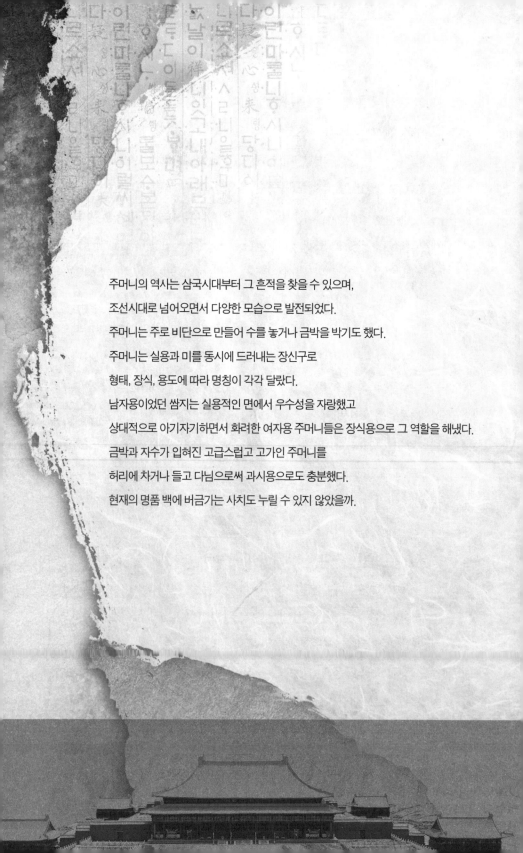

주머니의 역사는 삼국시대부터 그 흔적을 찾을 수 있으며,

조선시대로 넘어오면서 다양한 모습으로 발전되었다.

주머니는 주로 비단으로 만들어 수를 놓거나 금박을 박기도 했다.

주머니는 실용과 미를 동시에 드러내는 장신구로

형태, 장식, 용도에 따라 명칭이 각각 달랐다.

남자용이었던 쌈지는 실용적인 면에서 우수성을 자랑했고

상대적으로 아기자기하면서 화려한 여자용 주머니들은 장식용으로 그 역할을 해냈다.

금박과 자수가 입혀진 고급스럽고 고가인 주머니를

허리에 차거나 들고 다님으로써 과시용으로도 충분했다.

현재의 명품 백에 버금가는 사치도 누릴 수 있지 않았을까.

2장

찬란한 문화를 품다

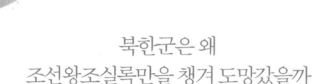

북한군은 왜
조선왕조실록만을 챙겨 도망갔을까

　30여 명의 노비들은 왜군 말발굽보다 앞서 내장산을 오르고 있었다. 그들의 어깨와 우마차에 실려있는 것은 전주사고에 있던 1천여 권의 《조신왕조실록》이 든 궤짝이있다. 임진왜란으로 춘추관사고, 충주사고, 성주사고의 실록이 모두 화마에 소실되고 유일하게 남은 조선왕조의 역사였다.

　실록을 종묘사직만큼이나 소중히 여겼던 조선왕조는 만일을 대비해 모두 4부를 인쇄한 뒤 분산 보관해왔다. 전주사고 본만 남았지만 이마저도 위태로웠다. 조선의 관군과 의병은 전라도로 진입하려는 왜군에 맞서 충청도 금산에서 사투 중이었다. 만약 방어선이 뚫린다면 마지막 남은 실록의 운명도 장담할 수 없었다. 일촉즉발 긴장에 싸인 전주성으로 달려온 유생 안의와 손홍록은 30여 명의 노비들을 동원해 태조 이성계의 어진과 함께 실록을 내장산으로 무사히 대피시킬 수 있었다. 내장산에서 숨을 고르던 실록은 다음 해

왜군의 공격으로 다시 위험에 처하자 북상하기 시작했다. 그때도 안의와 손홍록은 자신의 노비들과 함께 조정에서 파견된 관리들을 도왔다. 그리고 마침내 평안도 묘향산에 도착해 안심할 수 있었으며 그 후 1603년 강화도로 이전되었다.

가슴을 쓸어내린 조선은 강화도의 전주사고 본을 바탕으로 3부를 더 인쇄했다. 원본인 전주사고 본, 새 인쇄본 3부, 교정본 등 총 5부가 마련되었다. 1부는 종전처럼 춘추관에 두고 나머지는 마니산(강화도), 태백산(봉화), 오대산(평창), 묘향산(영변) 사고에 각각 보관했다. 그 후 춘추관사고 본은 이괄의 난 때 다시 화재로 잃고 묘향산 사고 본은 후금과의 관계가 악화되면서 적상산(무주)으로 이전되었으며 전주사고 본은 마니산에서 정족산으로 옮겨졌다. 최종적으로 강화도의 정족산, 태백산, 오대산, 적상산 등 4곳의 사고체계를 갖추게 되었다.

목숨을 걸고 지켜낸 《조선왕조실록》은 일제강점기 때도 수난을 겪어야 했다. 한일병합(경술국치)이 이뤄지자 정족산사고, 태백산사고 본은 조선총독부로 이관되었는데 경성제국대학을 거쳐 해방 후에야 서울대학교로 옮겨질 수 있었다. 그 후 다시 분산 목적으로 태백산사고 본이 국가기록원 역사기록관으로 보내진 것은 1985년의 일이었다. 오대산사고 본은 일본 동경제국대학으로 반출된 뒤 1923년 관동대지진 때 74권을 남기고 소실되었다. 그 가운데 27권이 1932년 경성제국대학으로 반환되었고 나머지는 2006년 환수되어 서울대학교에 보관 중이다.

적상산사고 본은 창경궁 이왕가박물관에 있던 도서관인 장서각

전주사고
전라북도 전주시 경기전(慶基殿) 내부에 있는 사고. 선조 30년(1597) 정유재란 때 실록각이 소실된 후 1991년 복원했다.

으로 가져왔는데 한국전쟁 때 그만 운명이 바뀌었다. 전쟁 발발 후 3일 만에 서울을 점령한 북한군은 장서각을 이 잡듯 뒤지기 시작했다. 그들이 혈안이 되어 찾던 것은 장서각 직원들이 미처 챙기지 못했던 적상산사고 본이었다. 그들이 다른 유물들은 놔두고 실록만 급히 챙겨 달아난 이유가 있었다. 적상산사고 본이 원래 병자호란 이전 묘향산사고에서 옮겨온 것이기에 자신들 소유라고 주장했기 때문이다. 북한으로 간 실록은 평양의 중앙역사박물관에 소장되어 있다고 알려져 있다. 실록이 북한으로 가게 된 과정에 대해 조금 다른 해석도 있다. 서울 점령 후 장서각에 나타난 사람은 평양 김일성 대학 교수로 있던 김석형이었다고 한다. 그가 실록을 가져간 장본인이라는 것인데 북한군을 이끌고 온 것으로 추정된다.

한편 서울대학교에는 정족산사고, 태백산사고 본 실록과 《승정원일기》, 《일성록》 등 국보급 도서들이 많았으나 무사할 수 있었다. 북한군은 인천상륙작전 직전 그 보물들을 트럭에 싣고 북쪽을 향해 달렸지만 미군의 공습으로 발이 묶이고 말았다. 그들이 트럭을 버려둔 채 달아나는 바람에 서울 수복 후 고스란히 회수할 수 있었다.

숱한 역경과 위기 속에서 지켜낸 《조선왕조실록》에 대한 번역작업이 착수되었다. 1968년부터 세종대왕기념사업회가 1971년부터는 민족문화추진회(한국고전번역원 전신)가 맡았지만 어려움이 따랐다. 정부가 아닌 민간주도라 자금조달 등의 문제로 중단될 위기까지 맞은 적도 여러 번이었다. 그러는 가운데 1980년대 말 북한이 《조선왕조실록》의 번역을 마쳤다. 서울올림픽 개최 등으로 북한보다 모든 면에서 우위라고 여겼던 자부심의 뒤통수를 제대로 맞은 격이었다. 발등에 불이 떨어진 남한도 번역사업에 박차를 가해 두 기관의 공동사업으로 1993년 마침내 완성할 수 있었지만 만족도는 떨어졌다.

국고보조로 진행되어 사업에 일관성이 부족했고 서두른 탓에 사전준비나 깊은 연구가 마련되어있지 못했다. 번역의 기초인 용례와 용어집의 준비가 미비했고 각주도 중국의 고사를 풀이하거나 간단한 설명 위주였다. 세종대왕기념사업회와 민족문화추진회의 용어풀이가 서로 달랐고 고유명사를 일반명사로 해석하는 오류까지 벌어졌다. 동대문을 가리키는 흥인지문(興仁之門)을 친절하게도 한자 하나하나 풀어 '인(仁)을 일으키는 문'이라고 하는 식이다. 임진왜란 당시 명나라 장수를 일컫는 천장(天將)을 '하늘의 장수'로 번역하기도 했다.

《조선왕조실록》의 번역 목적은 한문보다 한글이 익숙한 세대에게 방대한 분량의 실록을 쉽게 접할 수 있도록 하는 데 있었다. 실제는 대학생을 비롯해 대학원생과 교수 등이 대상이 되었다. 실용적인 측면보다 교육과 연구를 위해 직역 위주로 번역하고 전문용어 등을 그대로 살린 탓이었다. 용어마다 한자병행과 괄호 속 간단한 각주 및 별도 표기로 이해를 도운 면은 있다. 역대 왕별로 번역본 색인을 따로 발간해 학문적 자료로 이용가치를 높이기도 했다. 그러나 여전히 일반인들이 읽고 이해하기에 난해하다는 단점은 극복하지 못한 채였다.

북한의 《조선왕조실록》 번역본을 '리조실록'이라고 하는데 1980년대 말 번역이 끝나자 1991년까지 교정을 거쳐 총 4백 권으로 완간했다. 그들은 국가정책사업으로 추진했기에 짜임새나 통일성이 높다는 평가를 받고 있다. 용어의 통일은 번역 전 대안을 미리 마련하는 방법을 통해 해결했다. 반복해서 등장하는 수천 개의 어휘나 법조문 그리고 유교경전의 문장들은 사전에 우리말로 풀어서 표준 번역안을 작성해 작업했다.

리조실록 역시 앞에 번역본을 뒤에 원문을 수록하는 편집체계인데 특징은 쉬운 용어로 이뤄졌다는 점이다. 보다 많은 계층이 쉽게 읽고 이해할 수 있도록 일상용어로 풀이했다. 한자를 배제한 채 한글로만 표기한 점도 주목할 만하다. 그러나 전문용어, 왕실제도, 고유명사 등을 한글로 풀어서 쓴 결과 학문의 방법이나 이론에 문제가 있다는 지적이다.

　실록에 자주 등장하는 상소(신하가 왕에게 글을 올림), 상언(백성이 왕에게 글을 올림), 상서(웃어른에게 글을 올림)를 북한에서는 '보고하다'는 의미로 통일하고 있다. 그 결과 신분과 장소 등에 따라 다르게 적용된다는 것이 무시되어 혼란을 야기했다. 국한문 혼용을 택한 남한과 달리 한자를 사용하지 않아 동명이인이나 동음이어의 구분이 쉽지 않다. 해결책으로 해당 단어가 한자로 어떤 글자인지 괄호 안에 표기하고 있다. 지명인 경기도 이천(利川)과 강원도 이천(伊川)일 경우 '이천(이로울 리, 내 천)'과 '이천(저 이, 내 천)'이라는 식이다. 하지만 천자문을 모르는 사람에게는 그 역시 무용지물이다.

　《조선왕조실록》의 번역에 있어 어느 쪽이 우수한가를 놓고 의견이 분분하지만 중요한 것은 역사의식이 아닐까. 얼마나 진정성으로 문화재를 인식하고 보호하느냐에 의미가 있다. 역사에 깊이 새겨지지 못했지만 기억해야 할 유생 안의와 손홍록 그리고 노비들의 땀과 열정이 더 소중하고 뜨거운 것이다.

　한국전쟁 당시 이승만은 부산에 있던 문화재를 보다 안전하다고 판단한 미국으로 보내려고 했다. 국회에서의 동의안이 부결되고 반대 여론에 뭇매를 맞아 결국 백지화되었지만 대만 국민정부 주석 장개석의 위기대처능력과 비교된다. 그가 중국 국민당정부 주석으로 있을 때 중일전쟁이 발발하고 그 후 정부가 위기에 몰리자 황실의 보물들을 배에 싣고 대만으로 가져갔다. 현재 국립고궁박물원에 보관하고 있는데 송나라부터 청나라까지 중요 보물들이 북경(베이징)이 아닌 타이베이에 있는 셈이다. 아이러니하게도 그곳으로 많은 중국 관광객이 문화재를 감상하기 위해 몰려오고 있다. 정치지도자로서 문화재를 바라보는 시각이 얼마나 중요한지 극명하게 보여주는 예다.

1996년에는 서울대학교의 정족산사고, 오대산사고 본 실록에 문제가 발생했다. 균열, 변색, 곰팡이 등의 심각한 손상을 보였는데 밀랍으로 도포(방충, 방습 목적)한 부분에 집중되었다. 그에 관련한 연구 사례가 전무해 국립문화재연구소는 원인규명에만 만족할 수밖에 없었다. 실록의 실상이 언론에 공개되자 비난이 일었고 국립문화재연구소 연구팀은 8년이라는 연구 끝에 복원기술을 개발할 수 있었다. 문화재에 대한 관리소홀이라는 오점은 복원하지 못한 채였다.

국보 제151호 《조선왕조실록》을 둘러싼 잡음은 끝이 없었다. 1997년 《훈민정음해례본》과 함께 유네스코 세계기록유산으로 등재되면서 발급받은 '원본 증시'가 사라진 것이다. 문화재청은 발급 1년 만에 증서를 분실했다는 사실을 10년이나 지난 2007년에야 확인한 뒤 부리나케 재발급 받았다. 더 심각한 것은 분실과정조차 정확하게 파악하지 못했다는 점이다.

현재 한국고전번역원은 2012년부터 《조선왕조실록》의 재번역사업을 진행하고 있다. 보다 완벽한 기록물로 재탄생되어 어떤 시련도 능히 이겨낼 수 있었으면 하는 바람을 안은 채다.

중국어 실력을
원어민 수준으로 만들고 싶었던 세종

세종은 평소 백성들 모두 글을 깨우쳐 보다 현명한 삶을 누리기를 바랐다. 세종의 백성을 생각하는 마음에 찬물을 끼얹은 사람은 집현전부제학 정창손이었다. 그는 집현전응교 시절 한글 제정을 반대하다 파직과 함께 투옥되었고 집의 때는 불경 간행에 또 반기를 들어 좌천되었던 인물이었다.

"전하, 백성들이 천박한 것은 문자를 모르고 교육을 받지 못해서가 아니옵니다. 본디 사람의 천품은 교육으로 바로잡을 수 없다고 사료되옵니다."

그 말에 대노한 세종이 우레와 같은 일갈을 날렸다.

"지금 나의 백성을 능멸하려는 그대는 무엇을 위해 살고 있는가?"

평소와 다른 외침에 모두 머리를 더 조아리는 가운데 세종의 일침이 이어졌다.

"백성의 타고난 성품이 교화될 수 없다면 그대가 정치를 하는 까닭이 무엇이더냐. 그저 백성 위에 군림하면서 권세나 누리고 부른 배를 쓰다듬기 위해서인가!"

세종은 우리의 글과 말뿐만 아니라 외국어 역시 미래라는 신념을 갖고 있었다. 특히 중국과의 관계를 중시해서 중국어에 대한 습득을 높이 평가했다. 조정대신들은 물론 대외관계 일선에 선 관료들이 중국어를 잘 구사해야 국익을 도모할 수 있다고 믿었다. 통역을 해주는 역관이 있지만 상황에 따라서는 대면한 채 나누는 대화가 더 설득력이 있다는 판단이었다.

세종은 중국어 습득방법이 결코 녹록치가 않아 고심하던 끝에 한 가지 방안을 고안해냈다. 선발한 관료 자제들을 명나라 북경의 국학이나 요동의 향학에 보내 현지에서 직접 중국어를 습득하게 한다는 것이었다. 공조참판 박안신이 천추시(명나라 황대자의 생일 축하 시절)로 북경으로 갈 때 황제 선덕제에게 전달할 친서를 함께 보냈다. 유능한 자제들을 보낼 테니 교육기관에 입학해 중국어를 배울 수 있도록 협조해 달라는 내용이었다.

얼마 후 보내온 답서에서 선덕제는 당나라 태종 대에도 고려의 학생들을 입학시켰다면서 장한 일이라고 일단 운을 떼었다. 그러나 다음과 같은 이유를 들어 유학을 거부했다.

조선의 자제들이 이곳에 머물면서 공부를 한다는 것은 가상한 일이다. 다만 조선에서 머나먼 거리라 험한 바다를 건너야 하고 육로로는 일만여 리나 된다. 자제들이 온다 해도 산천과 기후가 달라 오랜 기간 객지에서 편히 있지 못할 것이다. 또 고향과 멀리 떨어져 있게 되니 부모는 자식이 그립고 자식은 부모를 그리워하는 것은 인지상정이다. 그런 사정들로 이곳에서 견디기 힘들 터이니 오지 않는 것만 못할까 염려스럽다. 그래서 자제 교육에 필요한 서책들을 보내니 나의 마음을 헤아리도록 하라.

명나라의 반응에 세종은 적지 않게 당황했다. 세종이 자신의 청을 들어줄 것이라고 믿은 이유는 예로부터 중국에 유학생들을 파견했던 전례가 있었기 때문이다. 삼국시대 때도 당나라로 어린 학생들을 유학 보냈는데 대표적인 인물이 신라의 최치원이다. 명나라 도읍이 먼 남경(난징)에 있던 태조 주원장 집권 시에는 고려의 유학생을 보내지 못했지만 호의적인 태도에는 변함이 없었다.

세종은 자신의 청사진에 먹구름이 드리우자 절망에 휩싸였다. 그러나 신속히 다른 출구를 찾는 것이 현명하다는 판단 하에 일단 유학생 파견은 보류하기로 했다. 어전회의에서 세종은 차선책에 대한 대신들의 의견을 물었다.

"명국에서 우리 자제들의 유학을 허가하지 않았으니 이제 그 희망은 사라졌도다. 허나 자제들을 의주로 보내 요동과 왕래하면서 중국말을 배우게 하고자 하는데 경들의 생각은 어떠하시오?"

명나라와의 접경지역인 함경도 의주에 자체 교육기관을 설치해 중국어 학습과 함께 요동을 드나들게 하면 보다 효율적인 결과를 얻으리라는 생각이었다. 대신들은 요동에서는 정통 중국어의 습득이 어렵다며 반대했다.

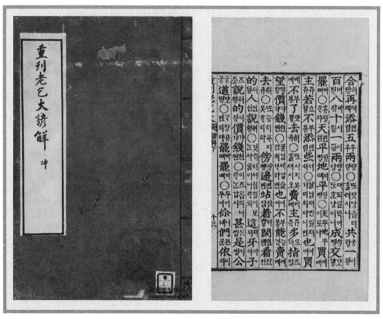

노걸대
조선 역관들의 외국어 학습 및 역과시(譯科試)
용으로 사역원에서 간행한 중국어 교재
국립중앙도서관 소장

박통사
고려시대 후기부터 조선시대에 걸쳐 《노걸
대》와 함께 손꼽히던 외국어 교재
국립중앙도서관 소장

"요동이라는 곳은 명국의 한 지방에 지나지 않아 말이 바르지 않
사옵니다. 신들의 생각은 선발된 자제들을 사역원으로 보내 항상
바른 소리로 된 여러 교재를 익히게 하는 것이 옳은 줄 아뢰옵니다.
그런 다음 우리 사신단이 북경에 갈 때마다 동행하게 하면 저절로
중국말을 깨우쳐 능통하게 될 것이라 사료되옵나이다."

대신들의 말에 세종은 달리 방도가 없어 일단 수긍할 수밖에 없
었다. 바르지 않은 중국어로 내세우는 조선의 주장을 과연 명나라
가 어떻게 받아들일지 자신이 없었다.

사역원(司譯院)은 고려시대 후기의 통문관에서 바뀐 것으로 조선시대 외국어(중국어, 몽골어, 여진어, 위구르어, 유구어, 일본어)의 번역과 통역을 맡아하던 관청이다. 세종은 평소 사역원 학생들에게 일상에서도 중국어를 쓰도록 단속하고 있었다. 만약 위반 시 그 횟수만큼 매질까지 하게 한 것은 더 완벽한 중국어 구사가 절실했기 때문이었다. 사역원 중국어 교재인 《노걸대》와 《박통사》로는 그 희망이 멀다고 판단한 것이다. 무엇보다 절실한 것은 현지인 수준의 실력이었다.

고심으로 며칠을 보낸 세종은 다시 어전회의를 열어 요동을 왕래하게 하는 제안에 대해 되물었다. 호조판서 안순은 요동에 보낸다고 해도 자유롭게 성내로 들어갈 수 없어 현지인과 대화를 나누지 못한다며 종전의 결정을 그대로 시행하자고 했다. 이조판서 허조가 명나라에서 중국어를 가르칠 스승을 초빙하자는 대안도 내놓았다. 세종은 명나라 조정에 예의가 어긋나는 일이라며 불허했고 안순의 의견도 있어 원래 결정을 따랐다.

사역원에서 선발된 자제들에게 중국어를 가르치며 사신단이 파견될 때마다 함께 가도록 하는 최종방안이었다. 세종은 비록 꿈이 좌절되었지만 대신들의 의견을 수렴하는 절차로써 신중한 자세를 보였던 것만은 사실이다.

그러나 보다 심화된 중국어 습득에 대한 열의만은 잊지 않았다. 조선은 사대교린(事大交隣)이라는 외교정책에 묶인 처지였지만 그 안에서 국익을 추구하고 상대를 보다 깊이 알고자 노력했던 것이다.

세종은 정말 팔만대장경을
일본에 주려고 했을까

임진왜란으로 경상도 일대 주요 읍성이 왜군의 말발굽 아래 무참히 짓밟혔을 때였다. 일본이 그토록 욕심내던 합천 해인사의 《팔만대장경(八萬大藏經)》 운명도 위태로웠다. 그때 나선 것이 곽재우, 김면의 의병과 소암대사가 이끄는 승병이었다. 대규모 공세에 몰린 왜군은 철수했고 낙동강 서쪽 지역을 수복해 《팔만대장경》도 안전하게 지켜낼 수 있었다.

대장경(大藏經)은 부처의 설법과 계율 등을 망라해 목판에 새긴 것이다. 첫 대장경 《초조대장경(初雕大藏經)》은 거란군의 침입이 잦자 불력(佛力)으로 물리치고자 고려 현종 2년(1011) 시작되어 수십 년 만에 완성했다. 그러나 1232년 몽골군의 침입으로 불에 타 4년 뒤부터 복원에 들어갔다. 16년 후 모습을 드러낸 것이 현존하는 세계의 대장경 중 가장 오래 되었으며 글씨가 아름답고 오탈자가 전혀 없어 완벽하다고 평가받는 합천 해인사의 《팔만대장경》이다. 경판 수가

8만여 개에 달하며 8만 4천 법문을 실었다고 해서 붙여진 명칭이고 고려시대에 간행되었기 때문에 《고려대장경》이라고도 불린다.

고려가 많은 비용과 인력 그리고 시간이 소모되는 대장경을 만든 이유는 무엇일까. 불교가 통치이념이었던 고려는 대장경을 통해 나라와 백성을 외적으로부터 지키려고 했다. 또 백성의 의지를 한곳에 모아 난세를 극복하려는 구심점으로 삼았기 때문이다.

국보 제32호이자 유네스코 세계기록유산에 등재된 《팔만대장경》은 조선시대로 들어서며 홀대를 받기 시작했다. 원래 《팔만대장경》은 강화도 선원사에 보관 중이었는데 해인사로 옮겨졌다. 그 시기를 태조 7년(1398)으로 보고 있는 것은 개국 후 성리학을 중시하며 불교를 배척한 배경 때문이다.

그래서였는지 《팔만대장경》을 아예 일본에게 내주려고까지 한 왕들이 있었다. 그 무렵 일본은 불교가 크게 융성해 각지에 사찰을 세우고 세계 최고의 대장경을 안치하려고 혈안이었다. 그 일환으로 조선 개국 때부터 《팔만대장경》 인쇄본을 달라고 간청해 수십 차례나 받아갔다. 그럴 때마다 사신단을 통해 온갖 토산물을 바치고 늘 저자세를 보여야 해서 《팔만대장경》 경판에 대한 욕심이 생겨났다. 경판만 있으면 언제든지 마음껏 찍어낼 수가 있고 조선에 굽실거리지 않아도 되기 때문이었다.

그래서 이미 태종 대부터 경판을 요구했었는데 고집스럽고도 끈질겼다. 태종은 경판을 내주면 다시는 떼쓰지 않을 것이라며 귀찮다는 태도를 보였다. 예조에서 한번 건너간 경판이 영영 돌아오지 못할 수도 있다며 반대하고 나섰다.

일본의 미련은 세종 대로 넘어가서도 변하지 않았다. 대규모 사신단까지 파견해오자 세종도 성가시다는 생각에 경판을 넘기려고 했다. 이번에도 극구 반대하며 대신들이 막아섰는데 그들의 주장은 '경판은 아낄 물건이 아니지만 저들이 손을 내미는 대로 쥐어준다면 훗날 내줄 수 없는 것까지 요구할지 모른다'는 것이었다. 세종도 수긍을 하며 전례대로 인쇄본만 챙겨주도록 했다. 일본 사신들은 단식농성을 벌이며 생떼를 썼고 병선을 보내 강제로 빼앗아야 한다고 자국에 알리기까지 했다.

한편 세종은 직접 명을 내려 도성 근처로 경판을 옮겨올 것을 검토했지만 예산문제로 중단되었다고 한다. 사실 처음에는 일본에 넘겨버릴까 가볍게 여겼던 세종도 나름대로 현명한 대처를 강구했다. 일본은 조선이 불교를 숭상하지 않고 있어 억지를 부리면 내줄 것이라고 믿고 있었다. 그 속내를 간파한 세종은 경판을 도성 가까운 곳(경기도 양주시 회암동 천보산 자락)으로 옮기려고 했던 것이다. 그러면 일본도 조선에서 보물처럼 다루는 존재임을 인식하고 더는 요구하지 않으리라 판단한 결과였다. 그러나 비용이 많이 들고 수송과정에서 자칫 발생할지 모를 위험요소들이 대두되었다. 계획을 철회한 채 관할 수령이 책임지고 맡아 관리하도록 지시하는 것으로 그칠 수밖에 없었다.

세종의 결단은 오히려 《팔만대장경》의 안전을 확보하는 일이 되었다. 실제 경판의 이동장소로 거론되었던 천보산 회암사는 불미스러운 일을 겪었다. 명종 20년(1565) 불교의 부흥을 꾀하던 문정왕후(중종의 제2계비) 윤씨가 죽고 다시 억불정책으로 선회하자 사찰은 방

해인사 팔만대장경
국보 제32호, 고려시대 때 외세의 침략을 불력으로 물리치고자 만든 세계에서 가장 오래된 대장경판

화로 불타고 폐허가 되었다.

《팔만대장경》의 수난사는 계속되었다. 임진왜란 때 기회를 놓쳐 한이 되었는지 일본은 해괴한 방법을 동원하기도 했다. 1741년 정체불명의 '구변국'이라는 나라를 사칭해 조선과 우애를 다지겠으니 《팔만대장경》을 달라고 하는 일이 벌어졌다. 1484년에도 '이천도국'이라는 나라의 사신을 내세워 요구했다가 거부당한 이력이 있던 일본은 급기야 해인사로 군사들을 보내 약탈하려다 무산되고 말았다.

일본의 탐욕은 일제강점기 때까지 이어졌는데 해인사 승려들이 《팔만대장경》과 함께 분신하겠다며 사생결단으로 막아서 반출에 실패했다. 한 승려는 칼로 자해까지 하면서 자신의 피와 한을 묻힐 테니 일본 어디에 숨겨놓든 저주가 내릴 것이라며 절규했다.

숙종 21년(1695)부터 고종 8년(1871)까지 해인사에서 발생한 7번의 화재로 큰 피해가 났으나 신기하게도 《팔만대장경》 근처로는 불씨 하나 얼씬거리지 못했다. 정말 불력이 재난을 막아준 것인지 참사를 면했지만 한국전쟁 때는 더 큰 위험에 노출될 수밖에 없었다. 1951년 미군 공습이 한창일 때 빨치산들이 해인사로 숨어든 일이 있었다. 그들이 해인사를 활동 근거지로 삼자 폭격명령이 떨어졌는데 F-51기 조종사였던 김영환 대령은 '팔만대장경을 불태울 수 없다'며 항명했다. 다행히 빨치산들도 문화유산에 대한 소중함을 잘 알고 있었는지 곧 해인사에서 철수했다.

한편 다수의 국보와 보물을 소장하고 있던 경복궁 국립박물관에 북한군이 들이닥쳤을 때의 일화도 전해진다. 피난 지시를 받지 못한 상황이라 박물관 직원들은 당황할 수밖에 없었다. 북한군은 중요 문화재들을 평양으로 가져가려고 포장을 시켰는데 직원들은 늦장을 부리며 어떻게든 지연시키고자 했다. 그 기지 덕분에 포장을 끝낸 문화재를 옮기려고 했지만 마침 미군의 맹렬한 공습으로 움직일 수 없었다. 그리고 인천상륙작전으로 서울이 수복되자 아예 손도 못댄 채 포기하고 떠날 수밖에 없었다. 당시 담당 북한군 장교가 떠나면서 직원들에게 우리 민족에게 소중한 보물이니 잘 지키라는 말을 남겼다고도 한다.

이승만은 군사재판에 회부된 김영환 대령을 당장 총살하라며 대노했다고 전해진다. 문화재를 지켜냈고 전쟁 중 세운 공로가 크다며 그를 변호하는 목소리들이 높아져 처벌은 면할 수 있었다. 그러나 1954년 제10전투비행단 창설기념행사 참석을 위해 F-51기를 타고 이동 중 기상악화로 실종되었다. 2010년 금관훈장 추서로 조금이나마 위안을 삼았을 그가 지난 1964년 개봉된 한국영화 《빨간 마후라》의 실제 주인공이다.

서둘러 만든 옥새의 저주

"옛다. 네가 갖고 싶어 하는 게 이것일 터이니 가져가라."

무학대사의 설득으로 함흥에서 돌아온 태조 이성계가 마침내 아들 태종에게 옥새(玉璽)를 주었다.

옥새는 국권의 상징이자 국가적 문서에 사용되는 인장(印章)으로 황제나 왕의 도장이다. 진나라 진시황이 가장 아름답다는 옥인 '화씨벽'으로 전국옥새를 만든 것이 시초다. 우리나라는 부여 예왕 대를 시작으로 삼국시대, 고려시대, 조선시대로 이어져 왔다.

고려시대 후기 실세 이성계의 최측근 정도전, 배극렴 등은 공양왕의 폐위와 함께 옥새를 넘길 것을 요구했다. 고려와 자신의 운명을 잘 알고 있던 공양왕은 사면초가에 빠졌는데 차마 직접 건네지는 못했다. 그 역할을 떠안게 된 지신사 신호는 목이 날아가도 내줄 수 없다며 버티다가 정도전이 빼앗으려고 하자 바닥에 떨어뜨렸다. 추락한 왕권이라도 가져가 부귀영화 누리라는 속내였을까.

강탈하다시피 한 고려의 옥새는 오래 보존하지 않은 듯하다. 고려의 옥새들에 대한 기록은 《조선왕조실록》에 일부만 전해질뿐 실체는 찾아보기 어렵다. 삼국시대 것도 전해지지 않는데 고려의 경우는 조선이 고려왕실의 정통성을 부정하기 위해 모두 회수해 녹여버렸기 때문이다.

1992년 고려 태조 왕건의 후손이라는 왕씨 성을 가진 한 노인의 소식이 알려진 바 있다. 북한 조선중앙방송을 통해 전파를 탄 일로 그가 가문의 족보와 함께 옥새를 기증했다는 것이다. 수백 년 동안 옥새를 지킬 수 있었던 것은 왕족 가운데 한 사람이 조선의 탄압을 피해 깊은 산골에서 숨어살았기 때문이라고 한다. 그러나 국내에 공개되지 않아 그 전모는 물론 진위조차 불분명한 상태다.

이성계는 새로운 왕조 조선을 열 수 있었으나 명나라로부터 인정받지 못했다. 즉위 다음 해인 1393년 국호 '조선'의 승인은 떨어졌지만 옥새 '조선국왕지인(朝鮮國王之印)'을 받은 것은 1401년 태종대였다.

옥새를 지키려고 했던 인물은 조선시대에도 있었다. 계유정난으로 정권을 잡은 세조가 조카 단종을 겁박해 왕위에 오르게 된 날이었다. 단종이 경회루 앞에서 옥새를 넘겨주려고 하자 예방승지 성삼문이 그것을 끌어안고 대성통곡했다. 세조는 말년에 왕위찬탈도 모자라 단종까지 죽인 데 대한 회한을 불심으로 달래다 병사했다. 재위 동안 줄곧 단종 어머니 현덕왕후 권씨의 원혼에 시달리는 꿈을 꾸기도 했다. 손책으로부터 전국옥새를 얻자 황제를 자칭했다가 자승자박이 되어 몰락한 《삼국지》 속 원술이 떠오르는 대목이다.

옥새는 반정에 의한 왕권교체에서도 상징적으로 등장했다. 인조반정 때 반정군에 포위당하고 비로소 현실을 실감한 연산군이 내린 마지막 명이 '옥새를 내다주라'는 말이었다.

옥새의 관리상태로 왕의 실무능력을 가늠해볼 수 있었다. 밤낮없이 정무에 몰두하는 왕이라면 옥새를 항상 곁에 두고 정책현안에 대해 결재할 준비를 갖췄다. 주색잡기 등으로 근무태만에 빠진 왕은 방치하거나 행방조차 모르고 심지어 분실했는지도 알 길이 없다.

옥새는 왕만이 갖는 유일한 소유물이 아니라 왕실을 의미하듯 왕비, 왕세자는 물론 후궁까지 지녔다. 쓰임새에 따라 10여 종류를 만들어 사용하기도 했다. 그렇다면 다수 전해질 것으로 보이지만 몇 점 되지 않는다. 현재 박물관에 전시된 옥새들은 실제 사용했던 것이 아니라 따로 제작된 의례용이다.

고종의 옥새만이 실제로 사용되었던 것인데 비밀을 간직하고 있다. 2009년 재미교포로부터 인수한 거북 모양 손잡이의 이 '황제어새(皇帝御璽)'는 인면(印面)이 가로세로 5.3cm로 크기가 작은 것이 특징이다. 조선시대나 대한제국 시기의 경우 보통 작은 것은 9cm, 큰 것은 12cm인데 비해 절반 밖에 되지 않는다. 국권수호를 위해 암암리에 외교활동을 할 때 소장하기 쉽도록 제작했기 때문이라는 설명이다.

공식 외교문서용 대신 따로 황제어새를 제작해 사용한 것은 일본으로부터 국권을 위협받는 상황에서 최선책이었다. 고종은 궁궐 내 밀정을 의식해 외부에 제작소를 두어 만들게 했다. 궁내부대신을 통하지 않고 직접 언제든지 사용할 수 있게 크기를 줄였으며 보관

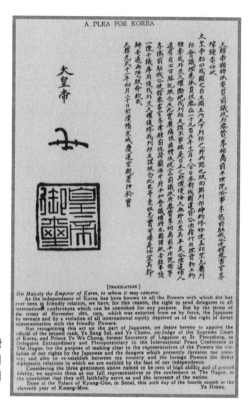

헤이그 특사에게 내린 위임장
헤이그 특사 이준, 이상설, 이위종에 게 내린 위임장에 고종 황제의 어새 가 날인되어있다.

함에 인주까지 넣도록 하는 치밀함도 보였다. 제작 관련 기록이 진 무한 것은 비밀리에 이뤄졌기 때문이다. 고종은 황제어새를 일제의 만행을 세계에 알리고 지지와 도움을 요청하는 친서에 사용했다.

옥새 제작에 있어 신중을 기했던 고종은 뜻밖의 경솔함을 보인 적이 있다. 1876년 교태전의 화재로 옥새가 소실되자 호조가 아닌 직접 창설한 군대조직 무위소에 제작의 명을 내렸다.

"반드시 한 달 안에 만들도록 하라!"

무리수를 둔 고종에게는 그만한 사정이 있었다. 강화도조약 체결

후 외세와의 잦은 관계가 예상되는 가운데 보다 위상 있는 옥새의 필요성을 통감했던 것이다. 한 달을 넘겨 49일 만에 완성된 옥새는 서글픈 미래만을 예고했다. 옥새는 나라와 왕의 운명을 상징하는데 음양오행에 따른 우주의 기운을 담아내기에는 부족한 기간이었다. 외형적으로는 위엄이 있었을지 모르지만 현실의 힘 앞에서는 턱없이 나약했다. 밀려드는 외세에 이권들을 넘겨야 하는 온갖 조약문서에 쓰일 수밖에 없었다.

고종과 옥새는 야사에서도 비극적이게 그려지고 있다. 대한제국의 외교권 박탈 등을 담은 한일협약문서에 날인할 옥새를 받으러 조선통감 데라우치 마사타케가 찾아왔을 때다. 고종이 감기를 핑계 삼아 면담을 거절하자 그가 강제로 내전까지 밀고 들어와 뺨을 때렸다. 고종의 뒤를 이은 순종도 옥새로 인해 심적 고통이 컸는데 그나마 잠깐의 위로가 된 일이 있었다. 복을 일으킨다는 뜻의 장덕궁 흥복헌에서 형식적인 마지막 어전회의가 열리던 날이다. 내각대신 이완용과 데라우치 마사타케도 참석했는데 한일병합에 날인할 것을 강요하기 위해서였다. 국운이 다했음을 절감한 순종은 지푸라기라도 잡고 싶은 심정이었다. 그때 병풍 뒤에 숨어 엿듣고 있던 비 순정효황후 윤씨가 옥새를 치마 속에 감췄다. 그 사실을 안 숙부 윤덕영이 강제로 치마까지 들춰대는 만행에 빼앗길 수밖에 없었다.

국기 존립을 허물어뜨리기 위해서도 필요했던 옥새는 그 후 여사 속으로 사라졌다. 새로운 국가상징으로 국새제도가 마련된 것은 1948년 대한민국 정부수립 후다. 대한민국은 군주제가 아닌 공화제 국가라 국새를 사용하고 있다.

일본 왕은 신라에서 수입한
양탄자를 깔고 살았다

8세기 일본의 고대국가 형성에 막대한 영향을 준 것이 신라였다. 일본은 문화선진국이었던 신라를 부정하듯 교과서에 당시 '일본의 문화는 위험을 뚫고 바다를 건너 피견된 견당사들이 당나라로부터 직접 들여온 것'이라 기록하고 있다. 그러나 701년 대보율령(大寶律令, 당나라 법전을 참고한 일본 최초 율령)이 제정되기 전 30년간 일본은 당나라에 사절단을 보낸 일이 한 차례도 없었다. 668~752년 사이 일본이 당나라와 교역한 것은 4번이 전부고 신라와는 무려 62번이나 된다. 신라가 39번, 일본이 23번 각각 상대국에게 배를 보냈다.

신라에서 수출한 양탄자는 일본 왕은 물론 왕실과 귀족들에게 최고 인기상품이었다. 양탄자 역시 당나라 산(産)이라고 억지를 부릴 수 없게 하는 명백한 증거가 일본에 있다. 나라현의 사찰 동대사 내 정창원(왕실 보물창고)에 보관 중인 50여 점의 양탄자 중 일부에는 신라 이두문자가 적힌 꼬리표(천 조각)가 박음질되어있다. 현재의 레벨

쯤 되는 꼬리표에는 양탄자의 치수와 가격 그리고 만든 사람의 이름까지 있어 신라에서 온 것임을 확인할 수 있다. 양탄자가 그저 신라를 통해 들어온 것이라는 일본의 주장을 반박하는 물증이다. 신라 때 이미 서아시아의 특산물로만 알려진 양탄자가 고품질로 제작되고 있었다는 것이다.

신라가 페르시아의 제조기술을 전수받아 양탄자를 만들었다는 것인데 실크로드는 육로 외에 바다에도 있었다. 바다로 난 실크로드의 종착역은 경상도 경주로 아랍 상인들이 식량에 포함되었던 양과 함께 직조기술까지 신라에 전했을 것으로 보고 있다.

정작 신라 때는 양에 관련된 기록을 찾아볼 수가 없다. 고려시대에는 개경(개성) 근처에서 식용으로 양을 길렀다는 기록이 있다. 또 거란족 유민이 양 2백 마리를 갖고 투항했으며 원나라가 일본 정벌을 위해 제주노에 목마상을 설치하면서 말과 낙타 그리고 양을 늘여왔다는 내용도 발견된다.

조선시대 역시 그 흔적들이 보이는데 제수용으로 쓸 양고기가 부족했는지 태종이 궁중연회에서는 사용하지 말라는 명을 내린 적이 있다. 연산군은 양 3마리를 인정전에 풀어놓고 대신들이 기겁하는 모습을 즐겼으며 명종 대는 양화도(현 여의도동) 방목지 등에서 양을 사육하기도 했다.

우리에게 없는 신라의 양에 대한 기록은 흥미롭게도 일본이 갖고 있었다. 820년 기록된 일본 고대 문헌 《일본기략》에 '대규모 양목장을 하는 신라 귀족들이 양을 전해줬다'고 되어있다. 구체적으로 '신라인 이장행 등이 염소 2마리, 백양 4마리, 산양 1마리 등을 보내

신라 양탄자
일본 나라현의 왕실 보물 창고인 정창원에 보관
되어있는 신라의 양탄자

왔다'는 내용을 미루어볼 때 당시 우리나라에는 여러 종류의 양이
있었고 신라가 대규모로 사육했다는 사실을 짐작할 수 있다.

일본에서 다다미가 흔치 않았던 시절 왕의 침소에는 구비되어있
었겠지만 다른 공간의 바닥은 나무판 그대로였다. 차갑고 딱딱한
바닥에서 생활하기 위해서는 양탄자와 같은 깔개가 필요했을 것이
다. 왕의 사정이 그 정도라 다른 왕족이나 귀족들은 더욱 양탄자에
대한 필요성과 소유욕이 강했을 것으로 보인다.

일본 귀족들에게 양탄자뿐만 아니라 신라에서 건너온 물건들은
문화충격이자 반가움 자체였다. 일반인들은 둥근 조개껍데기에 나
무를 엮어 쓰던 때라 신라의 놋숟가락 역시 대환영이었다. 놋숟가
락을 사용한다는 것을 호사이자 자부심으로까지 여길 정도였다. 젓
가락 사용이 일상이었던 그들에게 숟가락은 상류사회 문화였다. 더
군다나 신라에서 만든 것이라면 신분 과시용으로도 제격이었다.

일종의 외제 선호사상이랄까, 그밖에도 가위나 놋그릇 등 신라에
서 온 것이라면 무조건 손에 넣으려는 풍조가 만연했다. 그 결과 신
라 상인들이 가져온 물건은 경쟁이 심해 조정이 필요할 정도였다.
그래서 각 관서나 귀족들 집에서 구입하고자 하는 품목과 대금을

적은 목록을 제출하도록 했다. 그처럼 신라에서 건너온 물건은 단순한 수입품의 차원을 넘어섰던 것이다. 궁극적으로 일본 귀족문화에 큰 영향을 미쳤고 그들의 상징처럼 자리를 잡게 되었다.

일본은 생활용품은 물론 사치품까지 여러 나라에서 가리지 않고 받아들였다. 중국의 비단, 동남아의 약초 등이었는데 모두 신라를 통해 들여올 수밖에 없었다. 그들이 직접 바다를 통해 쉽게 가져오지 못했기 때문이다. 섬나라지만 부족한 조선술 탓에 먼 바다로의 항해가 어려웠다. 당나라 행 선박을 만들다가도 두려움이 컸는지 중도에 포기하는 경우가 많았다.

8세기 초까지만 해도 일본이 당나라로 가기 위해서는 신라의 도움을 받을 수밖에 없었다. 신라로 어렵게 건너온 뒤 배를 얻어 타고 다시 당나라로 향했던 것이다. 그러다 보니 시간과 인력을 아끼려고 신라를 통한 수입에 더 치중할 수밖에 없었을 깃으로 보인다.

당시 신라는 조선술뿐만 아니라 고도의 항해술까지 두루 갖추고 있었다. 그로 인해 동아시아 해상무역을 장악했으며 도기, 인삼을 건네주고 유리, 장식품 등 여러 서역의 물건을 가져오게 되었다. 더불어 제조기술력까지 받아들여 신라만의 색채를 가미한 독창적인 예술품과 생활용품을 만들 수 있었다. 그중 손꼽히는 것이 양탄자로 일본은 신라 덕분에 차가운 바닥에서의 고충을 면하게 되었다.

일본이 우리가 보내준 따뜻한 양탄자 위에서 조선술과 항해술에 대한 절박함을 고심하고 좁은 섬으로부터의 탈출을 꿈꾼 결과는 참담했다. 그들은 선조 25년(1592) 명나라와 조선을 정벌하기 위해 병선 7백여 척을 몰고 부산포로 쳐들어왔다.

실물이 없어 세계 최고를 놓친
고구려 천문도

일본 나라현 기토라 고분에서 1천 3백여 년 전에 그려진 별자리가 발견되었지만 세계적으로 주목받지 못했다. 7세기 말~8세기 초의 벽화 천문도(天文圖)로 조사되었는데 왜 관심 밖으로 밀려났을까?

현존하는 세계 최고(最古)는 1247년 남송시대의 석각 '순우천문도 (淳祐天文圖)'다. '기토라천문도'가 그보다 5백여 년이나 앞섰지만 최고가 되지 못한 까닭은 그려진 별자리가 일본의 밤하늘이 아니었기 때문이다. 일본 교수가 내린 결론은 고대 도읍 교토나 나라가 아닌 7세기 경 고구려 평양의 밤하늘이라는 것이다. 더 흥미로운 사실은 조선시대에 제작된 천문도와도 많은 유사점을 지녔다는 점이다.

밤하늘 별자리만큼이나 복잡한 상황을 정리하려면 고구려 천문도의 실체부터 추적하는 것이 순서다. 일단 '기토라천문도'는 고구려가 멸망하기 전인 7세기 경 일본에 건너온 고구려인들의 작품으로 보고 있다. 또는 멸망 후인 8세기 때 천문도 그림을 가지고 온 고구려 유민들이 그렸을 수도 있다. 그렇다면 고구려의 천문도가 세계 최고가 되는 것이 합당할 텐데 자격조건 미달이라는 문제가 있었다.

대략 4세기 말~6세기 초로 제작 시기를 추정하고 있는 고구려 천문도는 탁본만 고려에 전해졌을 뿐 석각본이 없다. 당나라와의 전쟁 때 대동강에 빠져 잃어버렸기 때문이다. 고구려의 독자적인 천하관(天下觀)을 부정하려는 당나라가 의도적으로 수장시켰다고 보는 시각이다. 실제 고구려는 자체적으로 보유한 천문대로 서역이나 중국과는 다른 독창적인 천문체계를 일본에 전파할 정도로 천문지식이 뛰어났었다. 일본의 '기토라천문도'를 누가 그렸든지 고구려의 영향을 받은 것만은 사실이다. 고구려 벽화의 특징인 사신도가 발견되었기 때문이다. 또 사방위(북두칠성, 남두육성, 동쌈성, 서쌈성) 별자리는 중국에서는 보기 힘든 고구려만의 천문체계다.

고구려 천문도의 위상은 조선시대에 제작된 국보 제228호 '천상열차분야지도(天象列次分野之圖)'가 되살려주었다. 고구려의 천문도를 참고로 조선 개국 3년 뒤인 1395년 직육면체 흑요석에 새긴 것이다. 전체 구성은 두 부분으로 나뉘는데 위에는 짧은 설명과 별자리 그림이 새겨져 있다. 아래에는 천문도의 명칭 및 작성 배경과 과정 그리고 제작자 이름 등이 있다. 북극 중심의 주극원(가운데 작은 원형태)은 황도(태양 길)와 남북극 중앙으로 적도를 나타내고 있다. 황도 부근의 하늘을 12등분 한 뒤 1,464개의 별들을 점으로 표시했다. 그것으로 해와 달 그리고 5행성(수성, 금성, 화성, 목성, 토성)의 움직임을 알 수 있으며 그 위치에 따라 절기를 구분하게 한 것이다.

천상열차분야지도
세계에서 2번째로 만들어진 전천(全天) 천문도, 석각본,
탁본, 필사본 모두 존재한다.　국립고궁박물관 소장

'천상열차분야지도'는 하늘의 별과 별자리(天象)를 형상화해 차례 대로 배열해서(列次) 북극성을 중심으로 분야에 따라 하늘의 구역을 나눠 땅에 적용(分野)한 것을 그린 그림이라는 뜻이다. 우리나라에 만 있는 독특한 양식의 명칭으로 놀라운 사실은 북반구에서 눈으로 관찰할 수 있는 거의 모든 별자리가 새겨져 있다는 점이다. 천문도 에 설명되어진 제작경위다.

이 천문도 석각본이 오래 전 평양성에 있었지만 전쟁으로 인해 대동강에 빠진 지 오래되었고 그 탁본조차 남아있지 않았다. 그 런데 전하(태조)께서 나라를 세운 지 얼마 되지 않아 탁본 하나를 바치는 자가 있었다. 이를 매우 귀하게 여겨 천문도를 돌에 새기 도록 명했다.

오래 전부터 천체의 움직임과 변화는 왕조는 물론 왕의 운명과도 직결된다고 믿어왔다. 그래서 천문 현상을 정확히 알아야 했기에 천체 관측 결과를 표준화한 천문도가 필요했다. 또 왕이 천문도를 소유하면 천명(天命)을 받는 것으로 여겼다. 태조 이성계는 자신에 게 나라를 세우고 백성을 잘 다스리라는 천명이 내린 것으로 믿었 다. 이성계에게는 천문도의 제작을 통해 천명을 받들어 올바른 정 치를 펼칠 것임을 만천하에 알리는 상징적인 의미가 필요했을 것이 다. 고조선과 고구려의 유지를 이어 북쪽으로 적극 진출하겠다는 의지를 드러낸 것일 수도 있다. 결과적으로 천문에 대한 관심과 연 구는 농사를 기반으로 하고 있는 백성들의 경제생활은 물론 과학기술 발전에 긍정적인 영향을 끼친 것만은 사실이다.

이성계의 명에 따라 서운관에서 제작에 들어갔는데 고구려의 천문도 탁본 그대로 새기는 것은 무의미하다는 의견이 나왔다. 제작자 권근은 세차운동에 의해 일부 별자리가 고구려 때와 달라졌기에 보완해 만들었다. 일몰과 일출 때 자오선을 통과하는 별의 위치가 시간에 따라 변하게 된다. 그래서 계절별로 관측되는 별자리가 바뀐 오차를 새롭게 수정할 필요가 있었다.

'천상열차분야지도'가 고구려의 하늘을 바탕으로 했다는 정황들이 있다. 우선 황도의 별자리 한자 표기가 당나라(7세기 초~10세기 초) 이전의 것이라는 점이다. 또 중국의 천문도에서 볼 수 없는 별자리가 포함되어있다. 중국에서는 그다지 소중히 여기지 않는 별들까지 부각되어있는 점도 그렇다. 그 모든 정황이 고구려가 직접 관측한 것임을 증명해주고 있다. 무엇보다 별들의 위치가 북위 39도(평양)를 기준으로 관측되었다는 것이다. 보통 각국의 천문도는 도읍을 기준으로 제작된다. 그 위도에 위치한 중국 지역은 북경 정도로 명나라 이후 통일왕조의 도읍이다.

컴퓨터 시뮬레이션을 통해 분석한 결과 주극원 안에 새겨진 것은 북위 38도(한성)에서 관측한 14세기 때 별자리라고 한다. 또 주극원 밖의 것은 북위 40도(신의주~함흥)에서 관측한 1세기 고구려 때의 별자리임이 밝혀졌다. 우리나라는 세계에서 가장 오래된 별자리를 새긴 하늘 전체의 천문도를 보유한 국가인 셈이다. 다만 제작연도를 기준으로 할 때 남송시대의 '순우천문도'가 1백 50년 정도 앞서 공식적으로 세계 2번째가 된다.

고구려는 이미 오래 전부터 천하관을 갖추고 있었음을 알 수 있다. 그래서 중국과는 별개로 고구려를 천하의 중심으로 보고 선민사상을 키워나갔다. 그 결과 5세기 말 정벌의 북을 울려 대국을 건설할 수 있지 않았을까.

고구려 때부터 발전해온 천문관측 지식을 계승한 '천상열차분야지도'는 우리나라 고대 천문학의 수준을 증명하는 귀중한 자료이기도 하다. 현재 만 원권 지폐 뒷면 배경으로 있지만 그 가치는 어떤 화폐로도 환산할 수 없을 것이다.

고려의 왕은 호텔에서
조선의 왕은 모텔에서도

구중궁궐 안에서 천하를 호령하며 살던 왕도 때로는 그 세상을 직접 보고 싶었을 것이다. 답답함의 해소인 유람이 아니더라도 제사를 지내고 민심을 살피기 위해 거둥(擧動 왕의 행차)은 필요했다. 문제는 장기간 소요되는 행차 도중에 왕이 쉬거나 거처하게 될 장소였다.

왕이 궁궐을 나와 장기간 행차를 이어간다는 것은 결코 쉬운 일이 아니었다. 동원되는 인원이 많아 비용도 만만치 않았지만 무엇보다 왕의 건강과 안녕에 직결된 수라와 잠자리가 큰 걸림돌이었고 호위문제도 있었다. 민간의 집들을 차지한 채 민폐를 끼칠 수도 없는 노릇이었다. 그런데 고려시대에 이미 왕을 위한 전용 호텔과도 같은 시설이 있었다. 바로 거둥 때 머물던 일명 왕립호텔이라 할 수 있는 '혜음원(惠陰院)'이다.

지난 1999년 경기도 파주시 광탄면 용미리의 한 경사지에서 기와한 조각이 발견되었다. 기와에는 낯익은 글자가 새겨져 있었는데

'惠陰院'으로 그곳이 그동안 학계에서 찾고자 애를 쓰던 혜음원 터였던 것이다. 여러 차례의 발굴 작업 끝에 모습을 드러낸 혜음원은 고려 예종 17년(1122) 완공된 임시 궁궐인 행궁이자 대형 사찰이었다.

개경을 도읍지로 정한 고려는 서경(평양)과 동경(경주) 그리고 남경(서울)에도 궁궐을 지었다. 왕이 각각의 궁궐에 일정기간 머무는 순주제를 행하기 위해서였다. 그런데 개경과 남경 사이는 서둘러 행차를 이끌어도 하루가 넘는 먼 거리였다. 혜음원은 그런 지리적 조건 때문에 지어진 것으로 그곳에서 하룻밤을 보내고 혜음령을 넘으면 곧 남경에 도착할 수 있었다. 그 고개 일대는 수풀 무성한 깊은 산이라 호랑이와 산적들이 출몰해 자주 인명피해가 나던 곳이었다. 그래서 사람들은 동행할 이들을 기다렸다가 무리지어 넘어가기도 했다.

혜음원은 경사지에 지어질 수밖에 없었는데 그것이 입체적 건축물의 백미가 되었다. 고려시대 궁궐이나 대형 사찰은 모두 경사지에 위치해있었다. 고려의 정궁인 만월대와 인종 대 평양의 대화궁 그리고 몽골군 침략의 피난처였던 강화도 고려 궁터 역시 급경사지나 다름없는 지형에 세워졌다. 그처럼 악조건에서 건축하려면 대지를 좁고 긴 수평의 여러 단(段)으로 나눠야 했다. 평지와 달리 중심과 대칭 등 기하학적 질서를 구현하기 어렵기 때문이라고 한다. 전문가에 따르면 '그 대신 높낮이가 다른 여러 건물의 조화와 긴장감, 지형을 따라 전개되는 극적인 구성들이 돋보인다'는 것이다. 혜음원은 입체적인 건축물에 창조성을 더하듯 물을 조경으로 삼았다. 경사지에 세워진 건축물은 배수가 잘못되었을 경우 한쪽으로 물이 넘쳐 피해를 주기 쉽다. 그런데 혜음원은 건물과 건물 사이에 크고 작은 연못을 조성했고 배수로로 연결시켜놓았다. 고인 물은 배수로를 따라 흘려보내 곳곳에서 폭포로 떨어지게 한 구조다.

연못과 배수로 이외에도 혜음원은 다양한 크기와 높이의 석단들로 이뤄진 바탕에 계단과 작은 다리들이 치밀하게 짜여있어 아름다움마저 추가하고 있다. 고려시대 건축가들의 과학적이고도 철저한 계획능력이 탁월했다는 반증이다.

조선시대 왕들도 거둥을 했는데 하룻밤 묵어가는 호텔보다 더 좋은 시설을 이용했다. 고려가 조선에게 의문의 1패를 떠안을 수밖에 없었던 것은 조선에는 온천욕과 휴양을 장기간 즐길 수 있는 특급 관광호텔이 있었기 때문이다.

조선시대 역대 왕들은 질병의 치료목적으로 온천욕을 즐겼다. 현재 충청남도 아산시 온천동에 있었던 온양행궁은 공적행사를 위한 임시거처인 화성행궁이나 남한산성과 북한산성의 행궁과는 달랐다. 온천욕으로 병을 치료하면서 휴식도 겸하기 위한 요양소이자 별장이었다. 조선시대 왕들의 온천행은 태조 이성계 때부터 시작되었는데 주로 황해도 평산의 평주온천을 찾았다. 그런데 한성 천도 후 거리가 너무 멀고 신하들의 주청도 있어 온양행궁으로 행선지를 바꾸게 되었다.

조선시대 역시 왕의 장기간 행차는 예삿일이 아니었다. 그래서 온양행궁은 6천여 평(약 2만㎡)의 별궁이지만 수라간은 물론 홍문관, 승정원, 사간원 등을 갖추고 왕의 집무실인 외정전과 침소인 내정전까지 별도로 구비되어있었다. 왕과 왕비들이 조금만 몸이 좋지

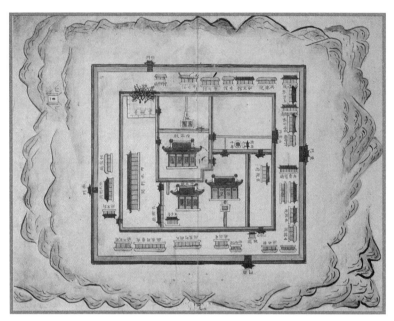

온양행궁 국립중앙박물관 소장

않아도 온양행궁을 자주 찾았던 이유가 되기도 했다.

온양행궁을 다녀간 왕은 이성계를 비롯해 세종, 세조, 현종, 숙종, 영조 등으로 대부분 종기를 비롯한 피부질환과 안질을 앓고 있었다. 특히 피부질환으로 생을 마감한 세조의 경우 노년에는 옴에 시달려 자주 찾았다. 세조는 평소에도 온천욕을 원하는 자를 막지 말라는 교지를 내릴 정도로 온천에 대한 남다른 관심을 보였다. 그래서였는지 왕이 찾지 않을 때는 온양행궁을 개방하기도 했다. 다만 왕의 전용 공간은 예외였고 고관대작 및 양반가의 부녀들에게 남쪽의 탕에 한해 온천욕을 허락했다.

조선시대 여러 왕은 과다한 영양섭취에 비해 운동을 포함한 활동량이 적어 비만과 당뇨 그리고 고혈압 등 성인병으로 고생했다. 모두 혈액순환과 연관된 질병으로 엉덩이와 허리의 종기 역시 오래 앉아있어 생긴 일종의 직업병이었다. 혈액순환과 피부질환에 좋다는 온천욕을 자주 할 수밖에 없었는데 왕이라는 신분상 조용히 앉아서 하는 치료법이 선호되었기 때문이다.

고려가 의문의 2패까지 안게 된 것은 조선은 별장과 같은 호텔은 물론 모텔 개념의 은밀한 장소까지 있었기 때문인데 그 위치도 궁궐 내였다. 경복궁 경회루에 대한 흥미로운 분석이 있다. 신하와 방문한 사신들을 위해 연회가 베풀어진 곳이라 현재의 호텔 연회장을 연상케 한다는 것이다. 한편 경회루 연못 건너편에 있는 작은 정자는 후궁들의 처소와 연결되어있다. 개인적인 해석이겠지만 그곳을 따라가면 별궁이 나오는데 현재의 모텔로 보았다. 연회장에서 기분 좋게 취한 왕은 왕비가 있는 교태전보다 후궁이 기다리는 별궁으로 향하지 않았을까. 별궁을 향해 걷는 왕의 모습, 북악산과 인왕산이 배경이었으니 그림으로만 따지자면 국도변에 늘어선 러브호텔 능가하는 풍경이다.

어느 시대든 거둥은 중차대한 일로 만반의 준비가 필요했던 것만은 사실이다. 그만큼 왕에게 있어 소중한 시간이었기 때문이다. 궁궐을 나와 평생 구경하지 못할 뻔한 산천을 볼 수 있었다. 그보다 오래 기억될 백성들의 눈빛이나 옷차림도 부복해있었지만 직접 확인하는 기회였을 것이다. 어디서 쉬고 어떻게 묵든 가슴에 담을 수 있는 것들이 있었을 때 가장 편안하고 행복한 왕의 행차가 되지 않았을까.

성형수술 때문에 죽은
가야의 어린아이

　1천 6백 년 전 고대 가야에도 성형수술이 존재했다. 지난 1976년 경상남도 김해시 예안리 고분군(古墳群)에서 발견된 고대 가야인들의 두개골 일부가 정상인과 사뭇 다른 형태였다. 작은 두상에 이마 부분은 뒤쪽으로 밀리듯 눕혀져 있고 정수리는 솟아있는 모습이다. 그것을 놓고 당시에 편두(偏頭, 머리를 납작하게 만듦)라는 성형수술이 있었다고 본 것이다.

　편두는 원시사회에서 행해졌던 두개변형(頭蓋變形)의 일종으로 도구를 사용해 두개골을 변형시키는 풍습이다. 아시아, 유럽, 아프리카의 넓은 지역에서 그 흔적을 볼 수 있다. 특히 인도네시아, 말레이시아, 프랑스, 북아프리카 등 일부 지역에서는 20세기 초까지 성행했다. 마야문명 시기와 고대 이집트가 그 풍습으로 가장 알려져 있다.

　우리나라에서는 진한과 변한 지역에서 행해져 신라와 가야시대까지 이어졌던 것으로 보인다. 예안리에서 출토된 편두의 가야인들은 동시대 사람들과 달리 얼굴 폭이 좁다. 미간에서 정수리까지의 길이도 짧은 특징이 있다. 측면에서 볼 때 미간을 기준으로 이마는 뒤로 들어가고 뒤통수가 튀어나온 채 코와 입은 돌출된 형태를 보인다. 두개골 둘레는 50cm 정도로 한국인의 정상인 57.5cm보다 작다.

더 호기심을 불러오는 사실은 편두를 한 사람 대부분이 여자라는 점이다. 정확히 나누자면 총 10구 중 7구가 성인여자고 2구가 성인 남자 그리고 나머지 1구는 5~6세 정도로 추정되는 어린아이다. 미용의 목적으로 여자들이 선호한 것인지 무당과 같은 제(祭)에 관련된 부류에게만 적용된 것인지 밝혀진 바는 없다. 귀족의 여자들이 권위를 위해 했을지 모른다는 해석도 있지만 역시 불분명하다. 다만 발굴된 무덤 속 부장품이 철기보다 토기가 대부분이라는 점을 들어 지위나 재력이 높은 사람은 아닐 것으로 보고 있다.

편두에는 나무판자와 돌의 두 가지 시술방법이 쓰였다. 출생 한 달 미만의 신생아 머리 앞뒤에 판자를 대고 끈으로 여러 번 돌려 묶었다. 신생아의 두개골은 상대적으로 유연해 시간이 지나면 납작한 형태로 변형이 된다. 우리나라는 돌을 이용했다는데 《삼국지》 위서 동이전에 '아기가 태어나면 곧 돌로 머리를 누르기 때문에 지금 진한 사람의 머리는 모두 납작하다'고 기록되어있다. 단단하지 않고 무른 신생아 머리 위에 무거운 돌을 얹어두면 모양을 바꿀 수가 있다는 것이다. 다만 편두를 완성하기 위해서 시간이 얼마나 걸리는지 또 두뇌 발달에 어떤 영향을 미치는지는 알려지지 않았다.

문제는 편두를 한 뒤 발생할 수 있는 위험성이다. 편두는 두개골의 강도를 떨어뜨리기 때문에 작은 충격에도 심각한 부상을 입게 된다. 예인리 고분군에서 발견된 어린아이 두개골은 후두부 부위가 닫히지 않은 상태였다. 어느 정도 성장한 후 시술을 했는지 아무튼 이마를 누른 돌의 압력을 이기지 못해 정수리에서 뒤통수에 이르는 이음매가 열려 사망한 것으로 성형수술의 실패이자 의료사고일 수밖에 없다. 혹시 편두의 목적이 두상을 작게 만들면서 코를 세우기 위함이 아니었을까. 코에 직접 시술을 한 것이 아니라 두개골에 변형을 줌으로써 그런 결과를 가져온 것이라면 획기적이라고도 할 수 있다.

성형수술은 기원전 3천 년 무렵부터 시작되었다고 한다. 이집트에서는 주로 코뼈나 턱 골절을 치료하기 위한 재건성형을 시행했다는 기록이 있다. 주술이 아닌 도구를 이용한 치료행위는 흔한 일이 아니었다. 그 후 성형수술은 인도, 로마시대를 거쳐 전 유럽으로 퍼져 나갔다. 당시 성형수술이 필요할 수밖에 없었던 이유는 전쟁과 처벌 등으로 얼굴이나 신체 일부가 절단되는 일이 흔했기 때문이다.

기원전부터 재건성형과 함께 미용을 목적으로 한 시술도 있었다는 것이 놀랍다. 지중해 사이프러스 섬 등에서도 두개골 변형술이 있었다. 북아메리카 원주민 일부에서 긴 두상을 미의 상징으로 여겨 나무판자와 끈을 이용한 방법을 사용했다. 그리스 귀족들 사이에서는 여자아이들에게만 적용했는데 아름답게 만드는 일이면서 지적능력 등을 감소시키기 위한 목적이었다고 한다. 한편 하와이와 타이티의 경우 계급을 구분하기 위해 왕족들에게만 시행했다.

가야인들에게 편두를 한 이유가 다시 궁금해진다. 남자도 있지만 대부분 여자라는 점에서 혹시 중국의 전족(纏足)처럼 아름다움이라는 미명 아래 행해진 것은 아니었을까. 중국의 전족 풍습은 미인은 발이 작아야 한다는 미의 기준 때문에 생겨났다. 당시 여자들은 작고 귀여운 발을 만들기 위해 어릴 때부터 천 등으로 힘껏 묶어두었다. 혈액순환이 잘 되지 않아 살은 곪고 피고름이 나오는데 발은 두른 천의 크기에 맞게 변하게 된다. 발가락은 안으로 접히듯 붙고 전체적으로 작아지는 기형이 되는 것이다. 5~6세가 되면 발 크기가 10~13㎝ 정도에서 멈춰 그때부터 천을 풀고 전족용 신발을 신었다. 전족이라는 악습 속에서 남자의 전유물로 살았던 역사는 거의 1천여 년(10세기 초~20세기 초)이나 되었다.

여자에게만 국한된 풍습이 또 있는데 바로 동남아시아(미얀마, 태국)와 아프리카 등지에서 성행하는 기린목이다. 여자의 사회적 계급과 부 그리고 미를 구분 짓기 위해 인위적으로 목을 길게 늘이는 것이다. 5세 무렵부터 목에 청동 고리를 걸기 시작해 나이가 들수록 하나씩 그 수를 늘려간다. 전족과 기린목이 고통과 인내를 필요로 하는 것이지만 두개골을 변형시키는 것과는 비교할 수 없다. 위험도에 있어 편두는 자칫 목숨을 잃을 확률이 더 높기 때문이다.

편두를 한 사람들이 노예는 아니었는지에 대한 의구심도 든다. 실제 중앙아시아에서는 노예에게 편두를 시켰기 때문이다. 예안리 편두 가야인 가운데 고된 노동의 흔적으로 의심되는 눌린 척추가 확인되기도 했다. 예안리 근처인 대성동 고분군의 유골을 조사한 결과 편두의 흔적은 없었다는 점을 들어 보편적인 풍습은 아닌 것으로 해석할 수 있다.

편두의 목적을 요약해보자면 미용과 신분 구별이라고 볼 수 있다. 전쟁 시 날아오는 화살의 표적이 될 수 있는 얼굴의 크기를 최소화하기 위해서라는 가설도 존재한다. 그러나 추정일 뿐 어느 것 하나 단정 지을 수는 없다. 시술 방법에 있어서도 과연 나무판자나 돌이 쓰였을까 하는 의심을 떨칠 수 없다. 진한에서 돌로 편두를 만든다는 기록에 대해 청나라 황제 건륭제는 직접 집필한 〈어제삼한정류(御製三韓訂謬)〉라는 글로 불편한 심기를 드러냈다.

그 말은 도리에 맞지 않는 궤변으로 세상을 미혹하게 한 것임이 의심된다. 무릇 돌로 머리를 누르면 어른도 감내하기 어려울 터인데 갓 태어난 아기에게 한다는 것은 실로 인정상 마땅치 않다. 우리나라의 옛 풍속에서는 아기가 태어나서 수일이 되면 요람에 두는데 반듯하게 오래 눕혀두면 두개골이 저절로 평평하게 되어 머리 형태가 편두처럼 되었다.

건륭제의 말처럼 나무판자나 돌을 이용했다기보다 아이를 고정시킬 수 있는 딱딱한 요람에 반듯이 눕혔던 것은 아니었을까. 그 상태로 이마에 어느 정도의 압력이 가해질 수 있는 물체를 대고 재웠다면 보다 자연스러운 편두가 만들어졌을 것이다.

편두 때문은 아니지만 현재 우리나라 사람도 두상을 예쁘게 만들기 위해 아기를 반듯이 눕히거나 엎어 재우고 있다. 결국 편두는 그런 정서의 극단적인 표출이었던 것은 아니었는지도 생각하게 한다.

정말 금관은 머리에 쓰는 것이었을까

　신라왕조를 다룬 시대극을 보면 종종 왕이 화려한 금관을 쓰고 등장한다. 정말 신라 왕들은 평상시에도 금관을 쓰고 생활했는지 궁금하다. 금관은 평소 왕이 머리에 쓰던 것이 아니라는 견해들이 지배적이기 때문이다.

　우선 재질과 모양이 머리에 쓰는 용도로써 부적합하다. 신라의 금관 관테는 두께가 1mm도 채 되지 않는 얇은 금판으로 이루어져 있다. 그 둥근 관테에 기다란 세움장식을 붙이고 수십 개의 곡옥(曲玉, 반달 모양의 옥구슬)과 둥근 금딱지까지 달아놓았다. 금관을 쓴 채 미동 없이 가만히 앉아있을 경우 지탱할 수도 있을지 모른다. 행여 마음에 들지 않는 신하에게 고함을 치거나 분노해 일어서기라도 한다면 사정은 달라진다. 흔들림 때문에 세움장식과 연결된 부분이 무게를 견기지 못하고 휘거나 꺾일 수도 있다. 위엄해야 할 왕을 본 신하들 사이에서 킥킥 웃음이 터졌을지 모르는 상황이다.

더군다나 금 1백여 돈 가량이 들어가는 금관의 전체 무게는 1kg 정도라 평상시 쓰고 다니기에 무리가 있다. 금관 복제전문가가 경주 천마총의 금관을 재현한 적이 있었다. 그가 제작한 금관 역시 수많은 장식의 무게를 이기지 못하고 흔들리고 불안정했다고 한다. 특수공법으로 만들어져 금관 자체의 직립에는 문제가 없지만 일상에서 쓰기에는 무리가 있다는 것이다.

금관은 외관과 내관으로 구분된다. 외관 정면은 일명 출(出)자형이라고 하는 나뭇가지 모양의 세움장식으로 이루어져 있다. 3단이나 4단으로 되어있는데 옆면을 꾸미고 있는 것은 사슴의 뿔처럼 생긴 형태다. 둥근 관테 양쪽에는 금사슬 두 줄기가 길게 내려와 있다. 내관은 세모꼴 모자로 새의 날개 모양의 장식을 꽂을 수도 있게 만들어졌다. 내관을 먼저 착용한 뒤 위에 외관을 덧쓰는 형식인 셈이다.

신라 금관의 독특한 양식을 놓고 상반된 가설이 존재한다. 첫 번째는 시베리아 샤먼들이 쓰는 관을 본떠 만들었다는 것이다. 그 설의 근거로 학자들은 금관에 달린 장식들을 주목하고 있다. 금관 정면의 나뭇가지 세움장식을 인간계와 신계를 연결하는 신목(神木)으로 보았다. 나뭇가지는 3단으로 된 경우가 많은데 양쪽 2개씩 3단에 맨 위까지 총 7개로 구성되어있다. 당시 샤먼들이 믿는 7층의 하늘을 이미지화한 것이라는 주장이다.

금관 옆의 장식은 사슴의 뿔을 나타낸 것으로 역시 땅과 하늘을 왕래할 수 있는 메신저 역할을 한다고 믿었기 때문이다. 샤먼들이 생각하던 땅과 하늘의 연결은 내관에 꽂을 수 있는 새 날개 장식을

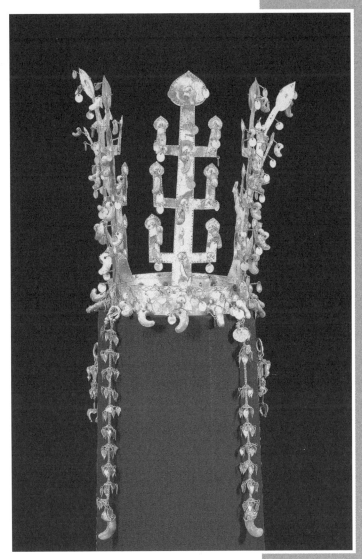

신라 금관 국립중앙박물관 소장

봐도 알 수 있다는 것이다.

다른 학자들은 그와 같은 의견에 대해 반박하고 있다. 한 나라의 왕이 일개 유목사회에 속한 시베리아 샤먼을 따라했겠느냐는 것이다. 금관의 세움장식은 그들이 내세우는 신목이 아니라 시조인 김알지가 내려온 나뭇가지를 형상화한 것이라는 주장이다. 그런 맥락에서 옆면 장식도 사슴의 뿔이 아닌 나뭇가지로 보았다. 그리고 수십 개의 곡옥과 금딱지들은 나뭇잎이라는 해석이다.

더 궁금한 사실은 실제로 왕들이 머리에 썼느냐는 것이다. 관테에는 작은 홈들이 촘촘하게 나있는데 금판이 힘을 지탱할 수 있게 하는 특별한 기술이라고 한다. 왕이 쓰고 거동을 할 때도 끝까지 무너지지 않고 버텼는지는 의문이다. 금관의 실제 사용에 대해 부정적인 시각을 갖는 학자들은 부장품이었다고 주장한다. 직접 썼다면 머리가 닿는 부분에 비단이나 가죽 등을 댄 흔적이 있어야 하는데 전혀 발견되지 않은 점을 그 이유로 들고 있다. 그래서 왕이 일상에서 사용하는 실용품이 아니라 죽은 뒤 함께 묻어주던 부장품일 가능성이 높다는 것이다.

왕을 매장할 때 머리에 씌웠을 수 있다는 시각도 있지만 천마총 발굴 당시 금관은 조금 다른 모습이었다. 금관은 얼굴을 완전히 덮은 채 어깨까지 내려져 있었다. 세움장식의 끝은 모두 머리 위 한곳에 묶인 듯 안쪽으로 모아져 있어 금관은 고깔형태를 연상케 했다. 금관이 죽은 자를 위한 일종의 마스크였을 가능성이 높다고 보는 정황이다. 천마총뿐만 아니라 황남대총, 서봉총, 금령총에서 발굴된 금관도 마찬가지였다.

금관의 관테 양 끝에 구멍이 나있는데 여기에 고정할 장식품이 출토되지 않았다. 구멍에 가죽이나 천으로 된 끈을 묶어 금관을 고정시켰던 것으로 추측하고 있다. 시신의 얼굴에 금관을 펼쳐 올린 뒤 머리 전체를 감싸 뒤에서 끈으로 묶었다는 것이다. 그리고 세움장식을 안쪽으로 오무려 시신의 염을 갈무리한 것으로 보고 있다.

신라의 왕들이 금관을 모자처럼 쓰지 않았다는 것은 관련 기록이나 물증이 없다는 데서 설득력을 갖고 있다. 우선 금관 자체가 약하고 장식이 많아 실용품으로 보기 어렵다. 발굴된 금관의 모양이나 위치가 사후와 연관된 부장품으로 보인다. 시신의 발 부분에서 발견된 구리로 된 금동신발의 크기가 무려 342mm나 된다는 사실에 주목할 필요가 있다. 금속이라 무겁고 딱딱해서 생전에 신었던 신발이라고 추측하기 어렵다. 연꽃무늬 장식까지 있는 것을 보아 역시 실용품이 아니 특별히 마든 부장품일 가능성이 높다. 그렇다면 정상적인 형태에서 벗어나 있는 금관도 같은 의미로 해석할 수 있다.

금관이 왕의 전유물이 아닐 가능성도 높다. 현재까지 발굴된 금관이 왕의 수보다 많은데 결국 왕비를 비롯한 왕족도 사용했다는 것을 말해주고 있다. 황남대총 북분에 부인대(夫人帶)라고 새겨진 은제 허리띠가 출토되었는데 금관도 함께였다. 여왕으로 볼 수도 있겠지만 황남대총이 축조된 5~6세기 신라에는 여왕이 없고 최초는 7세기 선덕여왕이다. 15세 전후의 소년 무덤으로 추정하는 금령총에서도 금관이 나왔다. 소년이 요절한 왕자가 아니었을까 추측하고 있다. 만약 금관이 출토된 고분이 왕릉이라면 그것을 입증할 수 있는 다른 관련 유물들이 나와야 하지만 결과는 달랐다.

금관이 신라만의 유물이라는 점은 명백하다. 왜냐하면 백제나 고구려 왕릉에서는 금관이 발견되지 않았고 고분벽화에도 흔적을 찾아볼 수 없기 때문이다. 물론 가야와 같은 지역에서 금관이나 금동관이 발견된 바 있지만 화려함과 정밀한 세공기술 면에서 부족하다.

금관은 신라인들만의 문화로 죽은 자를 위해 만들었던 특별한 부장품이라고 볼 수 있다. 한편 신라의 왕이 외국 사신을 맞이하거나 나라의 큰 행사가 있을 때 그리고 제사를 지낼 때만 금관을 썼다는 해석도 있다. 그 후 왕이 죽으면 금관을 함께 묻어 사후에도 나라를 잘 다스려주기를 염원한 결과라는 것이다.

7세기 이후부터 왕들은 중국식 면류관을 쓰게 되지만 화려하고 아름다우며 뛰어난 기술의 금관을 남겼다는 사실은 변함이 없다. 세계에서 발굴된 10여 점의 고대 금관 중 6점이 신라의 것이라니 특별한 존재임이 분명하다.

서점이 없어 직접 책을 만들어 팔았다

조선시대 전기에도 서점의 역할을 하던 교서관(敎書館)이 있었다. 다만 나라에서 관리를 두고 운영하던 국영이었고 돈을 받고 서책을 팔지는 않았다.

교서관은 수익보다는 많은 양서의 보급을 목적으로 설치되었다. 그곳에서 펴낸 간행물은 왕이 신하에게 하사하던 귀한 것이었다. 물론 종이와 품삯 등 간행에 필요한 비용을 지불하면 만들어주기도 했다. 역관 등 소개인이 있을 경우 구입도 가능했지만 특권층만 누릴 수 있는 혜택이었다.

지식에 대한 높은 갈구로 서책의 수요가 증가하자 교서관은 한계에 이르게 되었다. 민간에서 운영하는 서점의 태동이 절실했지만 그 출발은 진통이 있을 수밖에 없었다.

마침내 중종 24년(1529) 대사간 어득강이 주청하고 나섰다.

"지금 서책을 펴내는 곳이 교서관뿐이라 학문에 뜻을 둔 사람들이 마음 놓고 구할 수가 없어 어려움을 겪고 있사옵니다. 하오나 시중에 서점을 두면 누구든지 쉽게 살 수 있을 것으로 사료되옵니다."

어득강은 서책의 구입뿐만 아니라 개인이 소장하던 필요 없는 것들까지 처분할 수 있는 신개념의 서점을 생각하고 있었다. 그래서 현재의 헌책방과 도서관 같은 역할을 동시에 할 수 있는 형태를 제시했던 것이다.

그는 조상으로부터 물려받거나 하사받은 서책이 많지만 다 읽은 뒤에는 쓸모없이 취급되는 일도 있음을 강조했다. 그러니 다 읽은 것은 팔고 다른 서책을 살 수 있다면 본인은 물론 많은 사람에게도 이익이 되지 않겠느냐는 취지였다. 덧붙여 소중한 서책들이 다락에 쌓인 채 좀벌레의 먹이가 될 뿐이라며 목소리를 높였다. 지방에 사는 가난한 선비들이 겪는 고충도 언급하며 서점의 필요성을 재차 역설하기도 했다.

"학문에 뜻을 품고 있지만 서책이 없어 난감한 지방의 선비들이 많사옵니다. 그들은 쉽게 서책을 구할 수가 없고 행여 있다고 해도 대학이나 중용과 같은 흔한 것들은 정해진 가격이 없어 면포 서너 필에 해당되는 값을 내기도 하옵니다. 하오나 서점에 감장원(監掌員)을 두어 그 값을 정하고 매매하면 잡음이 없을 것이옵니다. 하옵고 비록 사지는 않더라도 언제든지 읽을 수 있는 장소가 되니 편리함과 함께 많은 이익을 보게 될 것이라 사료되옵니다."

중종은 수긍이 되어 서점 설립을 추진하려고 했으나 신하들의 태도는 찬반으로 갈렸다. 영의정을 비롯한 삼정승은 전례가 없었던 일이라며 반대했다.

"우리 조선 사람들은 필요한 서책이 있으면 알음알음 서로 교환해왔지 사고팔지는 않았사옵니다. 그런 사정에 서점이 생긴다한들 거래할 서책이 없다면 어떻게 유지가 되겠사옵니까. 이익보다는 해만 있을 터이니 서점의 설치는 부당하다고 사료되옵니다."

사헌부에서는 저자에 온갖 물건이 유통되고 있는데 오직 서책을 다루는 상점만 없다며 찬성했다.

"누군가에게는 필요가 없어진 서책이 분명 있을 터인데 이를 처분할 곳이 없어 오히려 품귀현상이 생겨나옵니다. 서책이 귀해지면 공부할 기회를 놓치게 될 수도 있고 차츰 글을 소중히 여기는 풍조마저 사라질지 몰라 매우 염려스럽사옵니다. 부디 해당 관청에 서점을 설치하게 명하시어 앞으로는 서책을 쉽게 팔고 살 수 있도록 윤허하여주시옵소서."

중종은 사헌부의 손을 들어주어 예조에 구체적인 계획안을 마련해 보고하라고 일렀다. 그러나 그 후 명종 6년(1551)에도 사헌부에서 서점 설립을 건의한 일로 봐서 당장의 실효는 거두지 못한 것으로 보인다. 한편 명종 역시 서점 설립을 윤허했는데 그 후로 논의가 없었던 것으로 미루어 그때부터 서서히 생겨났다고 해석하기도 한다.

그로부터 20여 년 후인 선조 대 개인이 직접 서책을 인쇄해 팔았다는 기록이 있다. 그것을 통해 당시까지도 자유롭게 이용 가능한 서점은 존재하지 않았을 것이라는 추측도 가능하다. 돈을 벌 목적으로 일부가 직접 서책을 만들었는데 목판에 새겼다는 의미로 '방각본(坊刻本)'이라고 했다. 저비용으로 제작했기 때문에 인쇄상태가 조악하고 종이의 질마저 떨어져 저렴했지만 수요가 있었다. 그 대

수표교
세종 23년(1441) 수표(水標)를 만들어 마전교 서쪽에 세워 청계천의 수위를 측정해 홍수에 대비했다는 수표교의 모습이다. 현재도 다리 주변에는 책방이 많이 있다.

표적인 것이 선조 대 나온 명종 9년(1554) 학자 어숙권이 편찬한 《고사촬요》의 증보판이다. 역관이나 의관 등 기술직 관리들이 숙지해야할 그 상식지침서 마지막 쪽 간기(刊記)에 적혀있는 문구다.

> 발행일 1576년 7월.
> 수표교 아래 북쪽 수문 입구에 있는 하한수 집으로
> 살 사람은 찾아오시오.

필요한 사람에게 판매처를 알리는 내용으로 하한수라는 사람이 개인적으로 서책을 만들어 팔았던 근거로 볼 수 있다. 그는 출판사와 인쇄소 그리고 서점을 함께하고 있었던 셈이다.

민영으로 운영된 서점의 출현을 조선시대 후기인 순조 대라고 보는 시각도 있다. 명종의 윤허는 서점 설치에 관한 논의에 대한 것이지 구체적으로 실현되었다는 기록이 아니라고 본 것이다. 그래서 한성의 보은단동(현 서울시 서대문구 충정로)에 있던 서점을 최초라고 하는데 헌종 대 학자인 이규경의 《오주연문장전산고》에 보면 순조 대인 1829년 무렵 운영됐다는 기록이 남아있다.

그러나 그대로 인정하기에는 너무 늦은 출발이라는 점에 무리가 있지 않을까. 활자와 인쇄 그리고 문자에 이르기까지 역사적으로 우월의 위치로 자부하고 있는 우리 민족에게는 매우 섭섭한 일이기 때문이다.

현재와 같은 전문서점이 모습을 드러낸 것은 개항 후 고종 대인 1895년 근대적 초등교육기관인 소학교가 설립되고서였다. 교육에 필요한 교과서를 판매할 상점이 필요했기 때문이다. 그 후로 여러 출판사가 전문적인 출판을 시작했고 따라서 서점도 큰 발전과 변화를 거듭하게 되었다.

언제 서점이 생겨났든지 조선시대부터 '책 권하는 사회'가 형성되었다는 자체가 그저 반가울 따름이다.

불꽃놀이 구경에
밤새는 줄 몰랐던 성종

　밤하늘에 퍼지는 불꽃과 폭음에 중종은 시종일관 기쁨을 감추지
못했다. 경복궁 경회루에 함께 자리를 한 명나라 사신들의 입에서
연신 감탄사가 터졌기 때문이다.

　"오, 방금 저것은 우리 명국에서는 볼 수 없었던 기이하고도 경이
로운 불꽃이었사옵니다!"

　특히 명나라 황태자의 탄생을 알리러 온 사신 공용경은 아름다움
에 취해 찬사를 아끼지 않았다. 중종은 그들이 불꽃놀이에만 정신
이 팔려있는 것이 다행이라 여겼다. 전투용 화포들을 선보이지 않
은 계획이 내심 만족스러웠다.

　중국은 오래 전부터 화약무기의 뛰어난 기술을 보유하고 있었다.
조선에 전파했다는 자부심이 대단해 방문할 때마다 거들먹거리기
일쑤였다. 그런데 불꽃놀이에서 화염이 하늘로 치솟고 폭음이 궁궐
전체를 뒤흔들 정도의 위력을 보이자 놀라면서도 부러움을 감추지

못했다. 불꽃놀이도 화약을 처음 발명한 중국에서 유래되었기 때문에 그들의 충격은 더 클 수밖에 없었다.

고려시대에는 부처의 생일에 연등으로 하는 불놀이가 성행했는데 공민왕 대 화약을 이용한 불꽃놀이로 발전되었다. 신형 화약병기를 이용한 야간발포도 선보여 당시로는 획기적이면서 대단한 볼거리였다. 고려시대에 발전한 산대잡희(山臺雜戲)는 높이 가설한 무대에서 가면극 등 각종 놀이를 공연하는 무대극이었다. 당시 학자 이색은 공연을 보고 〈산대잡극〉이라는 시를 남겼는데 그 가운데 일부다.

> 연희자 북과 징소리 천지를 울리고 　(雜客鼓鉦轟地動)
> 처용의 소맷자락 바람에 날리누나 　(處容衫袖逐風廻)
> 긴 장대 위 사내 평지인 듯 놀고 　(長竿倚漢如平地)
> 폭발하는 불꽃 번개처럼 하늘 찌르네 (瀑火衝天似疾雷)

무대에서는 처용무와 곡예는 물론 불꽃놀이까지 벌어져 새로운 형태의 공연이 이루어졌음을 알 수 있다.

화약기술은 고려시대 후기에서 조선시대 전기까지 활약한 무기 발명가 최무선에 의해 체계화되었다. 그는 왜구 토벌을 위해 원나라에서 화약제조법을 배워 우리나라 최초 화약무기 연구기관인 화통도감을 설치했다. 화약의 대량생산과 화포와 화통 등을 개발해 왜선 5백 척을 한꺼번에 몰살시키는 업적을 남겼다. 아들 최해산에게 화약수련법을 전수해 조선의 군사력 강화에 이바지하기도 했다.

조선시대로 넘어오면서 불꽃놀이는 궁궐 안에서 거행되는 형식으로 자리를 잡게 되었다. 궁중의 세시풍속 중 하나로 연말과 연초에 벌어져 왕을 비롯한 관람자들이 유희의 목적으로 참관했다.

화약을 이용한 불꽃놀이를 화산대(火山臺), 화산붕(火山棚), 화붕(火棚) 등으로 지칭했다. 화약은 염초, 유황, 목탄을 배합해 제조했다. 당시 염초는 마룻바닥 아래나 담벼락 밑 또는 뒷간 주변에서 모은 흙을 정제해 얻었다. 목탄은 국내에서 쉽게 구할 수 있었고 유황은 일본과의 교역을 통해 조달했다.

조선시대 전기에는 임진왜란 같은 대규모 전쟁이 없어 화약병기의 비중이 각궁이나 편전 등에 비해 높지 않았다. 그 결과 화약은 평시의 군사훈련 이외에도 궁중행사인 불꽃놀이에 많이 쓰이게 되었다. 불꽃놀이 종류는 다양해 포통을 폭발시키거나 불화살을 쏘아 공중에서 터지게 하는 방법이 있었다. 긴 장대 위에 달린 작은 화약 주머니를 연달아 터트리거나 돌돌 말렸던 그림 족자가 풀어지면 불꽃을 비추는 등 다채로웠다. 포통과 불화살의 개수 그리고 불꽃 모양에 따라 구분되기도 했다.

정종 대 일본 사신들을 위해 군기감에서 불꽃놀이를 벌인 적이 있었다. 날이 저물자 시작된 불꽃놀이에 일본 사신들은 놀라움을 금치 못했다. 불꽃놀이가 '사람의 힘으로 되는 것이 아니라 천신이 시켜 가능하다'며 흥분하는 사람도 있었다.

태종 대는 명나라를 비롯해 여진, 일본 등이 사신들이 모인 연회에서 불꽃놀이 공연이 벌어졌다. 경복궁 근정전 뜰 한가운데 화산대를 설치하고 불꽃놀이를 시작하자 여기저기서 탄성이 터졌다. 불꽃들이 쉬지 않고 밤하늘을 수놓을 때마다 모두 입을 벌린 채 놀랍고도 화려한 아름다움에 취했다. 특히 일본 사신들은 화약의 세기가 예전보다 배가 된다며 크게 동요했다. 요란한 폭음과 불꽃에 기겁한 나머지 꽁무니 빼듯 피하는 자도 있었다.

그들에게 불꽃놀이를 관람시킨 것은 무력의 위세로 기를 죽이겠다는 의도에서였다. 사실 명나라와 일본 사신들이 불꽃놀이를 꼭 구경해야겠다고 적극적인 요청을 해왔기 때문이기도 했다. 태종은 흐뭇해서 불꽃놀이를 준비한 군기감 소속 화약장인들에게 쌀을 내렸다.

불꽃놀이가 조선의 자부심과 만인의 즐거움을 채워주는 과정에서 불미스러운 일이 벌어지기도 했다. 태종 대 제야를 맞아 불꽃놀이가 진행되었는데 책임자인 군기감승 최해산이 화약을 꼼꼼하게 점검하지 않아 함량초과로 백성들을 놀라게 했던 것이다. 의정부에서는 장형 1백 대에 처할 것을 주청했지만 태종은 최무선의 아들이기도 해서 특별히 용서해주었다.

불꽃놀이로 증명한 조선의 화약기술에 주변국에서 관심을 보이는 것은 당연했다. 그러나 군사기밀이자 국제정세와도 연결되는 민감하고 중요한 사항이라 단속할 필요가 있었다. 화약기술을 누설하거나 화약병기를 국외로 빼돌리면 극형에 처한다는 방침을 세웠다. 세종 대는 명나라 사신이 오면 아예 불꽃놀이를 생략하자는 주장이 나오기도 했다. 특히 당시 기술력에서 명나라를 뛰어넘고 있어 무리가 아니었다. 예조판서 허조는 '화약을 다루는 기술은 명국보다 월등하니 사신에게 보여서는 안 되고 비록 그들이 청하더라도 보이지 말 것'을 간청했다. 불꽃놀이에 쓰이는 화약은 언제든지 군사적 목적으로 활용가능하기에 눈으로 보는 것조차 허용하지 말자고 할 정도로 당시 화약기술은 당대 최고였다.

성종은 유난히 불꽃놀이를 좋아해서 신하들의 지탄을 받을 정도였다. 그러던 중 연초에 쓸 화약을 준비하던 화약고의 제약청에서 폭발사고가 터졌다. 4명이 즉사하고 2명이 중화상을 입는 대형사고였다. 성종은 쌀을 내주라는 명으로 수습한 뒤 예정대로 불꽃놀이를 진행시켰다.

조선시대 전기까지 성행했던 불꽃놀이는 임진왜란 이후 열기가 식어갈 수밖에 없었다. 전란을 수습해야 하는 참담함 속에서 유희성 강한 불꽃놀이는 정서에 맞지 않았기 때문이다. 전란으로 국고마저 바닥이 났다는 현실적인 문제도 있었다. 그 후 병자호란 때 청나라에 무릎을 꿇은 채 체결한 화약으로 엄두조차 낼 수가 없게 되었다. 화약에는 '조선은 청국에 대해 신하의 예를 다하며 명국과 단교할 것, 매년 세폐를 보내고 한번 조공을 바치며 성과 요새를 짓지 않을 것' 등과 함께 '화약, 염초, 유황의 수입을 금한다'는 내용도 포함되어있었다.

불꽃놀이로 화약기술의 우수성을 널리 알렸던 조선은 후기로 접어들면서 궁중에서 악귀와 전염병을 쫓기 위한 폭죽 터뜨리기로 아쉬움을 달랠 수밖에 없었다. 정조는 그마저도 절약차원에서 금할 것을 명하기도 했다.

유희성이 강했던 불꽃놀이지만 화약기술의 정점을 남겼던 역사였다. 군사적 목적을 위해 활용되지 못한 채 오히려 숨겨야 했던 아쉬운 시간이기도 했다. 하지만 그 시절 밤하늘을 수놓았던 다양한 불꽃들은 조선의 또 다른 눈부신 자랑이었으리라.

이탈리아 문화재 복원가도 인정한 한지

조선시대 속옷을 만들어 입으라고 군사들에게 보냈던 종이는 원료인 닥나무 섬유가 보온에도 뛰어났기 때문이었다. 세조 대 학자 김수온은 파지로 만든 이불을 덮고 잤으며 끈으로 꼬아 신발을 만들어 신고 다니기도 했다.

우리나라를 대표하는 한지(韓紙, 손으로 뜬 수제지)의 우수성은 독자적인 방식으로 제조되고 사용된 삼국시대부터 알려졌다. 현존하는 세계 최고(最古) 인쇄물인 국보 제126호 《무구정광대다라니경》은 신라의 닥종이로 추정되는 것으로 제작되었다고 한다.

신라 경덕왕 대의 유산 국보 제196호 《신라백지묵서대방광불화엄경》역시 닥종이가 쓰였는데 '닥나무에 향료를 뿌려가며 키워 벗겨낸 껍질을 맷돌로 갈아 종이를 만든다'는 기록이 들어있다. 무려 1천 년을 넘어 그 가치를 알리고 있는 백추지(白硾紙, 희고 빛이 나며 질긴 종이)라 불린 신라의 종이는 당나라와 일본에도 수출될 만큼 인기가 높았다.

고려시대로 넘어가면서 종이 제작기술은 더욱 눈부신 발전을 거듭했다. 송나라에서 고려의 종이는 누에고치로 만든 것이라고 오해를 할 정도였다. 명나라 도융은 《고반여사》에서 '고려의 종이는 누에고치 솜으로 만들어 색깔은 비단같이 희고 질긴데 이런 것은 우리 명국에는 없는 우수한 종이다'고 했다. 동월은 고려의 종이가 닥종이라는 것을 믿지 못해 끝내 불로 태워 확인한 뒤에야 비로소 고개를 끄덕였다고 한다.

보온성과 내구성은 물론 미생물 번식을 막아 보관성에도 탁월했던 한지는 장지문에서 그 진가를 더욱 발휘했다. 방과 마루나 방과 방 사이의 장지문은 닫힌 상태에서도 공기가 한지를 통과해 자연스럽고 효과적인 환기가 이루어졌다. 실내에 습도가 높으면 한지가 습기를 흡수했다가 건조해지면 그 만큼 배출해 늘 쾌적한 상태를 유지해주기 때문이다.

햇빛을 가리는 역할에 있어서도 한지는 뛰어난 기능을 갖고 있었다. 햇빛을 거의 차단하는 다른 창문들과 달리 적절한 조절능력으로 실내 분위기는 물론 심리까지 안정시켜주었다. 한지의 우수성은 더욱 알려져 명나라에서 조공품목으로 요구해오기도 했는데 그 양이 엄청났다.

수공업에 머물렀던 종이 제조방식은 조선시대 때 중앙에 기관을 설치해 관리하면서 변화가 있었다. 온갖 서책이 인쇄되어 나오자 종이의 원활한 공급을 위해 태종 대 국영 조지소(造紙所)를 설치했다. 저화(지폐)제도의 정착에 관심을 기울이는 계기가 되기도 했는데 수요에 미치지 못해 세조 대 조지서(造紙署)로 확대되었다. 전국에 있는 종이 제조기술자들이 배치되어 더 다양하고 고품질인 한지가 만들어졌다. 무려 2백여 종이 넘는 한지를 보유할 수 있는 저력을 갖추게 되었다. 창호지와 부채는 물론 우산, 반짇고리, 필통, 상자 등 생활도구들까지 만들 정도로 한지의 활용도는 높았다.

종이갑옷 지갑(紙甲)을 만들어 훈련 시에는 물론 실제 전투에서 효과를 보기도 했다. 작은 쇳조각들로 이뤄진 철갑은 쉽게 녹이 슬며 연결용 끈이 자주 마모되어 끊어지는 단점이 있었다. 가죽으로 된 피갑은 땀의 배출이 원활하지 못해 군사들이 쉽게 지쳤다. 지갑은 한지 수십 겹을 송진이나 아교 등 천연접착제로 붙이고 옻칠을 해 비를 맞아도 스며들지 않았다. 철갑과 피갑에 비해 저렴하고 제작 방법이 쉬워 주로 가난한 군사들이 애용했다.

한지 생산에 차질이 생기기 시작한 것은 임진왜란과 병자호란을 겪고 나서였다. 조지서가 전란으로 타격을 입자 소규모였지만 예전부터 한지를 생산해왔던 남부지방의 사찰로 그 소임을 넘길 수밖에 없었다. 더군다나 병자호란 이후 한지에 대한 청나라의 공납요구가 극에 달해 상황은 최악이었다. 다행히 사찰은 불경의 인쇄를 위해 오래 전부터 종이 제조기술을 지니고 있었고 주변에 닥나무가 풍부했으며 물이 청정했다.

문제는 한지를 만드는 과정이 너무 복잡하고 고된 노동을 필요로 한다는 점이었다. 우선 닥나무를 베어 껍질을 벗겨내고 맑은 물로 씻은 다음 잿물에 삶는 과정을 거쳤다. 삶아낸 닥나무는 절구를 이용해 으깨어 접착력을 위한 닥풀과 함께 수조에 넣어 저어준 뒤 발

교황 요한 23세 유품 지구본
교황 요한 23세 교황박물관(이탈리아 베르가모)에 소장돼 있는 지구본 복원에 한지가 사용되었다. 둘레 4m가 넘는 지구본은 성인의 애착이 담긴 유품으로 로마에 있는 세계적인 지류복원전문기관인 국립기록유산보존복원중앙연구소(ICPAL)가 한지의 우수성을 인증했다.

로 떠서 말려야 했다. 불순물들을 제거한 뒤 다듬이질까지 마쳐야하는 등 고역이라 도중에 견디지 못한 승려들이 도망치는 일도 허다했다.

완성된 종이는 일단 품질검사를 거쳐야 했는데 퇴짜 맞는 일도적지 않았다. 까다로운 담당 관리들이 조금이라도 마음에 들지 않으면 일부러 먹물을 뿌리고는 다시 만들라고 횡포를 부렸다. 견디다 못한 승려들이 홧김에 닥나무를 뽑아버리거나 하나 둘 떠나버려문을 닫는 사찰도 생겨났다.

정조 대 선비들 사이에 휴대하기 간편한 청나라의 소형 책자들을수입해 보는 풍조가 생겨났다. 그 사실을 알게 된 정조는 대노할 수밖에 없었다.

"당장 주자소에 일러 큰 서책들을 더 많이 만들도록 하라!"

정조의 맞불작전은 종이의 부족사태를 몰고 왔으며 예상치 못한결과까지 낳았다. 종이가 모자라자 서둘러 만들게 된 것이 일명 초초지(草草紙)였다. 초지(草紙)는 정성은 물론 그 과정조차 생략해서 만들어진 저질의 종이였다. 그런데 그보다 더욱 질이 좋지 않은 초초지가 탄생된 것이다. 여기서 '초초'는 '바빠서 간략하고 거칠다'는 의미를 갖고 있는데 그래서 초초지를 '헐레벌떡 종이'라 부르기도 했다.

고종 대 서양 종이 양지(洋紙, 기계지)가 유입되면서 한지의 수요는 조금씩 줄어들기 시작했다. 그 후 일제강점기 때는 일본 산 화지(和紙)까지 대량 수입되어 더욱 설 자리를 잃어갔다.

우리나라는 다양한 재료들을 이용해 여러 우수한 종이를 만들어 냈다. 이미 세종 대 댓잎과 솔잎은 물론 볏짚까지 이용한 새로운 종이를 제조했는데 서책들의 특성에 맞춰 사용하기 위해서였다.

1천 년의 수명을 자랑한다는 한지는 우리 조상들의 지혜가 함축된 자랑스러운 유산이다. 그래서 우리는 충분히 종이의 나라라고 자부할 수 있을 것이다. 교황 요한 23세의 애장품이자 유품인 지구본 복원에 한지가 활용되었다는 사실만으로도 그 우수성은 검증받은 것이다. 그동안 유럽 문화재의 복원에는 주로 일본의 화지가 사용되었다. 그런데 지난 2015년 이탈리아 문화재 복원가에 의해 한지가 인정되어 크나큰 세계적 업적을 남길 수 있었다.

1천 3백 년 만에 향기를 전하다

　지난 1993년 겨울 충청남도 부여군 부여읍 능산리 고분군 진흙 물웅덩이 속에서 모습을 드러낸 백제의 향기는 경이로움 자체였다. 무려 1천 3백 년 넘게 묻혀있던 백제 미술의 정수인 '백제금동내향로(百濟金銅大香爐)'가 세상으로 나오는 순간이었다. 고분군을 찾는 관광객을 위한 주차장 공사가 막 시작되려고 할 때 발견된 것이라 극적이기까지 했다.

　왕실 의식용으로 쓰인 국보 제287호 '백제금동대향로'는 동아시아 최고의 향로라는 수식어가 붙을 만큼 높은 가치를 지녔다. 백제 사비시대에 금속공예 문화가 존재했고 그 수준도 뛰어났음을 확인할 수 있다. 사비시대 백제는 문화가 매우 왕성했던 시기로 남북조와 수, 당나라의 문화를 들여와 융화시키려고 노력했다. 그 결과물 중 하나인 향로는 가히 세기적인 유물이라고 말할 수 있다. 제작 시기를 대략 520~534년 사이로 보는데 고구려에게 한강 유역을 빼앗긴 후 거듭되는 내정혼란 끝에 안정을 되찾고 꽃피운 문화의 상징이다.

오랜 세월 땅 속에 묻혀있었음에도 거의 원형 그대로 보존될 수 있었던 이유가 있다. 물과 진흙에 잠긴 채 산소에 노출되지 않은 상태였기 때문이다. 주변에서 발견된 섬유 조각은 향로를 감싼 천이 삭은 것으로 추정하고 있다. 향로는 전체 높이 61.8cm, 최대 직경 19cm, 무게 11.8kg인데 크게 몸체와 뚜껑으로 구분된다. 뚜껑 맨 위에 달린 봉황과 받침대인 용까지 포함하면 총 4부분의 구성이다.

몸체는 만개한 연꽃 봉오리 모양이며 연잎에는 불사조, 물고기, 학 등 동물이 묘사되어있다.

뚜껑에는 5단으로 된 박산(博山, 신선이 산다는 중국 전설 속 바다 가운데 산)이 있고 각 단은 5봉우리로 구성되어 총 큰 산 25개를 이룬다. 각 단은 엇갈리게 배치되었으며 여결되는 봉우리들도 있어 중첩된 모습이다. 뚜껑 가장 위쪽에는 악사들이 피리와 비파 등을 연주하고 있다. 기마수렵상 등 인물상과 용과 호랑이를 비롯한 각종 동물상(상상과 현실)이 있고 나무, 바위, 폭포, 호수 등도 생동적으로 표현되어있다.

봉황은 부리와 가슴 사이에 여의주를 품고 꼬리를 쳐든 채 날개를 활짝 펴고 있는 모습이다. 봉황은 박산에서 양(陽)을 대표하는 영묘한 동물로 아래 음(陰)의 용과 대비를 이룬다. 봉황의 가슴과 악사상 앞뒤에 5개의 구멍이 있어 몸체에서 자연스레 향연이 피어오르게 되어있다. 봉황이 아니라 닭이라는 소견이 일부 있었다. 백제왕실을 상징하는 천계(天鷄)라는 것이다. 불교와 도교의 영향을 받은 것이 백제 후기 유물들로 다른 영묘한 동물에 비해 조류 조각이 많다는 점을 들었다. 또 여러 조류 조각에서 며느리발톱(다리 뒤쪽으로 향해 나있는 돌기)으로 추정되는 묘사가 보인다는 점 등이 주된 이유라고 한다.

받침대는 연꽃 밑 부분을 입에 문 채 고개를 쳐든 용의 형상이다. 유려한 자태로 넓고 무거운 향로 몸체를 머리에 이고 있는 모습이 인상적이다. 용의 몸통과 꼬리 그리고 수염, 머리카락 등은 연꽃이나 그에 관련된 당초무늬(식물의 덩굴이나 줄기를 일정한 모양으로 도안화한 장식 무늬)로 나타냈다. 몸통은 아래로 갈수록 면적이 넓어지는데 바깥쪽에는 향로가 바다 가운데 신산이고 용임을 보여주듯 파도를 표현해놓았다. 한나라 때 유행한 박산향로 형식을 이어받은 것으로 보는 시각도 있지만 창의성과 조형성이 돋보이는 백제만의 결과물이다. 기존 양식을 뛰어넘는 혼합 종교(불교와 도교)의 시상의 복합성까지 내포한 작품인 것이다.

몸체는 물론 봉황의 속까지 공간을 만들기 위해 밀납법과 아말감 도금법이 사용된 점도 놀랍다. 찬란한 외관을 탄생시킨 그 금도금술은 현대의 기술력으로도 재현하기 어려울 만큼 완벽하다는 평가다. 산소에 노출되지 않은 환경적 요인도 있었지만 무엇보다 발달된 금속공예술이 오랜 세월 완벽한 원형을 유지하게 한 비결이다.

향을 피웠을 때 여러 개의 구멍을 통해 향연이 나오는 것 역시 독창적인 발상으로 보고 있다. 구멍은 봉황의 가슴에 2개, 뚜껑 상부에 5개, 중부에 5개로 총 12개다. 그 가운데 중부에 있는 구멍은 외부의 공기를 유입하는 통로다. 그곳을 통해 향로 내부에 대류를 일

백제금동대향로 국립중앙박물관 소장

으켜 향의 연소시간을 늘린 지혜가 엿보인다.

흥미로우면서도 의아한 것은 향로가 발견되었을 때의 모습과 장소다. 잘게 부순 토기와 기와 조각이 깔린 나무물통 같은 곳에 천으로 감싸진 채였다. 그 상황을 유추해볼 때 승려 등 누군가 의도적으로 향로를 숨긴 것이 아닐까.

향로는 450여 점의 다른 유물과 함께 출토되었다. 2년 뒤 '창왕(위덕왕) 13년(567)에 공주(창왕의 누이)가 이 절을 짓고 사리를 바쳤다'는 기록이 새겨진 석조사리감이 근처에서 발굴되기도 했다. 그로써 능산리에 고분과 더불어 대규모의 사찰이 있었던 사실을 확인할 수 있었다. 향로가 나온 곳이 원래 사찰 내에 딸린 금속공예품을 가공하던 공방지였다는 것도 밝혀졌고 연대까지 드러났다. 사찰은 백제 성왕의 명복을 빌고자 왕실에서 세운 것으로 추정하고 있다. 향로는 단순한 제사용이 아니라 왕이 참석히는 중요한 행사의 의식용일 가능성이 높다.

당시의 배경을 살펴보자면 660년 나당연합군에 의해 사비성이 함락되었을 시기였다. 약탈과 방화가 벌어지는 화급한 상황에서 왕의 상징과도 같은 향로를 어느 충심의 손이 임시방편으로 은닉해두었다고 추정된다.

자칫 약탈당했을지도 모를 운명을 피해 오랜 세월 어둠에 묻혀있던 '백제금동대향로'는 후세에 국보로 전해졌다. 그 찬란함에 흠집을 가하듯 일부 중국 사학자들이 자신들의 유물이라고 주장한 적이 있다. 백제는 철저한 불교국가였는데 향로에서는 도교의 영향이 더 두드러진다는 것이 이유다. 물론 도교적 이상향을 추구하던 중국의 영향을 받은 것은 사실이다. 하지만 세련미와 조형요소의 다양성 등은 그동안 출토된 중국 향로들을 압도하고 있다. 무엇보다 60㎝가 넘는 높이가 중국이 따라올 수 없는 확연한 위상이다.

명품 백을 차고 다녔던 여자들

주머닛돈이 쌈짓돈이라는 속담이 있다. 주머니에 든 돈이나 쌈지에 든 돈이나 모두 하나라는 뜻이다. 여기서 주머니는 물건을 넣고 다닐 수 있도록 옷에 대거나 곁들여 만드는 별도의 전인 호주머니가 아니다. 옛날 전통 한복에는 호주머니가 없었다.

주머니는 필요한 물건을 넣고 입구에 주름을 잡아 졸라매어 허리에 차거나 들고 다니는 것이다. 대표적인 것이 쌈지나 복주머니로 흔히 알고 있는 옷에 고정된 호주머니와 구별된다. 한복에 없는 것이 바로 호주머니로 중국 북방민족인 호족(胡族)들의 옷에는 많이 달려있었다. 그들은 사냥과 전투로 살아가던 호전적인 민족이라 소도구들이 필요해 옷에 여러 개 수납공간이 달리게 되었다. 그래서 호족의 옷을 본 사람들이 '호족의 주머니'라는 뜻으로 호주머니라고 부르게 되었다.

한복에 호주머니가 없지만 손을 넣을 공간은 있다. 그러나 물건을 넣을 수 있는 막힌 공간이 아니라 손을 감추기 위한 트인 공간이다. 소매 아래쪽에 물고기 배처럼 둥글고 볼록하게 나온 배래도 그 범위에서 벗어나지 않는다. 전통 민예품 중에 주머니 종류가 많아진 것도 그런 한복의 특성 때문이기도 하다.

한복에 호주머니가 없는 것은 특성 때문으로 옛날에는 박음질된 실을 뜯어서 분해한 뒤 옷을 세탁했다. 그리고 건조한 뒤 다림질을 거쳐 다시 바느질을 해서 입었다. 만약 호주머니가 있었다면 그것마저 일일이 뜯었다 꿰매야 하는 과정을 거칠 수밖에 없었다. 아무리 집안 살림을 도맡은 부녀자들의 일이라고는 하지만 번거롭고 성가셨을 것이다.

주머니의 역사는 삼국시대부터 그 흔적을 찾을 수 있다. 신라의 여자들이 주머니를 차고 다녔음은 《삼국유사》의 '왕이 돌부터 왕위에 오를 때까지 항상 여자의 행동을 해 금낭(錦囊)을 차는 것을 좋아했다'는 기록으로 유추할 수 있다. 《고려도경》에 '고려 부녀자들이 허리띠에 금방울을 달고 금향낭(錦香囊)을 찼는데 많을수록 귀히 여겼다'는 것을 보아 고려시대에는 주머니를 더 즐겨 애용했을 것이다. 조선시대로 넘어오면서 다양한 주머니를 탄생시켰다.

주머니는 주로 비단으로 만들어 수를 놓거나 금박을 박기도 했다. 주머니는 실용과 미를 동시에 드러내는 장신구로 형태, 장식, 용도에 따라 명칭이 각각 달랐다. 우선 형태면에서 입구가 네모인 귀주머니(줌치)와 주름지고 둥근 두루주머니(염낭)로 크게 나눌 수 있다. 귀주머니는 아래 양쪽에 귀 모양이 있다고 해서 붙여진 이름이고 두루주머니는 입구를 잔주름으로 처리하고 두 줄의 끈으로 여닫

영친왕비 쌍학문 자수 두루주머니
쌍학 무늬의 자수가 놓인 영친왕의 비 이방자가 사용했던 주머니　국립고궁박물관 소장

는 형식이다.

　조선시대 때 궁중에서 가례나 정월 첫 해일(亥日, 돼지날)에 왕비의
친정과 종친들에게 주머니를 보내는 풍습이 있었다. 작지만 부적과
같은 의미가 있어 귀하게 여긴 선물이었다. 주머니 안에는 볶은 황
두를 한 알씩 붉은 종이에 정성껏 싸서 넣었다. 해일에 차면 악귀를
물리치고 만복이 온다고 믿어 복주머니라 부르기도 했다. 순조의
둘째 딸 복온공주가 혼례 때 만들어갔다는 기록이 있고 영친왕의
비 이방자 역시 마찬가지였다.

민간에서도 돌과 환갑 때 주머니를 선물하는 것이 통례였다. 신부가 친정부모를 뵙고 돌아올 때 효도주머니를 만들어오기도 했다. 시부모를 비롯한 시집 어른들에게 선물하기 위해서인데 역시 복주머니라고 불렀다. 아이들이 설날에 받은 세뱃돈을 넣고 자랑하기 위해 차는 것도 복주머니였다.

장식에 따라서는 향낭(香囊)과 침낭(針囊) 그리고 금박주머니, 수주머니 등이 있다. 향낭과 침낭은 각종 문양을 수놓아 화려하게 만든 것으로 노리개로 사용되기도 했다. 금박을 입힌 금박주머니와 수를 놓은 수주머니도 장식용으로 애용되었다.

주머니를 용도별로 구분할 때 실용적인 면에서 가장 대표적인 것이 쌈지다. 주로 남자들이 담배쌈지(담배)나 부시쌈지(부싯돌)를 차고 다녔다. 담배쌈지 속에는 수분방지용 기름종이를 덧붙여 기능적인 면을 더했다. 돈을 넣는 돈쌈지도 있는데 한지를 비롯해 천과 가죽 등으로 만들었다.

수저주머니는 신부가 예물로 가져가는 경우가 많았는데 크기는 보통 수저 두 벌이 들어가며 윗부분에 술을 달았다. 그밖에도 약낭(藥囊), 필낭(筆囊), 안경집, 도장주머니 등이 있다. 평소에는 대부분 채색이 화려한 것을 사용했지만 상을 당하면 남녀 모두 흰 무명주머니를 만들어 찼다.

한편 호족들은 언제부터 호주머니를 달게 되었는지 궁금해진다. 그들이 전투에서 가장 보호해야 할 곳은 머리와 심장이었다. 머리는 투구 등으로 해결할 수 있었지만 심장은 보호가 쉽지 않았다. 갑옷은 기마전을 위주로 하는 그들에게 번거롭고 갖출 여력도 되지 못했다. 그래서 왼쪽 가슴에 호심경(護心鏡, 갑옷 안쪽에 붙이는 방검용 구리판)을 달았는데 또 다른 문제점이 발견되었다. 끈으로 연결해 가슴에 붙이자니 잘 고정되지 않고 움직여 무용지물이었다. 결국 심장이 있는 옷 안쪽에 다른 천을 대고 꿰맨 뒤 호심경을 넣게 된 것이 시초라고 전해진다. 그 후 전리품이나 잡동사니들도 넣기 시작해 호주머니는 더 늘어났고 다양해졌다.

우리는 농경사회였기에 호주머니의 필요성이 없었는지 조선시대 후기까지 달지 않았다. 봇짐장수나 상인들이 입는 옷으로 취급했던 정서도 한몫을 했다. 호주머니가 있는 옷을 입기 시작한 것은 개항기 때 외국인들이 몰려들고 양복이 유입되면서부터다. 특히 양복 안에 입는 조끼의 호주머니가 편리하면서 안전한 주머니 역할을 해주었다. 호주머니의 등장으로 주머니는 허리에서 떨어져 완전한 손지갑 형태로 변해버렸다.

남자용이었던 쌈지는 실용적인 면에서 우수성을 자랑했고 상대적으로 아기자기하면서 화려한 여자용 주머니들은 장식용으로 그 역할을 해냈다. 금박과 자수 등이 입혀진 고급스럽고 고가인 주머니를 허리에 차거나 들고 다님으로써 과시용으로도 충분했다. 현재의 명품 백에 버금가는 사치도 누릴 수 있지 않았을까.

신라는 색조 화장품 제조기술을
가지고 있었다

　　흥청으로 뽑힌 여자의 화장이 거칠어서는 안 된다. 각자 거울을 가지고 입궐토록 하되 바르는 분(粉)은 쉬이 장만하지 못할 것이니 충분히 구입해주도록 하라.

　　연산군이 흥청(興淸)에 대해 전교한 내용이다. 전국에서 선발된 여자들을 운평(運平)이라고 했는데 여기서 다시 가려낸 미녀를 흥청이라 불렀다. 연산군은 운평들의 머리 단장기구를 풍족히 장만해주라는 명을 내리기도 했다. 그러나 흥청거리며 놀던 연산군이 등장하고 조선시대가 배경이라고 해서 화장이 그 시대에만 국한된 문화는 아니었다.

　　신라의 화랑(花郞)은 진골 귀족 자제에게만 자격이 주어졌다. 능력이 있어도 진골 출신이 아니면 불가능했고 외모에도 차별을 두었다. 《삼국사기》에 보면 '신라 귀족의 자제 중에 아름다운 자를 뽑아

화장을 시키고 곱게 꾸몄는데 사람들은 그들을 화랑이라고 했으며 모두가 높이 섬겼다'고 되어있다. 화랑이라고 하면 보통 엄격한 규율 아래 심신을 단련하고 나라의 위기 앞에서 목숨 바치는 용맹한 청년이 떠오른다. 그런데 화장을 하고 곱게 꾸몄다니 대가야 정벌에서 활약한 사다함과 백제와의 전투에서 전사한 기마와 궁술에 능했던 관창의 무용이 무색할 정도다. 사실 임전무퇴로 무장한 그들을 비롯해 화랑 대부분이 용모가 준수하고 아름다웠다고 한다.

화랑에서 화(花)는 꽃이요 랑(郎)은 남자를 뜻하고 있어 곧 '꽃 남자'가 되니 아름다운 외모는 당연할지도 모른다. 그만큼 돋보이게 만들어 화랑의 존재를 귀하게 여기려고 했던 당시 정서일 수 있다. 화랑의 특별한 외모를 추종해 다른 귀족 자제들마저 유행처럼 따라 하기도 했다. 한편 화랑의 화장은 아프리카나 아마존 원주민들의 분장을 떠올리게 한다. 그들은 직이나 재난 그리고 질병과 악귀를 막고자 얼굴에 강렬한 색칠을 하고 눈에 띄는 복장을 한다. 실제 화랑의 수련이 신을 섬기며 제사를 지내는 수단이었다는 해석도 있다. 조선시대에는 무당을 화랑이라고 부르기도 했는데 그들의 복색도 유독 화려하다는 점에서 연관성을 찾을 수 있지 않을까.

신라는 연분 제조기술을 7세기 이전부터 보유하고 있었다. 화장이 여자들 사이에 이미 널리 보급되어있었음을 증명하는 것으로 국화과 식물인 홍화(紅花)로 연지를 만들어 입술과 볼을 치장했다. 질 좋은 나무의 재를 기름에 개어 만든 묵으로 눈썹도 그렸다. 화장의 완성인 향수도 사용했는데 동·식물에서 추출한 향료를 향낭에 넣어 지니고 다녔다.

고구려 역시 화장기술이 발달했다는 것을 고분벽화를 통해 알 수 있다. 벽화 속 고구려 여자들의 입술과 볼에는 연지로 꾸민 흔적이 있을뿐더러 귀족이나 신분 낮은 여자들까지 화장했다는 것을 확인할 수 있다. 백제의 경우 화장기술 등에 관한 기록이 자세하게 남아 있지 않다. 하지만 신라처럼 화장품 제조와 화장기술을 일본에 전파했다는 기록으로 그 위상을 어림잡을 수 있다.

화장한 남자라는 수식어로 인해 화랑이 동성애 구설에 오르기도 했다. 영조 대 학자 이익은 《성호사설》에서 화랑의 남색(男色)을 개탄한 바가 있다. 고려시대 자제위 역시 마찬가지였다. 자제위 소속 '어여쁜 청년들에게 고운 분홍색 옷과 단정한 검은 예복을 입히고 왕 곁에서 시중을 들게 했다'는 부분에서 야릇한 상상을 부추긴다. 특히 공민왕이 직접 화장으로 여장을 한 채 그들과 어울려 음란한 짓을 했다는 이야기는 더 큰 상상의 날개를 펼쳐준다. 물론 고구려의 화장도 극소수 남자들의 그것과 별개로 여자들의 아름다움을 꾸미는 수단이었다.

조선은 유교를 바탕으로 유지되어온 나라라 여자들도 그 속박에서 벗어날 수 없었다. 오히려 강요 속에 검소하면서 조신하고 정갈함을 여자의 아름다움이자 최고 덕목으로 멍에처럼 덧써야 했다. 요란한 화장과 장식은 경계해야 할 치장으로 배격했다. 강의 흐름을 막으면 샛강이 생긴다고 오히려 다양한 화장기술을 낳게 했다. 미의 추구는 여자의 욕망이자 본능에 가깝기 때문이다. 다만 외모지상주의와 달리 그녀들의 화장은 일종의 예의이자 의사표시였다. 깨끗하고 정갈히 꾸며 반듯하게 보이려는 노력 속에 자연스레 꽃피운 미였다.

조선시대 화장기술은 여러 형태를 보였다. 우선 엷은 화장인 담장(淡粧)은 피부를 깨끗하고 뽀얗게 하는 것으로 현재의 기초 화장품을 바른 뒤 비비크림 정도를 더하는 단계로 볼 수 있다. 농장(濃粧)은 농도를 조금 짙게 하는 색조 화장에 해당되고 염장(艷粧)은 그보다 더 짙어서 요염함을 드러내게 한다. 혼례 등 행사 때 하는 응장(凝粧)은 입술과 볼의 색조 입히기는 물론 속눈썹까지 붙였다. 아름다움의 극치로 현재의 신부화장을 떠올리면 이해가 쉽다.

신분에 따른 차이도 있어 양반가와 민간 평범한 여자의 화장이 달랐다. 양반가 여자는 평소 피부의 청결과 보호를 위한 화장이 주였고 외출이나 집안 행사가 있어 방문객들을 대할 때는 색조 화장도 가미했다. 민간의 가난한 여자들은 먹고 사는 일이 더 급해 화장자체가 사치였다. 이따금 생각나듯 쌀뜨물을 얼굴에 바르고 단옷날 창포물 한 바가지 뒤집어쓰는 것이 고작이었다.

조선시대에는 비누 대용으로 녹두, 콩, 팥 등을 곱게 갈아 사용했는데 고가라는 것이 문제였다. 일반 백성들은 쌀겨를 우려낸 물이나 쌀뜨물에 만족해야 했다. 산다는 집 여자들은 더 촉촉하고 백옥같은 피부를 위해 수분이 많은 과일과 곡식의 기름을 이용하기도 했다. 그보다 고급스러운 기초화장품이 현대의 영양크림에 해당하는 벌집에서 채취한 밀랍을 기름에 녹인 것이었다. 조선시대는 유독 흰 피부를 선호했는데 그 무렵 명종 대인 1546년 일본은 사정이 달랐다. 일본 일부 지역이기는 하지만 표류하다 유구국(琉球國, 현 오키나와현 일대에 위치했던 독립왕국)에 갔던 제주도 출신 박손 일행이 돌아와 전한 바에 따르면 '그 지방은 항상 따뜻하고 춥지 않아 남녀의 살결이 곱고 윤택했는데 여자는 미색이 많고 화장을 하지 않았다' 고 한다.

아열대 기후의 그곳과 달리 우리나라는 특히 피부에 민감한 겨울이 있어 깨끗하고 화사한 얼굴을 위해 더 공을 들여야 했다. 가루분을 바르는 것이 첫 순서로 백토에 황토를 조금씩 섞어가며 피부색과 맞췄다. 진주가루를 비롯해 쌀가루, 흰돌가루 등을 곱게 갈아 물에 개어 바르기도 했다. 곱게 빻은 분꽃씨가루를 바르기도 했는데 복잡하고 시간이 걸려 일반인들은 애용하지 않았다. 왕의 승은을 바라는 궁녀나 기녀들이 즐겨 썼다.

연지는 신라처럼 홍화를 사용했다. 붉은색의 백합 꽃술을 말린 산단과 깍지벌레과 곤충에서 채취한 염료성분을 이용하기도 했다. 눈썹 그리기 역시 굴참나무 등의 숯 그을음을 기름에 혼합해 쓰는 것이 일반적이었다. 향수는 백단향을 썼는데 여자의 체취와 어우러져 더 고혹적인 향기를 풍겼다.

더욱 세련되어진 조선시대 화장은 한편 여전히 조신한 여자의 반대말로 쓰였다. 외면의 겉치레 정도로 인식된 것인데 그 예가 왕비의 체모를 지키지 못했다고 궁궐에서 쫓겨난 성종의 첫째 계비 폐비 윤씨(연산군의 모)다. 윤씨가 반성은커녕 매일 거울 앞에서 화장을 하며 복수를 다짐한다고 인수대비(소혜왕후, 성종의 모) 한씨가 중간에서 이간질을 시켰다. 결국 윤씨는 사약을 받았고 훗날 그 사실을 알게 된 연산군에 의해 피바람이 불었다.

화장 때문에 백성들의 등골을 휘게 만든 여자들이 있었다. 연산군은 생모 윤씨의 일로 야기된 갑자사화를 매듭짓자 관심을 여자에게로 돌리게 되었다. 처음 1백 명 남짓이었던 흥청의 수가 1만 명에 달했을 때였다. 연산군은 꽃밭에서 여전히 흥청거리며 즐거웠지만 흥청과 운평들이 쓰는 화장 도구의 비용을 모두 민간에서 거둬들여 백성들은 가난에 허덕였다.

조선은 여자의 외면보다는 내면의 아름다움을 강조하던 시대였다. 지나친 화장은 기녀나 첩들이 하는 천박한 행위로 간주하기까지 했다. 그 정체 속에서 연산군은 화장을 적극 장려했고 화장품 제조와 개발에 후원을 아끼지 않았다. 화장이 깨끗하지 않거나 게을리 한 흥청에게 벌을 내렸고 언제든지 부르면 달려올 수 있게 늘 꽃단장으로 대기하도록 했다. 그런데 연회에서 끼고 놀 여자가 아닌 후궁을 간택할 때는 태도가 달랐다. 그는 '분과 연지로 낯빛을 더럽힐까 화장을 지우고 임금을 알현한다'는 시구가 있다며 모두 민낯인 상태로 선별하겠다는 의지를 보였다. 폐비 윤씨는 뛰어난 미색으로 성종의 사랑을 받았는데 특히 서늘한 느낌을 주는 미인이었다고 전해진다. 4세 때 생이별을 한 탓에 기억 못하는 연산군이 혹시 그리운 얼굴을 찾고자 했던 것은 아니었는지.

결국에는 진정한 얼굴을 보고자 했던 연산군이 그래서 우리나라 화장의 역사에 획을 그은 인물이 아닐까. 지금도 민낯이 아름다운 여자가 진정한 미인이라고 하는 것을 보면 선견지명만은 있었던 것 같다.

금과 같고 은보다 비쌌던
우리 인삼은 지금 얼마일까

조선시대 최장수 왕인 영조는 조정대신과 어전회의를 하다가도 식사 때만은 엄수했다고 알려져 있다. 인삼을 20여 근이나 복용한 72세 때 머리카락과 수염이 조금도 희지 않자 그는 흐뭇하게 미소를 지으며 말했다.

"이 모두 인삼을 통해 정기(精氣)를 얻은 결과다. 지난 일 년 동안 진어한 인삼이 이십여 근이나 된다니 모두가 그 덕분이로다."

75세 때는 피부가 청년시절과 다를 바 없을 정도였다고 전해진다. 장수의 징조라는 귀 안의 긴 털을 가진 그는 81세 때 빠진 이가 새로 났다고도 한다.

18세기 영조의 경이로운 신체변화만을 놓고 보자면 인삼은 명약이 아닐 수 없다. 그래서 인삼 수출국하면 우리나라가 떠올라야 하지만 사실 세계 1위를 놓친 지 오래다. 지난 1970년대까지만 해도 세계 최대 인삼 생산국이자 수출국이었던 우리나라가 뒷걸음치게 된 이유가 있다.

신비의 약초라고 일컬어지던 인삼의 원산지는 우리나라와 중국으로 추정하고 있다. 현재는 미국, 캐나다, 중국뿐만 아니라 러시아와 일본에서도 재배하고 있다. 인삼은 귀신같은 효험이 있다고 해서 신초(神草)라 불렸다. 계급이 높아 사람이 받든다는 의미로 인함(人銜), 해를 등지고 음지를 향해 있어 귀개(鬼蓋)라고도 했다. 옛날 어떤 이가 밤마다 누군가 부르는 소리가 들려 그곳을 팠더니 사람 형체의 약초가 나왔고 그 후 잠잠해져 토정(土精)이라 이름이 붙었다고도 한다.

예로부터 인삼은 원기를 돕고 몸을 가볍게 하는 효능의 불로장생 약초로 삼국시대부터 동아시아에서 으뜸으로 쳐주던 명약이었다. 양나라 의학자 도홍경의 《명의별록》에 의하면 '인삼은 형체가 가늘고 단단하며 흰 백제의 것을 중히 여기고 그 다음 고구려의 것을 치는데 형체가 크고 허하며 연해 백제 인삼보다는 못하다'고 한다. 인삼은 동아시아 무역품 중에 최고의 가치를 인정받던 조선시대 대표 수출품이기도 했다. 도홍경의 본초서인 《신농본초경》에는 '인삼은 주로 오장보호와 정신안정에 좋고 잘 놀라 가슴이 두근거리는 증세를 멈추게 하며 눈을 밝게 머리를 지혜롭게 하고 오랫동안 복용하면 수명을 연장해준다'고 되어있다.

우리나라 인삼을 '고려인삼(高麗人蔘)'이라고 하는 이유는 다른 나라의 유사종과 구별하기 위해서다. 그래서 우리는 '蔘'으로 외국은 '參'으로 쓰는데 화기삼(花旗參), 동양삼(東洋參), 관동삼(關東參) 등이다. 우리나라의 고려인삼을 서양에서는 'Korean ginseng' 일본에

산삼

서는 '조선인삼'이라 해서 '고려'를 비롯해 'Korea'와 '조선'이 앞에 붙고 있음을 알 수 있다. 고려인삼이 우리나라의 토질에서만 생산되었다는 것을 증명하는 일로 세계가 인정하는 고유명사인 셈이다.

최초 인삼은 산삼의 씨를 인근 산지에 뿌리고 거둔 것으로 추정하고 있다. 그러나 그 생산 주기가 너무 길어 경제성이 없고 수요를 충족시키지 못해 속성으로 인공재배 할 방법을 연구하기 시작했을 것이다. 어쨌든 시인이자 역사학자 최남선의 《조선상식문답》 속 인삼에 대한 해설을 보면 옛날 우리나라는 '어디에나 자연생의 삼이 많아 1년에 수만 근을 채취해 그것으로 일본에서 은과 동을 구입해 중국에 팔아 이익을 얻었다'고 한다.

인삼이 뇌물로 사용되기도 했다. 광해군 대 명나라에서 친형인 임해군 대신 동생 광해군이 왕위에 오른다는 것을 석연치 않다고 여길 때였다. 대북파가 긴장하는 가운데 급기야 명나라 사신 엄일 귀가 찾아왔다. 대북파는 그를 매수하기 위해 뇌물을 준비했는데 다름 아닌 인삼이었다. 뇌물로 인삼을 안겨준 것은 그만한 값어치 를 한다는 의미다. 당시 명나라에서는 인삼을 같은 무게의 금과 교 환했고 은은 무게 당 무려 7배의 값을 받았다.

민간에서의 인삼은 일부지만 미용에 쓰이는 일이 있었다. 혼례를 앞둔 부잣집 양반가 처자들은 창포와 복숭아 잎과 함께 인삼을 넣 은 물로 목욕을 했다. 학질을 다스리는 처방에도 쓰여 궁궐에까지 전해졌다. 태종의 비 원경왕후 민씨가 학질로 고생할 때 어의들이 양위탕(養胃湯)을 권했다. 양위탕은 인삼을 주된 약재로 달인 탕약으 로 시호(柴胡, 미나리과에 딸린 다년생 풀) 뿌리를 첨가해 두통과 학질의 발한이나 해열에 쓰었다.

숙종 대에는 전라도 지역에서 산삼의 씨를 채취해 재배를 시도했 다고도 전해지는데 본격적인 인공재배인지는 확실치 않다. 그 후 특히 영조 대에 들어서 인삼의 수요가 가장 활발했는데 그 효능에 굳은 믿음을 지녔던 영조도 한 요인이었다. 지난 10년 동안 1백여 근이나 되는 인삼을 먹었다는 어의의 말에 영조는 뿌듯해하면서도 우려의 말을 남겼다.

"인삼이 장생불사하고 신선이 된다는 영약이라도 이를 사기(史記) 에 써서 후세에 전한다면 재물을 다 허비해 민망한 결과가 되지 않 겠는가?"

어쨌든 영조는 83세 최장수 왕으로 기록되었고 그 보양법은 그의 걱정과 달리 현대까지 이어져 인삼이 곧 보약이라는 공식을 낳게 하는 데 한몫을 했다. 사실 인삼의 품귀현상은 당대부터 직면과제로 대두되기도 했다. 무분별한 채취로 자연삼이 부족해져 인공재배법이 절실할 수밖에 없었다. 가장 일반적으로 알려진 재배설은 정조 대 개성 출신 박유철이라는 자가 전라도 화순군 동복면 모후산 일대에서 인삼의 일부재배(日覆栽培, 햇빛 차단으로 재배)를 기업적으로 실시했다는 것이다. 그러자 청나라와 무역을 해오던 개성상인들이 개성 쪽에 도입해 본격적으로 인삼을 재배하기 시작했다. 사실 그 이전에는 앞서 언급한대로 산삼의 씨를 이용해 인공재배를 시도했지만 명확한 결과를 보지 못했을 수도 있다. 그래서 무역을 하거나 나라에 진상한 것은 산에서 자생하는 산삼이지 않았을까 하는 추측이다.

우리나라 인삼은 깊은 역사와 노고의 인간사와 함께 유구한 맥을 이어왔다. 특히 강화인삼과 풍기인삼 등은 품질이 좋아 세계적으로 유명하며 주로 경기도와 충청남도에 집중 분포되어 재배되고 있다. 경기도의 강화, 김포, 용인, 광주 등과 충청남도의 금산, 부여, 풍기, 서산 등이다. 그밖에 충청북도의 괴산, 음성, 제천 등과 전라북도의 무주, 완주, 진완 등도 재배지로 손꼽히고 있다.

특히 1978년에는 우리나라가 세계 인삼의 생산량 가운데 70%를 웃돌 정도였다. 판도가 달라지기 시작한 것은 1990년대 이후로 미국, 캐나다, 중국 등 경쟁국들이 인삼시장에 뛰어들면서였다. 우리나라의 인삼 점유율은 하락세로 들어설 수밖에 없었다. 미국과 캐나다는 높은 가격경쟁력과 연구와 개발투자 등에 힘입어 세계적인 인삼 수출국으로 부상했다. 중국은 저렴한 생산비와 넓은 재배지가 강점인데 지린성에서만 전 세계 인삼 생산량의 70%를 차지할 정도로 우리가 누렸던 점유율을 가져갔다.

인삼 한 뿌리 나지 않는 스위스의 경우 사포닌 성분을 활용한 제품 개발에 심혈을 기울여왔다. 그 결과 부가가치가 높은 인삼 가공제품 분야에서 시장 점유율 1위를 차지하고 있다. 우리나라조차 스위스 산 가공제품을 중국에 이어 2번째로 많이 수입하는 나라가 되었다. 삼뿌리 자체에서도 밀려 최대 수출국은 캐나다고 그 다음이 우리나라다. 그 뒤로 중국과 대만이 차지했는데 두 나라를 하나의 중화권으로 묶는다면 우리가 3위인 셈이다.

인삼은 곧 코리아였던 시절을 추억하는 것만으로 만족할 수 없는 것이 현실이다. 다시 그 명성을 찾을 수는 없는지 그 길은 무엇인지 모색하는 것이 추억보다 깊은 기억을 남기는 일이 되지 않을까.

차 한 잔의 여유 속에
꽃가꾸기를 즐겼던 이성계

무예에 뛰어났던 태조 이성계는 특히 활을 잘 쏴 '신궁'이라는 별명이 붙을 정도였다. 여진족과의 전투에서 화살 70발을 모두 얼굴에 명중시켜 쓰러뜨렸고 왜구와 벌인 접전에서는 왼쪽 눈만 17발을 맞혔다.

무려 30여 년 동안 전쟁터에서 단 한 번도 패하지 않았다는 이성계의 진가는 황산대첩에서 한층 빛을 발했다. 왜구를 이끌고 침공한 아지발도는 전신은 물론 목과 얼굴까지 갑옷으로 무장하고 있어 화살 하나 박힐 틈도 없었다. 이성계는 우선 화살로 투구의 끈을 끊어 빈틈을 보이게 한 뒤 다른 화살을 입 속에 꽂았다. 그밖에도 까마귀 5마리를 한 발로 모두 떨어뜨리고, 노루 사냥에서 동시에 2마리를 꿰뚫고, 사슴 사냥에서 약속대로 40마리 모두 등골만 명중시켜 잡고, 호랑이가 말 엉덩이로 오르려고 하자 한 발로 즉사 시키는 등 독보적인 신화를 이루고 있다.

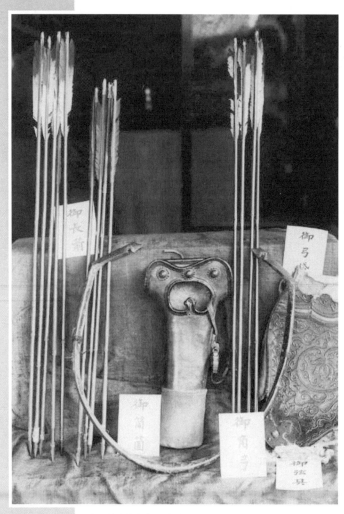

태조 이성계의 활과 장비 함경남도 함흥 소장

그런 이성계가 조선의 태조가 되더니 활을 다시는 잡지 않았다. 대신 그의 손에는 늘 찻잔이 들려있었다. 이성계는 경복궁 내에 다방(茶房)을 설치할 만큼 차에 깊은 관심을 가졌다. 다방은 이조 관할 관청으로 언제든지 차를 마시고 싶을 때 이용할 수 있는 다례를 담당하던 곳이었다. 무장의 눈빛을 가릴 필요도 없어 느긋해진 그는 술 대신 차 한 잔의 여유를 즐겼다.

사실 이성계의 유연해진 성격은 한성으로 천도하기 전 개성에 있을 때부터 드러났었다. 꽃에 매료되면서부터였는데 산책을 하던 중 따르던 환관의 말 한마디가 그 시작이었다.

"전하, 오늘처럼 볕 좋은 날에는 팔각정으로 거둥하셔서 꽃구경을 하심이 좋을 듯하옵니다."

팔각정은 궁궐 밖에 있는 정자로 고려왕실의 화원이었던 곳이지만 폐허나 다름없어 이성계는 반신반의하며 걸음을 옮겼다. 더군다나 평소 꽃이라면 사냥과 전투를 위해 산천을 달리며 말발굽에 스쳐가는 들꽃을 언뜻 본 것이 전부라 큰 관심이 없었다. 그러나 팔각정에 도착한 이성계는 새로운 세상을 보는 듯했다. 환관들이 그곳에 온갖 꽃을 심어두었는데 한눈에 반하고 말았다.

"오, 세상에 이토록 아름다운 꽃들이 지척에 있었다니 놀랍도다!"

크고 작은 꽃밭에는 홀아비꽃대, 구름꽃다지, 각시투구꽃, 풍선난초, 홀아비바람꽃, 두메양귀비, 금강초롱 등이 서로 아름다운 자태를 뽐내며 피어있었다. 이성계는 꽃들을 일일이 살펴보고 향기를 맡아가며 황홀경에 더욱 취해갔다. 꽃 이름에 대해 자세히 묻고 그 향기와 색에 대한 느낌을 피력하는 것도 잊지 않았다. 그럴 때마다 환관은 친절하게 알려주고 각각 어디서 가져온 꽃씨와 모종으로 개화가 된 것인지도 아뢰었다.

이성계는 잠을 쉽게 이루지 못할 만큼 감흥에 휩싸였다. 낮에 보았던 꽃들의 잎과 줄기 모양을 떠올리다가 사냥터를 누비던 시절을 더듬어보기도 했다. 사슴을 쫓던 중 목이 마르던 차에 마침 발견한 우물로 가보니 한 처자가 물을 긷고 있었다. 물 한 모금 청하자 처자가 내민 바가지 속에는 버들잎 하나가 떠 있었다. 행여 급히 마시다 얹힐까봐 그랬다는 말에 이성계는 그녀의 미색은 물론 마음씨까지 고와 눈을 뗄 수가 없었다. 알고 있는 버들잎이라고 하면 그 모양을 닮은 화살촉의 유엽전이 전부가 아니었던가. 그렇게 인연이 된 처자가 계비이자 조선시대 최초의 왕비가 되는 신덕왕후 강씨였다.

화살촉보다 부드러운 버들잎이 맺어준 강씨처럼 꽃은 또 어떤 인연을 만들어줄지 이성계는 설레어 이른 아침부터 환관을 찾았다.

"꽃들의 씨와 모종을 가져왔다는 가까운 곳이 어딘지 앞장서거라."

이성계는 민가를 지나서 야트막한 산과 들이 펼쳐진 곳에 이르렀다. 사실 그는 천도 때문에 골머리를 앓고 있는 중이었다. 한성으로 천도가 결정되었지만 궁궐이 들어설 그곳 백성들의 이주와 인력동원 문제가 걸림돌이었다. 그런 골칫거리를 모두 잊고자 나선 걸음이기도 했다.

이성계는 거둥한 것이 현명한 판단이었음을 새삼 깨달았다. 산과 들에 피어있는 은방울꽃, 미역취, 제비꽃, 자주꽃방망이, 매화노루발각지, 금꿩다리, 제비동자, 오랑비난초 등에 취해 시간 가는 줄 모르고 서성였다. 다양한 향기들은 모든 걱정거리를 덮어줄 만큼 황홀했다. 이성계가 흡족해하자 환관이 모두 거둬다 팔각정으로 옮기겠다고 아뢰었다.

"아니다. 이미 만개한 꽃은 그 자리에 있는 것이 더 좋을 게다."

이성계는 씨를 받아 심고 자라는 과정을 직접 보고 싶었다. 그것이 더 자연스러운 모습이라는 것을 알고 있었던 것이다. 그의 심성이 후대에까지 전해진 것인지 성종도 자연스러움을 추구하던 왕이었다. 12월 어느 날 장원서에서 영산홍 화분 하나를 올리자 겨울철에 피는 꽃은 인위적인 결과라며 고개를 내저은 일이 있었다.

이성계는 내친김에 팔각정의 보수공사부터 지시했다. 그런데 곧 천도를 할 텐데 이용가치도 없는 정자에 돈과 인력을 허비한다며 신하들이 반대하고 나섰다. 이성계는 꽃들이 더욱 돋보일 수 있게 심혈을 기울여 보수하라며 엄명을 내렸다.

이성계는 그 후 하루에도 몇 번씩 환관에게조차 알리지 않고 자리를 비우기 시작했다. 그의 행선지는 팔각정으로 씨와 모종에서 시작한 자기만의 꽃가꾸기에 심취해 있었던 것이다. 나중에는 환관도 잘 모르는 꽃의 이름과 습성까지 줄줄 꿰찰 정도가 되었다.

한성 천도 뒤에도 이성계의 꽃가꾸기 취미는 계속되었다. 화원에서 자신의 손길이 닿아 피어나는 꽃들을 감상하고 차 한 잔의 여유를 즐기는 나날이 이어졌다. 자식들 간의 권력싸움을 지켜봐야 했고 소요산과 함흥 등지로 떠돌게 되지만 그 전까지 유일한 안식이었다. 그러나 열흘 붉은 꽃이 없다(花無十日紅)고 재위 6년 만에 물러난 뒤 10년 후 74세로 눈을 감았다. 이성계의 상여는 흥복사(원각사 전신)에서 가져와 심은 수국으로 장식되었다고 한다.

이성계에게 꽃의 아름다움을 알게 해주고 팔각정 보수공사 책임을 맡았던 환관이 김사행이다. 경복궁의 설계자가 정도전이 아닌 그였다는 견해가 있고 격구를 정종에게 권한 장본인이라고도 한다. 경복궁 창건을 추진할 때 역사를 일으켜 백성들에게 고통을 가중시킨다고 여러 신하가 반대할 때 적극 추진할 것을 진언한 것도 그였다. 내시부의 제도를 정비하기도 했던 그는 그러나 제1차 왕자의 난이 일어났을 때 목이 날아갔다. 이성계의 뜻을 받들어 세자 이방석과 정도전의 노선을 따랐기 때문으로 이방원 세력에 의해 참수되었다. 그의 구체적인 죄목은 '왕을 부추겨 사치를 조장하고 대규모 공역(工役)을 일으켜 백성을 도탄에 빠지게 했다'는 것이었다.

이성계의 꽃가꾸기는 무장으로 살았던 과거를 달래려는 그만의 치유였을지도 모른다. 불현 그가 찻잔을 들고 여유를 마시면서 꽃구경 심매경에 빠진 모습이 그려진다.

밥과 술을 사먹으면
하룻밤 숙박비가 공짜였다

　머나먼 옛날 여행객들은 이불과 베개까지 챙겨가느라 짐이 산더미였다. 옷가지와 신발 그리고 세면도구 등 준비물이 많았는데 쌀은 물론 조리도구와 식기도 빼놓을 수 없었다. 여행기간에 따라 그 무게는 천근만근이 될 수도 있었다. 말과 노비를 부릴 수 있는 부잣집 양반이라면 그나마 부담이 덜하겠지만 한 가지만은 쉽게 해결하지 못했다.

　바로 잠자리 문제였는데 여행객들을 위한 전문적인 숙박시설이 전무해 지나던 마을 민가에서 묵어갈 수밖에 없었다. 헛간이라도 좋으니 하룻밤 신세져도 되겠느냐며 외딴집 방문을 두드렸다는 옛날이야기가 사실이었던 것이다. 여의치 않으면 한뎃잠을 자야만 했는데 밤이슬을 피할 수 있는 마땅한 곳이 없을 때는 개고생이었다.

　끼니와 잠자리를 해결해 줄 주막(酒幕)의 등장은 여행객들에게 희소식이었다. 속 든든한 장국밥에 술(탁주와 소주)까지 마실 수 있어

여독을 푸는 데도 그만이었다. 큰 고개 아래 길목, 장터, 나루터, 광산촌 등을 중심으로 생겨나기 시작한 주막은 우리나라 여관의 시초라고 할 수 있다. 흥미로운 것은 밥과 술을 사먹는 손님에게는 따로 방값을 받지 않았다.

주막에 딸린 방의 상태는 열악해서 거친 흙이 드러난 바닥에 짚으로 만든 거적을 깐 것이 전부였다. 나무베개를 하나씩 차지하고 누워 여럿이 혼숙도 했지만 노숙에 비하면 호사였다. 온돌방이라 추위 걱정은 없었는데 먼저 도착한 사람부터 아랫목을 차지했다. 과거길 양반을 위한 특실도 마련되어있었다. 그러나 양반을 위해서만 내주던 맛이 진한 방문주(方文酒)를 팔아주고 웃돈을 얹어준다고 해서 아무나 들 수는 없었고 권세 있는 자의 특권이었다.

여행객이 늘어나자 농부들마저 생업을 등지고 주막 운영에 나섰다. 그 결과 산촌에까지 생겨나 여행객뿐만 아니라 가난한 선비나 평민들 그리고 봇짐장수들이 한 잔의 술로 회포를 푸는 장소가 되었다. 주막이 언제부터 생겨났는지는 확실치 않지만 7세기 초 신라의 김유신이 출입했다는 경주의 술집 천관(天官)을 효시로 보고 있다. 11세기 고려 숙종 대 처음 등장했다는 해석도 있다.

여행객들은 우선 작은 솥단지와 이부자리 등의 짐을 덜 수 있었다. 그들에게 주막은 식량이 바닥났을 때 안도할 수 있는 충전소고 다시 길을 떠날 수 있게 해주는 쉼터였다. 그래서 요깃거리인 육포와 어포 그리고 짚신 등도 팔지 않았을까 추측할 수 있다.

조선시대에는 한성과 인천 중간지점인 현 서울시 구로구 오류동, 경기도 부천시 소사동에 주막이 많았다. 아침에 한성을 출발한 사람들이 허기가 질 무렵 도착하게 되는 곳이었기 때문이다. 영남지방에서 한성으로 가는 문경새재와 충청도 천안삼거리도 주막촌을 이루었다. 경상도와 전라도의 길목인 섬진강 나루터와 한지, 곡산물의 집산지 전주 등에서도 번성했다. 주막은 정보의 중심지 역할을 했으며 다양한 문화의 교류장이자 여행객에게는 휴식처이고 한량들이 찾는 유흥장이기도 했다.

조선시대 후기까지 성행하던 주막은 개항 이후 수많은 외국 상인이 들어오면서 사양길로 접어들었다. 내국인들마저 막 생겨나기 시작한 신식의 깨끗한 여관을 찾자 더 누추하게 여겨진 주막은 사라질 수밖에 없었다. 일제강점기가 시작되면서 아예 흔적조차 찾아볼 수 없게 되었다. 강에 다리가 놓이고 철도와 신작로가 건설된 것이 주원인이었는데 그 자리를 일본식 여관이 차지했다.

여관은 근대 서양식 호텔들에게 위상이 가려지게 되었다. 한성에서의 최초 서양식 호텔은 '손탁호텔'이 아니라는 주장이 있다. 황실에서 운영한 손탁호텔은 1902년에 신축이 이뤄졌고 정식 영업개시는 1909년 이후라고 한다. 아무튼 덕수궁 대한문 앞(현 서울시 중구 정동) '팔레호텔'과 서대문정거장 위(현 서울시 중구 충정로) '스테이션호텔'이 1901년 무렵 등장했으니 손탁호텔을 효시로 볼 수 없다는 것이다. 참고로 우리나라 최초 근대 서양식 호텔은 1888년 제물포에서 문을 연 일본인 호리 큐타로가 운영했던 '대불호텔'이다. 당시 조선과 한성을 드나들기 위한 주요 관문이 인천이었기 때문이다.

개항기 당시 여행객은 물론 외교관과 기업가 등 외국인들이 한성으로 몰려왔을 때 가장 불편해하는 것이 숙박시설이었다. 그들은

팔레호텔
미국인 사진여행가 엘리어스 버튼 홈즈가 찍은 호텔의 모습

자국의 외교공관이나 장기체류 중인 지인의 집을 이용할 수밖에 없
었다. 아니면 여관이나 재래식 화상실에 목욕시설도 없는 주막에
묵어야 했다. 유럽의 한 여행가이드북에는 한성의 게스트하우스는
공사관에 있다고 소개될 정도였다. 대한제국 시기 초 한성 주재 각
공사관들은 자국 여행객들의 숙소역할로 몸살을 앓아야 했다.

번듯한 숙박시설 하나 없던 한성에 등장한 서양식 호텔은 랜드마
크로 손색이 없었다. 팔레호텔은 프랑스인 마르텡 소유로 프렌치호
텔, 법국여관, 센트럴호텔로도 불렸는데 외국인의 평가는 썩 좋지
못했다. 그 이유는 샤워시설이 제대로 갖춰지지 않았기 때무이다
1908년 파리스호텔로 개칭되었다가 1912년 일본이 태평로를 확장
하면서 사라진 것으로 보고 있다.

한때 《독립신문》을 경영한 바 있는 영국인 엠벌리가 운영했던 스

테이션호텔은 서대문정거장에 있다고 해서 그 이름이 붙여졌다. 정거장여관이라고도 불렸으며 경인철도를 이용해 한성에 오는 외국인들이 주 고객이었다. 역세권을 자랑하던 그 호텔은 1905년 프랑스인 마르텡이 인수해 애스터하우스로 개칭했다. 당시 사람들은 마르텡의 한자 이름을 따 마전여관이라고도 불렀다. 호텔 자리에 있던 회화나무는 우람하게 자란 채 현재 농협중앙회 뒤에 서 있다.

근대 서양식 호텔의 선두역할을 했던 두 호텔 이후 여러 고급 숙박시설이 세워지기 시작했다. 그 후 한성은 경성, 서울이라는 변천과 함께 현대식 호텔을 갖춘 대도시로 발전해나갔다.

한미수호통상조약이 체결되고 다음 해인 1883년 주한공사가 조선에 오자 친선사절단이 미국에 간 일이 있었다. 전권대신 민영익, 부대신 홍영식, 종사관 서광범 등 8명이었는데 샌프란시스코 팔레스호텔에 묵게 되었을 때였다. 엘리베이터를 난생처음 탄 그들은 옥에 갇힌 줄 알고 당황할 수밖에 없었다. 문이 철책처럼 생겨 벌어진 일인데 엘리베이터가 흔들리며 올라갈 때는 비명까지 질렀다고 한다.

그로부터 수 년 후 조선에도 어엿한 호텔이 생겼으니 그때 가슴을 쓸어내리던 기억을 조금이나마 위로받지 않았을까.

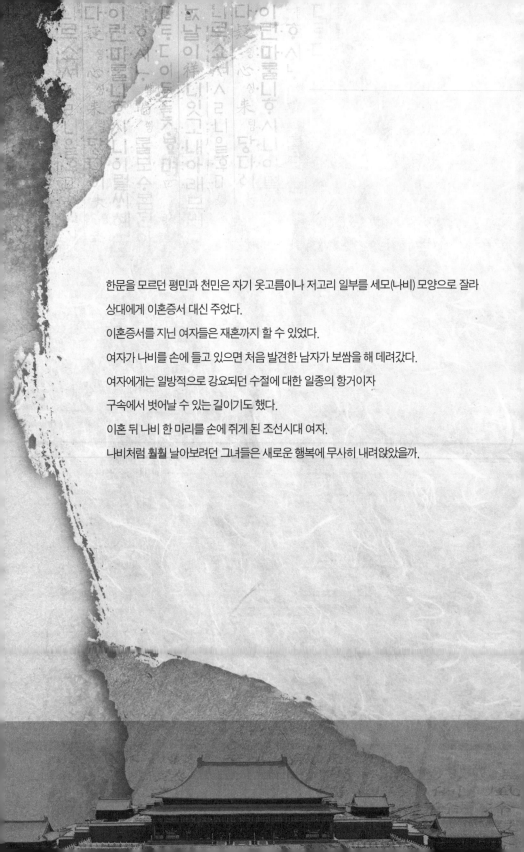

한문을 모르던 평민과 천민은 자기 옷고름이나 저고리 일부를 세모(나비) 모양으로 잘라

상대에게 이혼증서 대신 주었다.

이혼증서를 지닌 여자들은 재혼까지 할 수 있었다.

여자가 나비를 손에 들고 있으면 처음 발견한 남자가 보쌈을 해 데려갔다.

여자에게는 일방적으로 강요되던 수절에 대한 일종의 항거이자

구속에서 벗어날 수 있는 길이기도 했다.

이혼 뒤 나비 한 마리를 손에 쥐게 된 조선시대 여자.

나비처럼 훨훨 날아보려던 그녀들은 새로운 행복에 무사히 내려앉았을까.

3장

진실과 삶을 담다

조선 매관매직의 끝판 왕 고종

한국사에서 매관매직(賣官賣職)이 성행했던 시기는 조선왕조였다.

명종 대 첩 정난정과 함께 비참한 최후를 맞았던 윤원형이 우의정에 올랐을 때의 일이다. 그에게 재물을 바쳐야만 말던 벼슬이라도 살 수 있는 판국이었다. 막대한 부를 축재한 그의 저택은 왕실에 버금갔고 도성 안에 13채나 되어 사치스럽고 웅대함이 끝이 없었다. 재물을 쌓아둘 곳이 없어 집 앞에 저자를 열어 팔았다고도 한다.

광해군이 임진왜란으로 소각된 궁궐의 재건공사를 시작할 때 비용 대부분을 백성들이 부담할 수밖에 없었다. 불평불만을 잠재우려고 돈, 토지, 목재, 석재 등을 바친 백성에게 벼슬을 내렸다. 상납하는 재물의 가치에 따라 통훈대부 등의 벼슬을 주는 일까지 생겨났다. 지응곤과 왕명회가 조도사 자격으로 지방을 순회하며 벼슬행상도 벌였다. 전국에서 세태를 조롱하는 '한효순은 광해군에게 산삼을 바쳐서 일약 정승에 오르고 이충은 잡채를 바쳐 호조판서가 되었다'는 말들이 유행되었다. '산삼정승'과 '잡채상서'를 풍자하는 시도 만들어졌다.

산삼정승을 사람들이 다투어 사모하고 (山蔘閣老人爭慕)
잡채판서의 세력은 당할 이가 없구나 (雜菜尙書勢莫當)

광해군 곁에서 안주인 행세를 하고 있던 상궁 김개시의 전횡은 하늘을 찔렀다. 광해군 앞에 나서려면 뇌물을 들고 그녀를 거쳐야 했으며 승은을 바라는 궁녀들 역시 마찬가지였다. 재물의 정도에 따라 벼슬의 높낮이와 인사의 재가여부가 결정되기도 했다. 평안도 운산 군수 후보자 서너 명이 각자 조정에 줄을 대고 있어 몇 개월이 넘도록 광해군이 재가를 내리지 못하고 있을 때였다. 그중 한 사람이 대규모 전답을 팔아 김개시에게 갖다 바치자 곧바로 임명되었다.

윤선도 등이 조정의 부패와 흉흉해진 민심을 구하기 위해 김개시를 엄히 다스릴 것을 상소했지만 광해군은 듣지 않고 오히려 그들을 귀양 보냈다. 그녀가 끌어 모은 재물들을 궁궐 재건사업에 내놓았기 때문이다.

광해군의 몰락을 지켜봐서인지 인조는 대신들에게 '예로부터 나라가 위태로워지는 것은 대부분 토목공사 탓이었고 매관매직을 하는 데서 비롯되기도 했다'며 경종을 울렸지만 부조리는 사라지지 않았다. 정조 대 곡식을 바치면 벼슬을 주던 일이 있었는데 시독관 이재학이 '매관매직과 같은 어긋난 정책이 없었던 시대가 전무했다'고 아뢸 만큼 동서고금을 막론하고 일종의 관행처럼 이어져 왔다.

매관매직은 조선왕조 중에서도 고종 대가 가장 극에 달했다. 어린 고종을 왕위에 앉힌 흥선대원군이 섭정하던 시절 본격화된 것이 원납전(願納錢)이었다. 경복궁 중건공사의 재정을 위한 기부금으로 양반과 평민 가리지 않고 대가로 벼슬을 주었다. 참봉 임명 값으로 3만 냥을 요구받는 일도 있었는데 그렇게 억지로 떠안은 벼슬을 '벼락감투'라 했다. 갑자기 얻어서가 아니라 벼락 맞은 듯 졸지에 가산을 탕진한다는 뜻에서 빗댄 말이다.

아버지 흥선대원군을 능가하는 것이 고종으로 과거시험 합격증을 팔아먹은 일화는 유명하다. 생원·진사시(소과와 대과) 가운데 소과의 급제자를 정원 외 1백 명을 더 늘렸다. 1인당 2만 냥씩 받아 총 2백만 냥을 챙길 수 있었기 때문이다. 예상보다 수월하고 쏠쏠하다고 여겼는지 고종은 몇 년 후 생원과 진사 1천 명을 선발할 때도 같은 수법을 썼다. 추가로 2백 명을 선발했는데 바닥난 내탕전을 충당하기 위해서였다. 내탕전은 왕이 사사로이 쓰는 용돈으로 역시 자기 주머니를 채운 셈이었다.

고종에게 있어 생일은 그야말로 두둑한 용돈벌이로 최적의 날이었다. 고종의 생일에 각 지방에서 봉물을 바쳤는데 호조판서 민영환이 먼저 경상도감사 김명진이 올린 물목을 설명했다. 얇은 비단과 황색 모시 각 50필이 전부라는 사실에 고종은 대조하고 있던 물목을 휙 던져 버렸다. 이번에는 이조판서 민영수가 나서 전라도감사 김규홍이 바친 물목을 올리자 고종의 얼굴빛이 환해졌다. 물목에는 질 좋은 비단을 비롯해 백동, 놋그릇 등등 수십 가지 물품이 수량 넉넉히 적혀있었다. 물러나온 민영환은 김명진의 물목에 자기 돈 2만 냥을 보태 바칠 수밖에 없었다. 김명진이 바로 자신의 장인이었기 때문이다.

고종에게 민영환은 일종의 물주나 봉이었는지 매번 주머니를 털어갔다. 고종의 총애를 받고 있던 민영환은 외숙부 서상욱에게 군수자리를 내달라고 여러 번 주청한 일이 있었다. 고종은 벼슬을 내릴 것처럼 말하면서도 차일피일 미뤄 민영환이 다시금 알현한 자리에서 간곡히 청했다. 고종이 선뜻 전라도 광양군수를 하사하자 민영환은 기쁜 마음에 귀가해 어머니 앞에서 성은이 망극하다며 감격해했다. 어머니는 고종이 말단 벼슬이라도 그냥 내린 적이 있느냐며 오히려 민영환을 어리석다고 꾸짖었다.

"그런 임금이 어찌 네게만 특별히 은덕을 베풀었겠느냐. 내가 이미 오만 냥을 바쳤기에 망정이지 어림도 없었을 게다."

고종 대 문신 김윤식의 시문집 《운양집》에 당시의 세태를 담은 시가 실려있다.

삼여의 등불 아래서 고생함이 (三餘燈下苦)

장사로 이익 거머쥠만 못 하네 (不及操奇贏)

힘을 써서 조수 타고 나갔다가 (努力乘潮去)

돌아오면 오마의 영광 누리네 (歸來五馬榮)

여기서 '오마의 영광'은 5마리 말이 끄는 수레로 곧 명성 높은 벼슬아치를 비유한 것이다. 돈을 번 상인이 나갔다가 수령이 되어 돌아온다며 매관매직을 풍자하고 있다.

고종 대 문인 황현에 따르면 당시 '관찰사 자리는 10만 냥에서

공명첩

1905년 발급된 공명첩으로 임명장과 달리 이름을 적는 난이 비어있으며,
정3품 통정대부에 올려준다는 글만 보인다. 문서 끝 주기에 적힌 숙릉(淑
陵)의 잡초 제거를 감독한 자에게 특명으로 품계를 올려준다는 내용으로
보아 고종의 명에 의해 작성된 것임을 알 수 있다.　국립중앙박물관 소장

20만 냥 정도 되었고 일등 수령은 최소 5만 냥 이하를 내려가지 않
았나'고 한다. 문제는 내부분 빚을 낸 돈으로 부임 후 갚을 길이 없
자 공전(公錢)에 손을 댔다는 것이다. 공전은 개인 소유가 아닌 중앙
과 지방관서에서 비축한 자산으로 공적인 돈이었다. 더 큰 문제는
돈으로 벼슬을 산 지방관리나 수령 등이 본전이라도 건지기 위해
백성을 착취하고 개인재산을 축적한다는 점이었다. 정부에 납부할
세수를 횡령해서 재정부족을 초래하기도 했다.

　돈이 있어도 벼슬을 쉽게 살 수 없었던 상황도 벌어졌는데 공급
이 부족했기 때문이다. 이미 돈을 지불했어도 웃돈을 얹는 자가 있
으면 그에게 벼슬이 돌아갔다. 그래서 사정을 모른 채 부임하던 길
에 되돌아오거나 며칠 되지 않아 해임되는 촌극도 벌어졌다. 그 때
문에 벼슬 한번 사려다가 가산을 탕진하는 이가 부지기수였다.

고종은 공명첩(空名帖)의 난발로 매관매직의 고리를 이어갔다. 공명첩은 숙종 대 이후 시행되었던 일종의 매관직첩으로 부유층에게서 재물을 받고 형식상의 벼슬을 주던 임명장(帖)이다. 일반적인 임명장과 달리 이름을 적는 난이 비어(空名)있다. 예를 들어 정3품 통정대부에 올려준다는 글만 적혀있는 양식이다. 공명첩을 받은 사람은 허울뿐인 관직이라 실무와는 무관했다. 엄격한 신분사회에서 양반이 되고자 갈망하는 심리를 이용한 것이다. 매관매직을 더욱 조장했으며 조선시대 후기 신분제도가 붕괴된 중요한 요인 가운데 하나로 보고 있다.

고종의 비 명성황후 민씨 역시 매관매직에 매달렸는데 세수확보의 측면도 있지만 비자금 마련이 더 큰 목적이었을 것이다. 그 중심에는 두 사람이 함께 누린 사치가 있었다. 표범가죽 깔개 위에서 고가의 커피를 즐기던 고종은 평안도 운산 금광채굴권을 헐값으로 미국에 팔아 자동차를 구입한 바 있었다. 즉위 40주년에는 미국 공관을 통해 캐딜락 한 대를 황실용으로 들여오기도 했다. 민씨는 유독 관심을 갖고 있던 보석의 구입 등 사치를 위해 유용한 금액이 정부 재정의 1/6에 달할 정도였다.

지난 2015년 조선시대 매관매직에 관련된 문서가 처음으로 확인된 바 있다. 국립민속박물관이 소장한 유물을 정리하면서 돈으로 벼슬을 거래한 증표인 임치표를 발견한 것이다. 벼슬을 판 사람이 안태환으로 최말단 관직인 참봉을 4,250냥에 거래했는데 현재의 화폐단위로 환산하면 약 8천만 원 정도로 추정된다고 한다. 《승정원일기》를 통해 그가 고종 대의 실존 인물임이 확인되었다.

왕은 왜 상궁들이 지켜보는데
왕비와 잤을까

왕과 왕비의 합방은 단순히 애정을 확인하는 시공간이 아니었다. 두 사람은 반드시 적통(嫡統)의 왕자를 낳아 순조로운 왕위계승을 이뤄야 했다.

조선시대 역대 왕과 왕비 사이에서의 아들 출산은 결코 순조로운 일이 아니었다. 그래서 왕비의 생리일을 계산해 합방날짜를 정하기까지 했는데 합궁의 과정조차 까다로웠다. 왕은 상궁의 안내로 교태전에 가서 여러 개 방 가운데 한 곳으로 들어갔다. 방이 많은 이유는 왕의 호위 때문이었다. 방 주변에 9개나 되는 일명 '둘레 방'이 있어 왕의 위치를 쉽게 찾을 수 없게 한 것이다.

주안상을 물리고 왕비 곁에 누웠다고 해서 마음 편히 정사를 나눌 수도 없었다. 많은 빈방 가운데 한 곳이라 두 사람만의 호젓한 공간일 것 같지만 주변 3곳의 다른 방에는 상궁들이 숨죽이며 대기하고 있었다. 그녀들은 살아있는 닭을 준비한 채 왕의 행동 하나하나를 주시했다. 행여 왕이 쓰러지기라도 하면 신속히 닭의 피를 먹여야했기 때문이다. 자연스러운 분위기와는 거리가 먼 합방이지만 다행히 잉태를 하면 나라의 경사였다. 염원과는 달리 왕비의 몸에서 아무런 소식이 없을 때는 왕실과 조정은 초조할 수밖에 없었다.

헌종과 비인 효현왕후 김씨 사이에 자식이 없어 조정대신들이 머리를 맞대고 고민할 때의 일이다. 고심 끝에 대신들이 입을 모아 주청했다.

자궁이 허해 경도(생리)가 어그러져 생산이 불가능할 때는 모두 맥을 먼저 확인하옵니다. 그래서 그 근본을 알아내어 종옥탕, 임자환을 쓰고 보혈도기(補血道氣)할 약을 쓰면 자연히 치료되어 수태하는 경우가 십중팔구이옵니다. 중전마마께서는 춘추 성하시기에 영약을 쓰면 효과가 반드시 있을 듯하옵니다.

김씨는 끝내 꿈으로 부른 배 한번 어루만져보지 못한 채 16세로 병사했고 그 후 계비로 맞이한 것이 효정왕후 홍씨였다. 효현왕후 김씨가 생리불순으로 쉽게 잉태하지 못했는데 홍씨 경우는 생리 자체 때문에 자신의 운명마저 좌우하게 되었다. 첫날밤 헌종이 찾아오자 그녀는 방문을 부여잡고 막아섰다. 헌종이 당황해 이유를 묻자 방 안에서 그녀의 목소리가 나지막이 새어나왔다.

"송구하옵니다만 월객(月客, 생리)이 찾아왔으니 오늘은…"

합방 전에 신부의 몸을 확인하지 않았는지 허탈한 모습으로 돌아서야 했던 헌종은 그녀를 냉대하게 되었다. 야사의 냄새가 살짝 나는 이야기지만 어쨌든 헌종이 가까이 하지 않자 2년이 넘도록 홍씨에게 태기가 보일 리 없었다. 헌종은 후궁인 경빈 김씨에게서도 자식을 두지 못하자 조급해졌다. 그는 아들을 보겠다는 일념으로 궁녀들과 무리한 정사를 벌였고 결국 면역력이 떨어진 육체에 병이 들어 얼마 후 숨을 거뒀다.

왕이 왕비에게 후사를 보지 못하면 후궁에게서라도 희망을 가져볼 수밖에 없는 것은 당연지사였다. 후궁이 낳은 아들이 정치적으로 더 큰 파문을 낳기도 했다.

숙종은 블랙 푸드(흑우, 흑염소, 오골계, 검은콩 등)로 몸보신하며 희빈 장씨와 한겨울에도 부채를 곁에 두고 사랑을 나눴다. 서인 출신의 인현왕후 민씨가 잉태도 하지 못하는 상황에서 블랙 푸드로 다져진 숙종이 희빈 장씨만을 품자 불안에 떠는 무리들이 있었다. 바로 서인들로 희빈 장씨가 아들이라도 생신한다면 자신들의 앞날은 불투명해질 수밖에 없었다. 우려는 현실이 되어 희빈 장씨가 마침내 아들(경종)을 낳았다. 두 사람의 합궁은 비록 교태전을 벗어난 일이었지만 애정과 함께 의무감도 나눈 셈이었다.

후궁에게서라도 아들을 보겠다는 왕의 간절함은 훨씬 전인 명종 대 역시 사정이 다르지 않았다. 명종은 아들을 잘 낳는다는 여자만 있으면 신분고하를 따지지 않고 잠자리로 불러들였다. 신분이 천할수록 쉽게 잉태한다는 말에 무수리 가운데 하나를 고르기도 했다. 그렇게 선택된 후궁이 숙의 정씨였지만 잉태의 기미가 전혀 보이지 않자 실망감에 그녀를 찾지 않았다.

숙의 정씨는 왕의 아들을 낳아야 자신도 세력가가 된다는 야욕에

교태전
왕비의 침전

꿈수를 부렸다. 치마폭으로 해를 받는 태몽(왕자 출산)을 꾸었다며 오
라버니에게 전하게 했다. 명종은 기뻐서 정씨에게로 달려갔고 대를
잇겠다는 집념 아래 7월 한여름 밤의 정사에 깊이 빠져들었다. 두
사람은 아들이라는 목표까지 있어 열정이 최고조였지만 명종에게
는 마지막 희락이었다. 명종은 그 어떤 고명도 남기지 못한 채 그날
밤 급서했다. 왕비와의 합방이 아니었기에 생닭을 들고 대기하던
상궁도 없는 고요한 밤이었다.

조선시대 왕들이 목숨까지 내놓을 만큼 아들에 집착했던 것은 왕
위계승의 우선권이 적자(嫡子)에게만 있었기 때문이다. 물론 명종
대 대가 끊어지고 덕흥군(중종의 7남) 이초의 3남인 선조가 즉위하면
서 왕위계승자는 적자에서 방계(傍系, 동일 시조에서 갈린 다른 계통) 출

신으로 넘어가게 되었다. 그러나 그 후로도 왕위계승 1순위의 자격 만큼은 변하지 않았다. 왕비와의 합방이 무엇보다 중요한 왕실과 나라의 큰 행사일 수밖에 없었다.

왕비는 물론 후궁에게서도 소식이 없으면 조정에서는 발 빠른 움직임이 시작되었다. 영의정을 필두로 내의원도제조, 판내시부사, 제조상궁 등이 모인 대책반은 우선 왕비의 몸 상태부터 점검했다. 그전에 이미 합방을 바라는 대신들과 전국 유생들의 상소가 쌓인 상태라 왕은 심리적 압박에 거부조차 못 하는 씨말과도 같은 신세였다. 《동의보감》과 《소녀경》의 방중술까지 총동원되어 정해진 일종의 매뉴얼에 따라 왕은 움직여야 했다. 왕비의 가임기간을 계산해 합방날짜가 정해지면 상궁들이 지켜보는 가운데 왕자를 낳기 위한 막중한 의무가 거행되었다.

왕이 가장 꺼려하던 것이 바로 그 절차였다. 마음과 몸이 동해 어체를 찾는 것이 아니라 자정이라는 정해진 시간을 지켜야 했다. 천지의 음기가 정점에 오르는 때로 그 뒤부터 양의 기운이 생기기 때문이었다. 더더욱 내키지 않았던 결정적인 이유가 또 있었다. 상궁들 말고도 가장 가까운 옆방에는 내의원에서 특별 파견된 관원이 합궁의 순서를 불러주기 위해 머물고 있었다고도 한다.

"전하, 우선 중전마마의 아랫입술을 핥으며 빨고 아랫배를 천천히 문지르시옵소서… 이제 더 깊이 들어가 어루만지고 가슴이 손바닥 가득 차게 부풀면 배 위에 올라타시옵소서… 목을 감싸 안을 때 중전마마께서는 전하의 옥경을 단혈(丹穴) 안으로 천천히 넣으셔야 되옵니다… 결정적인 순간이면 전하께서는 옥체를 약간 뒤로 빼서

방사를…"

왕은 정사(政事)든 정사(情事)든 마음대로 쉬었다 이어가거나 변화를 주지도 못하는 처지였다. 새벽인 줄 안 닭이 크게 울기라도 하면 산통이 깨질 수도 있었다. 어느 왕이 그처럼 부자연스러운 시공에 기꺼이 들기를 원했을까. 자유롭게 즐길 수 있는 후궁의 처소를 더 자주 찾게 되는 빌미가 되었는지도 모른다.

그런 면에서 후궁의 속살 속에서 흥청거리며 자유로웠던 영혼 가운데 한 사람이 연산군이었다. 그는 사냥에서 잡은 노루의 생식기를 정력제로 선호했는데 날고기도 좋아해 하루에 소 7마리를 잡게 한 적도 있었다. 모두 오직 한 여자를 위한 것으로 그런 날이면 총애하던 장녹수를 찾아가 음란행위로 밤을 샜다. 폐군과 폭군이라는 불명예를 남긴 그였지만 한 가지 면에서는 누구보다 행복했으리라. 그러나 왕비에게서 얻은 아들은 왕위계승의 기회조차 얻지 못한 채 폐세자가 되고 말았다. 유배를 가서 10세의 나이로 사사되기까지 했으니 미완의 정통만을 남긴 채였다.

적통의 왕자가 없는 경우 사직의 존망마저 위태로웠기에 왕과 왕비의 합방은 국가지대사였다. 하지만 조선시대 대부분의 왕들은 공개되고 규격화된 하룻밤이 달갑지 않았을 것이다. 자연스러움의 추구는 과거나 현재나 인간이 품은 공통의 미학이 아닐까.

멀고 먼 유배길 경비를
죄인이 부담했다

　귀양살이를 하는 유형(流刑)은 최악이거나 반대로 최적의 형벌일
수 있었다. 조선시대의 형벌제도에는 명나라 형법 대명률(大明律)을
따라 태형·장형·도형·유형·사형이 있었다. 태형과 상형은 매로 죄
인의 볼기를 치는 것이고 도형은 강제노역이며 사형은 말 그대로
목숨을 거두는 형벌이었다.

　유배형이라고도 불린 유형은 평민과 노비들도 해당되었지만 대
부분 반역 등을 범한 정치범에게 적용되던 형벌이라 양반들이 주
대상이었다. 유형에 처해지면 일단 장형 1백 대가 반드시 부가되었
는데 장유 또는 장배라고 했다. 매를 맞고 유배지로 가던 도중에 죽
는 경우도 더러 있었다. 무오사화의 근원이 된 김종직의 제자 표연
말은 연산군에게 미운털이 박혀 김일손 일파와 함께 장형 후 유배
를 떠났지만 도중에 장독을 견기지 못하고 죽었다. 광해군 대 시인
권필은 '궁류시(宮柳詩)'를 통해 왕비 유씨 일가의 전횡과 비리 등을

적나라하게 비판하다 국문을 당했다. 국문 도중 뜻을 굽히지 않은 그는 심한 고문과 매질로 초죽음이 된 채 유배지로 실려갈 수밖에 없었다. 동대문 밖에 이르렀을 때 그를 불쌍히 여긴 사람들이 너도 나도 술을 내밀었다. 장독의 고통을 잊고자 주는 대로 받아 마신 그는 다음 날 죽고 말았다.

유배를 보내는 거리에 따라 2천리, 2천 5백리, 3천리로 나누었는데 한성을 중심으로 해당 지역이 없다는 것이 문제였다. 우리나라를 '삼천리 금수강산'이라고 하지만 남쪽 땅 끝에서 북쪽 땅 끝까지를 어림잡은 거리에 불과했고 출발지를 정하기에도 모호했다. 광활한 중국 땅을 기준으로 만든 법 그대로 수정 없이 따른 불찰이었다. 그래서 한동안은 그 거리를 맞추기 위해 죄인을 다른 곳으로 빙빙 돌게 한 뒤 유배지로 보냈다. 함경도 경흥으로 유배를 떠날 경우 일단 경상도 부산포로 내려가 동해안을 따라 다시 북상한 뒤 유배지에 도착하게 하는 식이었다. 결국 세종 대 죄의 등급과 거주지 등을 고려해 2천리를 고을로부터 6백리, 2천 5백리는 7백 5십리, 3천리는 9백리로 정하게 되었다.

유형에는 비교적 가벼운 부처와 그보다 무거운 안치가 있다. 부처는 일정한 지역을 정해놓고 그 안에서만 살게 하는 것으로 가족 동반을 허락하기도 했다. 반면 안치는 행동의 제한이 많았고 주로 왕족이나 고위관직을 지낸 사람들에게 적용되었다.

안치에는 여러 종류가 있어 죄가 무거울수록 조건이 나쁘고 거리도 멀어졌다. 죄가 가벼울 경우 자신의 고향에서 연금생활을 하게 했는데 본향안치라고 했다. 그 다음이 먼 변방에 두는 극변안치로 순조 대 천주교도를 박해한 사건인 '신유박해'에 연루되어 전라도 강진으로 귀양을 가야만 했던 정약용이 해당된다. 그는 유배 동안에도 제자들 양성은 물론 백성들의 고단한 삶까지 헤아린 결과 《경세유표》, 《목민심서》, 《흠흠신서》 등 많은 저서를 남길 수 있었다. 비교적 출입과 신체적 자유가 허용되었기 때문에 가능한 일이었다. 한편 함께 유형을 받았던 둘째 형 정약전은 전라도 흑산도에서 유배생활을 했는데 먼 섬에 두는 절도안치에 속했다. 주로 흑산도를 비롯해 남해의 제주도와 거제도 그리고 함경도와 황해도의 섬들이 이용되었다. 안동 김씨의 세도정치 속에서 제주도로 유배를 간 추사 김정희에게는 위리안치라는 더 혹독한 처벌이 더해지기도 했다.

위리안치는 출입 등을 더욱 엄격히 제한하는 형벌이었다. 가시나무(주로 탱자나무) 등으로 도주방지용 울타리(높이 약 5~9m)를 친 처소 안에서만 생활하게 했다. 역시 주로 왕족이나 고위관직 출신 등 정치범에게 해당되었다. 중종반정으로 폐주 신세가 된 연산군이 유배를 간 곳도 강화도 위리안치 속이었다. 가시울타리에는 늘 잠긴 상태의 작은 문이 하나 있을 뿐 관에서 음식물이나 옷가지 등을 넣어주기 위한 구멍만이 세상과 통할 수 있는 유일한 통로였다. 위리안치는 가족에게서 암암리에 별도의 생필품과 음식물을 받을 수도 있었지만 완전한 자유와는 거리가 멀었다. 인조반정으로 폐위된 광해군도 강화도 위리안치 속에서 회한의 눈물을 흘려야 했다. 천극안치는 더 무거운 형벌로 죄인이 기거하는 방 둘레에도 가시울타리를 덧대어 햇빛조차 보지 못하게 했다.

유형은 노역이 없어 현재의 무기금고인 셈인데 특별사면으로 풀려나기도 했지만 대부분 죽을 때까지 살 수밖에 없었다. 그런데 태종 대 심한 가뭄과 갑작스런 천둥이 쳐서 유형에 처한 죄인들을 용서해 석방했다고도 한다.

　죄인은 유배지에 도착하기까지 본인은 물론 호송관들의 숙식비를 자비로 지불해야 했다. 규정상 하루 80~90리를 이동하는데 수십 일이 소요되기도 해서 적지 않은 비용이 들었다. 고위관직 출신일 경우 체면치레로 호송관들을 후하게 대접하려는 분위기 탓에 부담은 가중되었다. 선조 대 판중추부사 홍성민은 실각한 정철의 일당으로 몰려 함경도 부령에서 귀양살이를 하게 되었다. 그는 음식물과 옷가지에 말 6필까지 장만하느라 가산을 모두 탕진해버렸다. 한편 정해진 기일까지 유배지에 도착하는 것이 원칙인데 어길 시에는 불이익이 따랐다. 현종 대 영의정 허적의 횡포를 비판하다가 함경도 갑산에 유배된 사간원헌납 윤경교는 7일 정도 지체해 추가징계를 받았다.

　모두가 유배를 삶의 마지막이라고 여기지는 않았다. 사면이 예상되고 실각했지만 아직 여력과 영향력이 남아있는 자에게 유배는 유람이 될 수도 있었다. 경종 대 윤양래는 주청부사로 청나라에 갔다가 경종의 병약함을 발설한 죄로 함경도 갑산에 위리안치 되었다. 그는 지나는 고을마다 수령으로부터 얼마나 물품과 노잣돈을 받았는지 그 무게 때문에 나귀가 넘어졌다고 한다. 선조 대 문신이자 의병장이기도 했던 조헌은 동인의 전횡을 지적하다 함경도 길주로 유배가게 되었다. 그는 잠시 쉬던 중 안변부사와 술판을 벌이고 활쏘기를 즐기다 다음 날 출발하지 못했다. 광해군 대 이항복은 유폐된 인목대비의 서인 강등 주장에 맞서다 함경도 북청으로 귀양살이를 가던 중 기녀들 집에서 여유롭게 묵기도 했다. 그 가운데 기녀 조생의 경우 유배 중이던 윤선도와 술자리에서 드러난 총명함이 한성까지 알려져 있던 터라 여봐란 듯이 그녀를 만났던 것이다.

그러나 극히 일부가 누리는 특권이자 일탈일 뿐 대부분은 고난의 길이었다. 유배지까지는 말을 이용했는데 장형의 후유증이 심한 죄인은 우마차에 엎드려 갔을 것으로 추측된다. 장마와 폭설 등으로 발이 묶여 지체되고 산적과 호랑이의 출몰로 목숨까지 위협받는 일도 있었다. 육지가 아닌 흑산도나 제주도와 같은 외딴섬으로 갈 경우 풍랑을 만나 물고기 밥이 되기도 했다.

유배지에 무사히 도착했다고 안심할 수만은 없었던 것이 의식주를 걱정해야 했기 때문이다. 이미 유배지로 오기까지 들인 비용에 현지의 야박한 사정으로 이중고가 될 수밖에 없었다. 위리안치의 경우 관에서 초가와 식량 정도는 제공하지만 그 외는 고을 수령이 지정한 곳에서 살아야 했다. 보수주인(保授主人, 죄인을 감호하는 집 주인)을 정해 죄인의 먹고 사는 문제를 해결해주었지만 그들이 불청객이자 군식구를 반가워할 리 없었다.

주로 양인들 집에서 더부살이를 했는데 빈털터리 죄인은 노골적으로 배척하는 일이 비일비재했다. 정조 대 왕의 수족과 같았던 대전별감을 지낸 안조환이 추자도로 유배를 갔을 때였다. 아무도 그를 맡으려하지 않아 관워이 억지로 한 집에 배정하자 주인이 살림살이를 내던지며 안조환에게 욕설까지 퍼부었다. 안조환은 별 수 없이 처마 밑에서 단벌의 옷에 이불도 없이 지내면서 찬밥 한 덩이라도 얻어먹기 위해 마당을 쓸고 쇠똥까지 치우며 굽실거려야 했다. 나중에는 그마저 어려워지자 마을을 떠돌며 빌어먹는 신세가 되고 말았다. 왕비의 어머니라고 예외는 아니어서 광해군 대 노씨(인목대비의 모)는 유배지에서 술을 빚어 팔아 겨우 입에 풀칠할 정도였다. 역시 광해군 대 인목대비 김씨의 폐비론에 반대하다 강원도 홍천에서 유배생활을 하게 된 영의정 출신 이원익도 돗자리를 짜며 연명한 일이 있었다. 윤선도는 직접 농사를 지으며 고통의 시간을 견뎌냈다.

정약용은 그나마 호인을 만나 전화위복이 되었다. 처음 강진에 도착했을 때 경계하는 사람들 때문에 힘이 들었다고 한다. 그들은 멀리서 구경만 하거나 피하듯 도망치기 바빴는데 정약용은 '북쪽바람 눈 휘몰아치듯 나를 몰아 머나먼 남쪽 강진에 던져놓았구려'라며 심정을 글로 남길 만큼 참담했다. 그러나 유일하게 따뜻이 맞아준 읍내 한 늙은 주모의 도움으로 주막 단칸방에서 살게 되었다. 정약용은 그 방을 '사의제(四宜齋)'라 부르며 위축된 마음을 가다듬을 수 있었다. 사의재는 생각은 순수하게, 외모는 위엄 있게, 말은 과묵하게, 행동은 신중하게 하겠다는 뜻으로 유배 중에도 제자를 양성하고 여러 저서도 남길 수 있는 밑바탕이 되었다.

위리안치 된 죄인은 가장 최악의 세월을 견뎌야 했다. 유배지 경내를 벗어나지 않으면 비교적 자유로웠던 보통의 유배와 달리 가시울타리 안이 세상의 전부였다. 바라지를 해줄 사람이 없는 경우 10일에 한 번 넣어주는 음식물과 우물물이 유일한 영양분이었다. 햇빛과 바람조차 제대로 들어오지 않아 한 해를 넘기기도 전에 병이 들거나 심지어 목숨을 잃는 일마저 생겨났다. 사람들이 산 무덤이라 부를 정도였으니 죄인은 살아도 산 목숨이 아니었던 것이다.

세종 때문에
조선에서 무슬림이 사라졌다고

세종 9년(1427) 1월, 세종이 근정전에서 조하(朝賀, 경축일에 왕에게 하는 하례의식)를 받는 날이었다. 생김새가 다른 이방인도 있었는데 과연 그들은 누구였을까. 《세종실록》에 따르면 그날 나라에 공이 많은 원로들과 승려 그리고 여진인과 일본인 등이 참석했고 귀화한 '회회인(回回人)'도 있었다.

회회인은 조선시대 전기까지 무슬림을 지칭하던 말이었다. 보통 아랍인을 포함해 중앙아시아의 투르크족인 위구르인들을 의미한다. 당시 그들은 조선에 살면서 나라의 중요 행사에도 모습을 보였다. 세종의 즉위식 때도 참석했는데 그날 '회회인들이 뜰에 들어와 송축(頌祝)했다'는 기록이 있다. 이 '회회송축'에서 무슬림들은 이슬람식 기도로 나라의 안녕과 왕의 만수무강을 축원했다. 그때 《코란》을 암송했다고 보는 학자들도 있다.

아버지 태종 대 역시 그 흔적들을 찾아볼 수 있다. 무슬림 도로(都

老)가 처자식을 데리고 와서 귀화를 원하자 태종이 집을 마련해주었다. 도로는 성은의 보답인지 자기 나라 수정으로 모자 꼭대기에 다는 구슬을 만들어 진상했다. 그 솜씨가 놀라워 태종이 칭찬하자 그는 한 가지 제안을 해왔다. 전국을 두루 다닐 수 있게 해주면 반드시 조선에서 더 좋은 수정을 얻을 수 있다는 것이었다. 태종은 기꺼이 도로에게 금강산 등지에서 수정을 캐도록 허락했다. 도로는 호언장담한대로 양질의 수정 3백 근을 캐서 바쳤고 그 후 경상도 영주와 김해 등지로도 다닐 수 있었다. 태종은 무슬림들에게 쌀을 하사할 정도로 조선의 백성으로 기꺼이 보듬은 듯 보인다.

우리 민족이 무슬림과 처음 대면한 것이 1천 년이 넘었다는 견해가 있다. 국내 이슬람학자에 따르면 우리는 '고대부터 바닷길과 실크로드를 통해 동북아와 중앙아시아는 물론 아랍과 이슬람과도 교류하며 문화와 사상을 주고받았'고 한다. 그렇게 이어져온 '이슬람 문화는 고려시대 이후 조선시대까지 문화의 전파자 역할을 수행했다'면서 무슬림과의 교류를 1천 2백 년 역사로 보고 있다.

고대 이슬람권 사람들은 뛰어난 항해기술과 천문지리학에 대한 지식을 갖고 있어 바닷길을 통해 여러 나라로 뻗어나갈 수 있었다. 그 과정에서 중국이나 동남아시아와 접촉하면서 신라를 알게 되었다. 신라 역시 일찌감치 바다를 이용해 해외로 진출했었다. 인도에 도착한 뒤 서쪽으로 더 나아가 이슬람 변경지역까지 다녀온 바가 있다.

특히 무슬림 상인들과 활발한 교류는 통일신라시대 때 이미 전성기를 이루었다. 그들을 통해 페르시아 상품들을 접한 뒤 발전시켜 신라만의 값진 수출품으로 재탄생시키기도 했다. 《삼국유사》에 등장하는 눈이 크고 코가 우뚝했다는 처용이 아랍인이었을 것이라는 가능성에 무게가 실린다. 해양 실크로드의 종착역은 경상도 경주였는데 처용이 나타난 곳이 울산 개운포였다.

경주에 있는 8세기 말에 축조된 괘릉(신라 원성왕의 능) 앞의 '무인상'은 아랍인으로 알려져 있다. 무인은 둥근 터번을 쓰고 주먹을 불끈 쥔 채 다른 손으로는 몽둥이를 짚고 있다. 쌍꺼풀 진 큰 눈에 매부리코와 팔자의 콧수염이 인상적이다. 귀밑부터 흘러내린 숱이 무성하고 곱슬곱슬한 수염이 목을 덮고 있어 이국적인 냄새가 물씬 난다. 왕릉을 지키는 무인상의 모델로 아랍인을 쓴 것은 신라가 그들과 교류했다는 사실을 간접적으로 말해주는 일이다. 이색적이면서도 허우대가 크고 튼튼한 그들의 위용이 수호의 기능과 역할에 어울린다고 판단했을 것이다.

《고려사》에 보면 고려시대 전기 '시역의 대식국(大食國, 아랍)과 안식국(安食國, 이란) 사람들이 토산품을 가져와 무역을 했다'는 기록이 있다. 그런데 그들은 아랍인이라기보다 대부분 몽골 제2의 지배계층인 위구르인으로 추측하고 있다. 아랍인들처럼 무슬림이었던 그들은 몽골이 고려를 침공할 때는 몽골군으로 참전했다. 그 후 원나라가 고려를 지배할 때는 관리나 역관 등의 직책으로 와서 머물게 되었다.

고려에 정착하게 된 무슬림은 도읍 개경(개성)과 인근 지역에서 자치공동체를 형성한 채 집단으로 살며 언어와 종교는 물론 고유한 풍속을 유지해나갔다. 자신들만의 종교의식을 위해 이슬람 사원(모스크)까지 지었을 정도라고 하니 고려시대에 미친 영향이 적지 않았으리라 짐작된다. 그들은 고려왕실과 각별한 관계를 유지하며 벼슬

무슬림
조선시대 회회인으로 불리던 무슬림의 모습

을 해 사회적 지위를 누릴 수 있었다. 일부는 장사를 벌이는 등 경제활동으로 부를 쌓아갔다. 고려가요 〈쌍화점〉에 등장하는 '회회아비'가 이슬람 상인을 지칭한 것으로 보고 있다.

고려 충렬왕 비인 원나라 제국대장공주의 시종으로 따라온 무슬림이 '장산가(張三哥)'라는 인물이다. 충렬왕이 총애한 그는 낭장으로 시작해 진급을 거듭한 끝에 현재의 장관급인 정2품 문하찬성사까지 이르렀다. 충렬왕은 귀화한 그에게 장순룡(張舜龍)이라는 이름을 하사했는데 덕수(德水) 장씨(張氏)의 시조라고 한다.

무슬림은 고려의 여자와 혼인하면서 차츰 동화되어갔지만 종교의식 등 자신들만의 모습은 그대로 유지했다. 고려가 망하고 조선이 개국된 초기까지도 그들의 지도자들은 궁중 하례의식에도 정례적으로 참석할 수 있었다. 특히 세종은 그들의 하례에 흡족해할 정도였다.

그 무렵 이후부터 무슬림들에 대한 기록이 보이지 않게 된 이유는 무엇일까. 세종이 근정전에서 그들에게 조하를 받은 3개월 뒤 예조에서 주청이 있었다.

"회회인들은 의관이 달라서 백성들이 이를 보고 우리나라 사람이 아니라 말하며 혼인하기를 부끄러워하옵니다. 이미 그들이 우리나라 사람이니 마땅히 우리의 의관을 좇아 다르지 않음을 보인다면 자연히 해결될 것이옵니다. 하옵고 대조회(大朝會) 때 그들의 기도의식(회회송축)도 폐지함이 마땅한 줄 아뢰오."

세종이 윤허를 내려 무슬림 종교의식과 옷차림 등을 칙령으로 금지시켰다. 그들은 생존을 위해 풍습마저 버리고 빠르게 조선사회에 흡수되어갔다.

이슬람권과 본격적인 접촉이 이루어진 고려시대 후기부터 조선시대 전기까지 우리는 그들의 문화에 직간접으로 영향을 받았다. 풍년을 기대하기 위해서는 농사달력이 필요했는데 명나라의 역법(曆法)은 우리와 맞지 않는 부분이 있었다. 그래서 천문학자 이순지 등이 이슬람의 역법과 과학을 연구해 우리 실정에 맞는 역서인 《칠정산외편》을 편찬했다. 그밖에도 예술, 문자, 언어에 이르기까지 폭넓게 도움을 받은 것도 사실이다.

세종 대 학문과 과학이 꽃피웠던 배경에 그들이 있었다고 보는 시각도 있다. 그러나 조선이 내세운 통치이념인 유교가 강조되면서 세계관의 끝에는 오직 명, 청나라로 이어지는 대국 중국이 있었다. 그 때문에 부상하고 있던 신흥세력 유럽의 변화를 감지 못했다. 세계사의 맥을 놓쳐버린 결과가 어땠는지는 단면이지만 그 후 외세에 의한 조선의 수난사가 잘 말해주고 있다.

해장국까지 배달시켜 먹었던
곰탕과 국밥 천국 조선

    곰탕은 소의 고기와 내장 등속을 넣고 끓인 국으로 사골 등 뼈까지 장시간 고아 만든 설렁탕과는 조금 다르다. 곰탕에는 소의 여러 부위가 들어가는데 쇠머리, 양지머리, 두가니, 아롱사태, 소양, 곤자소니(창자 끝의 기름 많은 부위) 등이다. 그것을 통무와 함께 고아 맛과 영양분이 육수에 충분히 우러나도록 한다. 그런 다음 파, 마늘, 간장, 후춧가루 등을 넣고 끓인 뒤 뚝배기에 담아 얇게 썬 고기를 얹어 상에 올리게 된다.

    곰탕은 '곰국' 또는 '육탕(肉湯)'이라고도 하며 영양이 풍부한 내장을 넣고 끓여서 보양식으로 알려져 있다. 곰탕의 유래는 두 가지로 몽골에서 고기를 맹물에 넣고 끓여먹던 공탕(空湯)에서 비롯되었다는 것이 첫 번째 설이다. 다른 설은 은근한 불에 고기가 입에서 녹을 만큼 흐물흐물해질 때까지 푹 고아 만든다는 곰국에서 유래되었다는 것이다. 조선시대 때 편찬된 여러 조리서에는 곰국을 포함해

'고음탕'과 '고음국' 등으로 표기되어있다.

곰탕의 '곰'은 푹 고아 국물을 낸다는 뜻으로 궁중에서는 항상 수라상에 팥수라와 짝을 이뤄 올렸다. 수라상에는 흰쌀로 지은 흰수라일 경우 미역국을 팥을 섞어 지은 밥인 팥수라에는 곰탕을 놓았다. 쇠고기가 귀하던 시절이라 꿩고기를 많이 이용했고 대규모 손님을 치를 때는 닭고기를 쓰기도 했다. 그런데 조리서 《음식디미방》에 보면 다양한 종류의 고기로 국을 끓이는 방법은 나와 있지만 곰탕에 대한 조리법은 찾아볼 수 없다. 곰탕을 한성 북촌(현 서울시 종로구 재동, 가회동, 삼청동 등에 위치) 양반가의 전통음식으로 추정하는 이유다.

북촌에서는 집집마다 전수된 조리법에 따라 곰탕을 만들었다. 차질이 생기지 않게 안방마님이 이따금 부엌에 들어가 과정을 살폈다. 정작 가마솥에 불을 지피고 잘 고아질 때까지 아궁이 곁을 지키는 것은 그 집 노비였다. 양반가에서 끓여먹던 곰탕이라고 해서 '반가곰탕'이라 부르기도 했다. 하루 종일 가마솥 앞에서 땀을 흘리던 노비는 물론 평범한 민간에서도 맛조차 볼 수 없었던 귀한 음식이었다.

일반 백성들도 기름지게 배를 채우고 싶어 했던 것은 마찬가지였다. 그들의 허기를 달래주던 것이 바로 국밥으로 '장국밥' 또는 '국말이'라고도 불렀다. 장국밥은 장(醬)이 들어간 것으로 소금 대신 간장으로만 간을 맞춰 먹는 국밥이란 뜻이다. 그래서 '醬국밥'인데 흔히 '장터국수'처럼 장터에서 팔거나 먹을 수 있는 '場국밥'이 아니다. 장국밥은 '탕반(湯飯)' 또는 '온반(溫飯)'이라고도 했으며 특히 개성에서 맛볼 수 있었던 것이 '개성탕반'이었다. 개성탕반은 '전주비빔밥', '평양냉면'과 함께 조선시대 대표적인 3대 음식이다.

국밥의 장국은 양지머리를 오래 끓인 육수를 사용하는데 삶아 건져낸 고기는 잘게 찢어 별도로 양념해 재워놓는다. 그리고 고기와 함께 무쳐낸 콩나물, 고사리, 시금치 등을 밥에 얹고 육수를 부어 내놓게 된다. 맛을 보다 잘 내기 위해서는 장국을 끓일 때 고기와 무를 함께 넣어야 한다. 삶은 고기를 두드려 양념하고 산적처럼 둥글넓적하게 굽기도 한다. 국밥 위에 나물과 함께 산적을 얹고 먹기 바로 전 고춧가루나 후춧가루를 식성에 맞게 첨가하면 된다.

《규곤요람》을 보면 국밥은 '밥 위에 기름진 고기를 장에 조려 얹고 그 국물을 붓는다'고 되어있다. 그때 밥은 국과 별도이거나 혹은 만 채로 나왔다. 처음에는 밥과 국이 따로 나와서 '따로 국밥'이란 말이 생겨났다. 그러다 국밥을 찾는 사람들이 많아지자 취향과 상관없이 처음부터 국에 밥을 말아 내놓게 되었다. 손님이 많거나 한겨울 뜨겁게 먹기 위해 알맞은 방식이기도 했다. 사람들이 많이 오가는 장터에서는 어쩔 수 없었다. 더욱 바쁜 끼니때는 여러 뚝배기에 밥과 건더기를 담아두었다가 손님이 들어오면 토렴(뜨거운 육수를 여러 번 부었다 따랐다 함)을 해서 내놓았다.

국밥은 집밥보다는 주막이나 간이음식점에서 사먹을 수 있는 외식의 개념이었다. 차츰 개성뿐만 아니라 한성을 포함해 전국에서 누구나 즐길 수 있는 음식이 되었다. 조선시대 후기에는 한성의 수표다리(현 서울시 중구 수표동과 종로구 관수동 사이에 위치)와 백목다리(현 서울시 종로구 사직동과 신문로1가 사이에 위치) 건너편에 전문국밥집인 수표탕반과 백목탕반이 있었다. 흥미로운 것은 수표탕반에는 재상들이 백목탕반에는 한량이나 부유한 상인들이 주로 출입했다고 한다.

김홍도의 주막
장국밥으로 허기를 달래던 주막의 모습　국립중앙박물관 소장

　한성의 국밥은 그 맛이 궁궐에까지 알려져 가끔 수라상에도 오를 정도였다. 헌종은 색다른 분위기 속에서 별미를 즐기고 싶었는지 미복을 한 채 환관 한 사람만 데리고 궁궐 밖 국밥집을 찾기도 했다. 헌종이 단골로 삼았던 곳은 모전다리(현 서울시 중구 무교동에 위치) 앞 무교탕반이었다. 조정대신들은 물론 인근의 양반들까지 시종을 앞세운 채 찾아오던 유명 맛집이기도 했다. 그럴 때면 국밥을 먹고

있던 일반 백성들이 황망히 자리를 피했다가 다시 들어오는 촌극이 벌어졌다. 나중에는 불편하지 않게 주인이 따로 별채를 마련했다고 전해진다. 현종 역시 비록 일반 백성들과 마주앉지는 않았어도 신분을 초월한 장소에서 최고의 맛을 누렸을 것이다.

백성이 끓여준 국밥을 얻어먹을 기회를 놓친 왕이 선조다. 임진왜란의 발발로 평안도 의주를 향해 몽진하던 중 엄청난 폭우를 만나 잠시 민가에 피신했을 때였다. 궁궐에서처럼 수라간이 따로 있는 것도 아니라 선조의 수라준비에 어려움이 많았다. 그때 한 농부가 선조에게 바치라며 따뜻한 국밥 한 그릇을 가져왔다. 예조참판 이덕형은 마침 비도 오고 스산한 날씨라서 선조가 달게 먹을 수 있겠다는 마음에 가져가려고 했다. 그런데 도승지 이항복이 선조에게는 따로 수라상이 준비되고 있을 테니 아침부터 굶은 이덕형에게 먹으라며 고집을 부렸다. 어쩔 수 없이 이덕형이 서너 숟 뜨는데 이항복이 속이 괜찮으냐고 물었다. 알고 보니 왜군의 사주를 받은 세작이 독을 넣어 가져온 국밥일지 몰라 시험을 해봤다는 것이다. 이덕형은 자신이 언제부터 기미상궁이 되었느냐며 볼멘소리를 하면서도 이항복의 판단이 옳아 껄껄 웃고 말았다. 선조는 보다 나은 음식을 먹었겠지만 백성의 정과 목소리가 담긴 염원 한 그릇은 놓친 셈이 되고 말았다.

국밥은 간단히 먹을 수 있는 서민들의 대표음식으로 자리를 잡게 되었다. 장터 간이국밥집은 상인과 장을 보러 나온 사람들의 허기진 배를 채워주었다. 장터국밥이라는 이름 아래 대중적이면서 든든한 먹거리로 더욱 알려져 장이 서는 곳마다 구수한 국밥냄새가 사람들의 발길을 잡았다.

전국에 유명한 장터국밥집들의 공통점은 오래 전부터 멀지 않은 곳에 우시장의 도축장이 있었다는 것이다. 상대적으로 신선한 쇠고기는 물론 내장과 선지 등을 쉽게 구할 수 있어 더 깊고 진한 국밥을 만들 수 있었다. 장터 한 귀퉁이에 천막 하나 두르면 가마솥을 걸어놓은 곳이 곧 부엌이고 의자도 없이 쪼그려 앉아 국밥을 들고 먹는 곳이 자리였다. 찾아와 앉기 무섭게 토렴해서 내놓는 뚝배기 속 따뜻한 국밥은 그래서 우리나라 최초의 패스트푸드라는 우스갯소리까지 낳게 했다. 실제 국밥전문집에 가면 주문하고 2~3분도 채 되지 않아 차려진다. 한 가지 국밥만 취급하는 식당은 입구에서 미리 머릿수를 헤아려 앉자마자 내오는 경우도 있다.

한편 한성의 양반가에서는 경기도 광주 남한산성 일대에서 배달해주는 해장국으로 숙취해소는 물론 든든한 아침식사를 해결했다. 효종갱(曉鐘羹)이라 불린 해장국으로 '새벽종이 울리면 먹는 국'이라는 뜻이었다. 현재와 다른 점은 돼지등뼈 대신 쇠갈비와 전복, 해삼이 들어가고 콩나물은 물론 송이버섯과 표고버섯까지 어우러져 북엇국처럼 시원하면서도 칼칼한 맛을 냈다고 한다. 잘 끓여낸 효종갱을 항아리에 넣고 솜으로 단단히 둘러싸서 출발하는데 새벽이 되면 주문한 집에 정확히 도착했다.

해장국까지 배달시켜 먹었던 시대였으니 가히 조선은 곰탕과 국밥의 세상이었다.

성균관에 물든 소의 피를
누가 씻어낼 것인가

중종은 어디에선가 들려오는 소 울음소리와 피비린내에 신경이 쓰였다. 근원지를 알아보게 했더니 사헌부에서 아뢴 내용은 가관이었다.

"성균관의 스승들은 가르칠 뜻이 없고 유생은 모이지 않아 학사는 늘 비어있사온데 노비들이 도살을 일삼아 소뼈가 언덕을 이루고 있사옵니다."

조선시대 국립대학 성격의 최고 학부 유학교육기관인 성균관(成均館)이 도살장으로 변했다는 것이다.

성균관은 문과 준비를 위한 교육을 담당하는 기관이라 입학규정이 엄했다. 반면 정해진 재학기간이 따로 있지 않고 과거시험에 급제하는 날이 바로 졸업이었다. 유생들은 미래 관료가 될 인재들이라 높은 위세를 자랑하며 발언권도 강했다. 기숙사에서 생활하는 유생들은 엄격한 규율 하에 있었지만 식사는 물론 학업과 생활에 필요한 필수용품 일체를 나라로부터 제공받았다.

성균관에 드는 비용은 나라에서 내려준 학전(學田, 유학교육기관에 운영비 마련을 위해 지급하던 토지)의 조세수입과 성균관 소속 외거노비들이 바치는 신공으로 충당했다. 성균관 노비는 선상노비와 외거노비로 구분되었다. 선상노비는 성균관 내의 잡역에 종사했고 외거노비는 지방에서 생업으로 신공을 바쳤다. 태종 대는 유생들의 면학을 위해 부속 재산으로 경기도의 토지, 전라도 해안과 섬의 어장을 지급하기도 했다.

나라에서 적극 지원해주며 미래를 기대하던 존재가 성균관유생들이었던 것이다. 그런 유생과 스승들이 성균관에 애착을 보이지 않게 된 것은 이미 세종 대부터 시작된 시류였다.

예로부터 선비는 미투리를 신은 채 서책을 끼고 다니면서 항상 겸손한 자세로 학문에 매진해왔다. 그런데 젊은 유생들이 그 모습이 촌스럽고 수치스러웠는지 서책은 시종에게 맡기고 말 위에서 거드름을 피우며 다녔다. 신하들이 그릇된 풍조를 몰아내고 학업에 징진할 수 있도록 해달라며 주청할 정도였다. 그런 품행이 가져온 결과인지 유생들은 공부에는 관심이 없고 출세에만 혈안이 되어갔다. 대사헌 조계생은 유생과 스승들의 현주소를 상소로 알렸다.

유생들은 공부는 하지 않으면서 틈만 나면 서로에게 청탁해 벼슬자리를 얻고 있는 실정이옵니다. 요행히 부임해서는 이런저런 핑계로 곧 사직을 하고 다시 권세가에게 부탁해 승진까지 하고 있사옵니다. 이를 막기 위해 과거 응시자들은 반드시 성균관 도기(到記, 출석부)를 제출하도록 명하시옵소서. 스승이라는 자들 역시 가르칠 생각은 없고 어서 벼슬에 오르기만을 고대하고 있사옵니다. 하옵고 마흔 살이 되어야 자격이 있는데도 나이를 속이기까지 하니 이 모두 나라에 해가 되며 관직의 남용을 부추기는 꼴이옵나이다.

성균관에서는 유생들의 출석 및 결석을 검사하기 위해 식당에 출석부를 비치해두고 있었다. 아침과 저녁으로 출입할 때마다 원점을 찍게 했는데 조석(朝夕)을 1점으로 해서 일정한 기준점수를 획득하면 원점유생이라고 했다. 출석점수인 셈인데 신하들은 자신의 출석부까지 공개될까봐 그랬는지 이구동성으로 반대의견을 내놓았다.

세종 대 창설된 충순위(忠順衛)는 3품 이상 고관대작의 자제가 입대해 복무하면 타 부서로 옮길 수 있게 한 부대였다. 유생들이 군역을 가장한 특권으로 악용하려고 하자 공조참판 권계손이 우려의 목소리를 냈다.

"유생들이 충순위에 들어가고자 학업은 팽개치고 너도나도 활을 쏘고 기마를 배우느라 성균관에 남은 자는 겨우 수십 명에 불과하옵니다."

성균관을 비롯한 사부학당 등 관학(官學, 국영학교) 중심이던 교육제도는 세조 대 왕위찬탈 반대에 참여한 집현전의 폐지에 이어 연산군 대에 크게 위축되기도 했다. 연산군은 성균관유생들에게 나라의 정사를 논의하지 못하게 엄명을 내렸다. 무오사화와 갑자사화를 거치면서 성리학을 주장했던 사림세력이 집단으로 처형되거나 숙청된 일이 있었다. 그렇게 문신을 모두 쓸어낸 연산군은 성균관유생들이 다시 정치에 관여할까봐 법으로 금하고 어긴 자는 부모까지 처벌하도록 한 것이다. 기세에 눌린 유생들이 자손들에게까지 학업을 경계하고 조심시키는 결과를 불러왔다. 연산군은 설상가상 성균관을 유흥장으로 만들어 종친들과 활쏘기를 즐기고 기녀를 끼고 풍악 속에서 흥청망청 놀았다.

성균관은 위상이 조금씩 흔들리다가 연산군 대에 더더욱 바로서지 못했던 것으로 해석된다. 성균관의 재정은 나라에서 책임지고 있었지만 그 원천이 불안전했다. 당시 연산군의 방탕한 생활은 국고를 바닥나게 하는 사태까지 불러왔다. 백성들에게서 무거운 세금을 징수하고 공신들에게 지급한 공신전까지 강제로 몰수하려다 조정대신들의 반발을 사기도 했다.

반정으로 연산군을 쫓아내고 왕위에 오른 중종이었지만 성균관의 회복은 요원하기만 했다. 중종은 반정 후 혼란을 수습하고 새로운 정치를 표방하면서 성균관의 중수 등 나름대로 노력했다. 반정공신이 제시한 관학 중심의 교학진흥책도 추진하며 기대를 길었다. 그러나 효과를 얻지 못한 채 급기야 성균관의 학사는 텅 비었고 소 울음소리와 피 비린내가 진동하게 되었다. 사헌부에서 날마다 노비들이 소를 잡아 뼈가 언덕을 이루는데도 단속하지 않은 관리들을 파직해 폐단을 개혁하라는 진언을 올렸다. 중종은 그들을 당장 파직시켰지만 성균관에 물든 소의 피를 완전히 씻어내지는 못했다. 중종반정으로 새로운 세상이 열렸지만 쉽게 폐단을 봉합하고 원상회복시킬 수 없었다. 성균관은 명성을 잃었고 그나마 남아있는 인원만이라도 생계유지를 해야 했기에 궁여지책으로 도살행위가 이어졌던 것이다.

성균관은 반세기 후 임진왜란으로 불에 타는 등 더 커다란 타격을 입고 말았다. 어느 날 선조는 탄식하며 전교를 했다.

"그동안 도살을 중지하라는 명을 여러 번 내렸거늘 지금도 성균관에서 소를 잡고 있다는 말이더냐? 나라의 미래가 달린 교육장에서 피비린내가 나는데도 관련 관청은 감히 다스릴 엄두도 못 내고 있다. 이제부터는 더욱 엄히 단속해 성균관이 깨끗하고 정숙한 교육장으로 거듭나도록 하라."

선조가 엄명을 내렸는데도 성균관유생과 스승들이 소 도살을 막기는커녕 수수방관한 이유가 있었다. 임진왜란으로 조선 전체가 황폐화되어 성균관유생들의 학업과 생활에 필요한 비용을 조달할 수 없게 되었다. 그들을 먹여 살렸던 전국의 토지와 어장이 폐허로 변했고 국고마저 바닥난 현실이었다. 현직 관리들의 녹봉조차 제대로 지급 못하는 형편에 유생들의 생계비 지원은 더욱 어려운 과제였다.

나라의 지원이 막히자 노비들이 소를 잡기 시작했고 유생과 스승들은 오히려 내심 반가워하게 되었다. 그나마 돈줄이 생겨 성균관은 재정확보에 한시름 놓았고 정상적인 교육장으로 조금씩 개선될 수 있었다. 선조가 끊임없이 성균관의 회복을 위해 노력한 덕분도 있었지만 최고 학부 위상은 땅에 떨어진 뒤였다.

조선시대 후기에는 역사에 깊은 자각이 있었던 왕들의 적극적인 관심과 후원으로 성균관처럼 문과 준비를 위한 과업교육(科業敎育) 기능까지 담당하는 서원(書院)이 발달되었다. 상대적으로 성균관의 교육재정은 다시 궁핍해지고 유생들은 당쟁에 휩쓸려 학업을 소홀히 했다. 한편 집권층인 유력가문들이 과거시험을 불공정하게 운용하는 현상이 벌어졌다. 그 결과 성균관은 교육기능을 제대로 발휘하지 못하고 부진하게 되었다.

외국어는 필수,
밀무역은 선택이었던 역관

한글을 만든 세종이 '중국말을 배우려는 것은 참으로 아름다운 일'이라며 사역원(司譯院)에 있는 학생들에게 평상시에도 중국어를 쓰게 한 일이 있다. 만약 위반할 경우 그 횟수에 따라 매질할 것을 명하기까지 했다. 사역원에서 중국어를 비롯해 6개 언어에 대한 전문적인 어학교육이 이루어지고 있었지만 부족하다고 여겼기 때문이다.

숙종은 더욱 엄격해서 사역원 내 우어청을 두고 스승부터 제자들까지 하루 종일 외국어로만 대화하게 했다. 그래서였을까, 인조 대부터 일본어 역관으로 있었던 변승업을 대거부(大巨富) 반열에 올려놓을 수 있었다. 희빈 장씨의 외가친척이기도 한 그는 명나라와 일본을 잇는 중개무역을 통해 막대한 부를 축적했다. 그의 재력은 상상을 초월해 쥐고 있는 돈줄로 장안의 물가를 좌지우지했다고 한다. 변승업뿐만 아니라 정3품 당하관이 승진의 한계였던 역관들은 사신을 따라 외국에 자주 드나들면서 밀무역을 통해 상당한 부를 끌어 모았다.

　역관이 일종의 노른자위 관직일 수 있어 누구라도 되고자 애를 썼을 텐데 현실은 그렇지 못했다. 우선 역관이 되려면 사역원부터 입학하는 것이 순서였다. 현직 역관의 추천 후 심사를 통과해야 했는데 15명 중 13명 이상의 찬성이 있어야 가능했으니 결코 쉬운 관문이 아니었다. 입학을 하면 엄격한 기숙사 생활 속에서 고된 수련 과정을 견뎌야 했다. 식사시간을 제외하고는 종일 학업에 매달렸고 정기적인 시험으로 수련 정도를 확인받았다. 최소 3년을 수학한 뒤 과거시험 역과에 급제해야 비로소 역관이 될 수 있었다. 사역원 입학연령은 보통 10대 이전으로 제한했는데 갈수록 낮아져 5세에 들어온 경우도 있었다. 언어습득에 있어 상대적으로 유리한 것이 어릴 때라고 볼 때 지극히 당연한 추세였다.

　삼국시대부터 이미 외국어에 대한 관심과 필요성은 높았고 그 중심에도 어김없이 어린 학생들이 있었다. 삼국시대 모두 어린 학생들을 당나라로 유학 보냈는데 그중 눈에 띄는 발자취를 남긴 인물이 신라의 최치원이다. 그는 12세 때 당나라로 가서 6년 후 빈공과(외국인 대상 과거시험)에 장원급제할 수 있었다. 물론 최치원이 유학을 선택할 수밖에 없었던 것은 신라의 신분제도인 골품제 때문이기는 했다. 그는 6두품 가문 출신으로 아찬 이상의 벼슬에는 오를 수 없었다. 어쨌든 그는 말단 무관직을 시작으로 뛰어난 글재주 덕분에 많은 현지인으로부터 찬사를 받았다. 그만큼 언어에 재능이 있었다는 것인데 농민반란 '황소의 난' 때는 간담을 서늘케 한 황소를 꾸짖는 명문 〈토황소격문〉으로 대공을 세울 수 있었다.

언어의 천재라고 하면 조선시대 신숙주를 빼놓을 수 없다. 세종의 신임을 받아 《훈민정음》 창제에도 기여할 수 있었던 그는 명나라 언어학자 황찬의 도움을 구하고자 요동에 간 일이 있었다. 한자의 음운을 한글로 표기하기 위한 작업의 일환이었는데 황찬은 신숙주가 말만 들으면 즉시 해득하고 완벽하게 알아맞히자 감탄을 아끼지 않았다. 신숙주는 중국어는 물론 인도어, 아랍어, 일본어까지 터득했다고 전해진다.

당시에는 신숙주뿐만 아니라 고위관료들의 경우 중국어 정도는 구사했을 것으로 보인다. 개인적인 친분이 있는 중국인과의 접촉을 통해 습득했을 수도 있다. 그것은 일대일 대면을 한 상태에서 이뤄지는 학습방법으로 일반적이지 않았고 역관의 역할까지 하기에는 부족했다. 수변국이 모두 한자문화권이라 필담을 나눌 수도 있었지만 한계 때문에 전문가인 역관의 필요성은 더욱 커졌다.

조선시대 외교정책은 한마디로 사대교린(事大交隣)이었다. 대국인 중국은 섬기고 이웃 일본을 비롯해 몽골 등과는 동등하게 잘 지낸다는 뜻이다. 그러자면 외교를 위해 정기적으로 사신을 보내야 했다. 사신의 외국어 능력은 필수였고 부족할 경우 역관이 통역 임무를 수행했다. 외국에서 사신이 방문했을 때 역시 왕 앞에서 또는 대신들 사이에 통역을 해주는 것도 역관이었다. 역관은 외교관계에서 없어서는 안 될 중요한 존재였다. 조정대신들은 중인인 그들을 천하게 여기면서도 역학(譯學)이 나라의 중대사임은 부정하지 않았다.

역관의 책임은 커질 수밖에 없어 보다 철저하고 전문적인 외국어

교육이 밑받침되었다. 중국어는 명나라와 장사할 때 필요한 대화를 담은 《노걸대》와 일상생활에 밀접한 내용이 실린 《박통사》, 일본어는 임진왜란 때 일본에 포로로 잡혀갔다가 10년 만에 돌아온 역관 강우성이 지은 《첩해신어》를 교재로 삼았다. 문서번역은 기본이고 글씨 연습과 한시, 사서오경, 역사에 대한 공부도 병행했다. 외국 사신들과 마주했을 때 수준 높은 대화를 구사하고 국제적인 감각에 뒤처지지 않기 위해서였다. 연산군 대부터 명종 대까지 활동한 중국어에 정통했던 이화종이 좋은 예다. 그는 명나라와의 교섭과정에서 뛰어난 학문과 번뜩이는 재치로 외교업무를 수행해 명성을 날릴 수 있었다.

조선 건국 초부터 역대 왕들이 특히 제1외국어인 중국어 학습을 장려했지만 기대 이하였다. 세종 대 사역원도제조 신개는 '중국말을 10년이나 배워도 중국에 두어 달 다녀온 사람만도 못하다'며 고충을 토로한 적이 있었다. 그 원인이 사역원에서는 어쩔 수 없이 중국어를 쓰지만 평상시에는 우리말을 하기 때문이라고 했다. 대신들도 명나라를 섬김에 있어 번역과 통역은 중요하다며 행어 소통의 잘못으로 조롱거리가 되면 낭패라고 입을 모았다.

그래서 세종은 사역원에서 수업 중일 때는 물론 회의를 하거나 식사시간일 때도 무조건 중국어로 대화하도록 한 것이다. 어긴 학생들은 매질로 다스렸고 더욱 확대해 관원일 경우 형벌을 가하거나 벼슬에 제약을 두었다. 그러나 외국어교육은 쉽게 향상되지 않아 결국 사역원에서 스승으로 삼을 인물을 초청해달라는 건의를 하기에 이르렀다. 차선책으로 명나라와 일본 출신의 포로나 귀화인을 채용했지만 극소수에 불과해 큰 성과는 거두지 못했다. 그러다 숙종 대에 이르러 궁여지책으로 하루 종일 외국어로만 생활하는 우어청을 만들게 된 것이다.

사역원에 입학하려는 학생 수의 절감도 또 다른 당면과제로 떠올랐다. 초기에는 성적이 우수한 학생에게 녹을 주는 등 특전들을 베풀었지만 차츰 사라졌기 때문이다. 그러나 사대교린이라는 외교정책을 고수하기 위해서는 감내할 수밖에 없는 과정이었다.

조선시대의 역관에 대한 관심과 투자는 국익과 함께 역사에 이름을 남긴 인물들도 배출해낼 수 있었다. 변승업처럼 거부였으면서도 검소하게 살았던 역관이 효종 대의 김근행이다. 일본어 역관이었던 그는 재력가에 품계까지 높았지만 검소한 생활로 매사 조심하며 지냈다.

부와 명예보다는 애국을 실천하고자 했던 역관도 있었다. 대표적인 인물이 선조 대 조신의 숙원이었던 종세변무(宗系辨誣)를 성사시키는 데 한몫을 한 홍순언이다. 명나라의 종합 행정법전인 《대명회전》에는 태조 이성계가 고려시대의 권신 이인임의 후예라고 기록되어 있었다. 그 오류를 바로 잡아달라고 건국 초부터 2백여 년 동안 역대 왕들이 명나라에 주청했지만 매번 실패했었다. 선조가 성사시키지 못하면 목을 치겠다고 하자 모두 두려워 꽁무니를 뺐지만 홍순언이 사절단의 역관으로 파견되어 공을 세울 수 있었다. 또 임진왜란이 발발하자 원군을 요청하는 사절단에 소속되어 명나라에 가서 적극 활동한 끝에 군사 5만 명의 파병을 이끌어냈다.

숙종 대의 김지남은 청나라와 국경분쟁이 일어났을 때 진가를 발휘했다. 청나라와 국경선을 확정지으면서 함께 수행한 아들 김경문과 조선의 이익을 대변하고 백두산정계비를 세웠다. 3·1운동 당시 33인의 한 사람인 오세창의 아버지이기도 한 고종 대 오경석은 청나라에서 간행물들을 가져와 개화파 형성에 커다란 영향을 주었다.

매국으로 오명을 남긴 역관도 있었는데 효종 대 간신 김자점의 심복이기도 했던 이형장이 그 주인공이다. 실각한 김자점의 사주를 받은 그는 청나라로 가서 효종이 비밀리에 추진 중이던 조선의 북벌계획을 알려버렸다. 김자점은 아들의 역모사건으로 능지처참에 처해졌고 이형장은 청나라에서 돌아오다 파견된 의금부도사에게 잡혀 사지가 찢겨 죽었다. 인조 대 정명수는 청나라에 포로가 된 뒤 조선의 사정을 밀고해 신임을 얻은 자로 병자호란 때 용골대 등 장수의 역관으로 들어와 동포를 괴롭히고 매국행위를 일삼았다. 아관파천 때 통역을 맡았던 김홍륙은 고종의 총애를 믿고 권세를 부리던 자였다. 러시아와의 통상에서 거액을 착복한 죄로 유배를 가게 되었는데 떠나기 전 고종을 독살하려는 사건을 벌여 사형되었다.

역관은 외교에 있어 중요한 역할을 했으며 통역뿐만 아니라 무역활동에서도 중심을 이룬 자들이었다. 그들의 역학에 대한 정진은 간접적으로 국어학의 발전에도 도움을 주었다. 전문기술과 양반 버금가는 경제력을 지녔지만 중인의 신분 탓에 항상 사회적 차별대우를 받아온 것은 사실이다. 그러나 무역을 성사시키고 외국과의 마찰을 해결하며 신기술과 사상을 들여와 개화를 부추긴 선각자로도 기억되고 있다.

잠자리로 생긴 불화,
이혼 요청서를 제출할 수 있었다

조선시대 남편과의 잠자리 문제로 불화를 겪던 한 부인이 관아에 올린 민원문서(이혼 요청서) 내용이다.

서방은 외모로 보면 얼굴과 몸 그리고 수염이 여느 사람과 다를 바 없지만 방 안의 일에 있어서는 중들과 같습니다. 서 있는 나무처럼 형체를 갖췄어도 크기만 하지 힘이 없어 사나운 범이 우물쭈물하는 듯해서 벌이나 벌레가 쏘는 것만도 못한 형편입니다.

양인 신분이었던 그녀는 매일매일 불만스러운 밤이 지속되자 자결하려고 했었다. 다행히 고모가 구해준 것이 계기가 되어 정신을 차린 뒤 정식으로 이혼하기로 작심했던 것이다. 19세기 조선시대 평민들을 위한 민원문서 사례집에 실린 사연이다.

조선시대 후기의 일이라 전반적인 정서라고 볼 수는 없을 것이

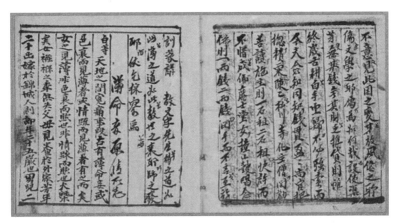

이혼 요청서
남편과의 잠자리 문제로 이혼을 요청한 조선시대 한 여인의 민원문서

다. 특히 양반가 남자의 경우 이혼을 하고 싶어도 마음처럼 쉽지 않았다. 고려시대와 달리 조선시대 양반들의 이혼은 원칙적으로 금했고 억제를 했기 때문이다. 경제력이 없는 이혼녀의 앞날을 위해서가 아니라 남성 중심의 유교국가 체제를 유지하기 위한 방편이었다. 그렇다고 마음과 몸에서 떠난 부인을 매일 마주하며 살 수는 없어 이혼 방법에 대한 모색은 줄어들지 않았다.

이혼을 엄금하는 현실 속에서 소박의 잣대를 들이대는 사회적 분위기가 조성되기도 했다. 남자들이 짜낸 꼼수로 부인에게 7가지 허물이 있을 때 쫓아낼 수 있는 '칠거지악(七去之惡)'을 적극 활용한 것이다. 시부모 봉양 소홀, 아들 출산 불가, 음란한 행실, 심한 투기, 나쁜 병 보유, 말 많은 행실, 도둑질 등이다. 그러나 그 항목의 수위를 가늠할 기준이 모호해 결국 억지를 쓴다면 얼마든지 부인을 내쫓을 수 있었다.

공처가이자 애처가이기도 했던 왕이 과도기 왕조의 무기력한 역할로 그쳤던 정종이다. 《정종실록》에 보면 그는 '중궁(정안왕후 김씨)의 투기로 경연청에 나와 10여 일 동안 머물렀다'고 한다. 김씨가 죽자 태종이 위로하려고 연회를 베풀었는데 혼자서는 즐길 수 없다며 자리에서 일어날 정도로 애처가이기도 했다. 모든 남자가 투기 따위는 문제 삼지 않고 속으로 삭히는 정종의 성품 같았으면 좋으련만 욕망과 야망을 위해 이용한 경우도 있었다.

윤원형은 누님 문정왕후(중종의 제2계비) 윤씨에게 자신의 부인이 '매일 투기를 일삼아 집안에 분란만 가중되고 있으니 내칠 수 있도록 해달라'고 간청을 했다. 그는 윤씨를 통해 명종에게서 허락을 얻어낸 뒤 정처 김씨를 내쫓고 처음 약속대로 그 자리에 첩 정난정을 앉혔다. 그가 정1품 우의정이었기에 정난정은 어엿한 정경부인이 되있고 자식들 역시 양반으로 환골탈태할 수 있었다. 신분 상승이 가져온 기고만장이 문제였을까, 정난정은 비녀 하나 챙기지 못하고 쫓겨나 하루하루 원통함과 빈곤 속에 살던 김씨를 가만두지 않았다. 김씨에게 선심 쓰듯 음식을 보내면서 몰래 독을 넣었다. 그 후 비리와 악행 등으로 탄핵을 받고 황해도 강음으로 도망친 두 사람의 운명을 바꾼 한 인물이 나타났다. 정난정에게 독살당한 김씨의 계모 강씨로 모든 사실을 형조에 고발했다. 그 소식을 알게 된 정난정은 매일 두려움에 떨 수밖에 없었다. 그러다 이금부도사가 다른 일정으로 나타났는데 자신을 죽이려고 온 줄 알고 독약을 마셨다. 윤원형 역시 허망한 그녀의 시신 앞에서 오열하다 같은 선택을 했다.

자칫 생사람을 잡을 수도 있는 남성 중심의 칠거지악으로부터 여자를 보호하기 위한 것이 '삼불거(三不去)'였다. 부인이 돌아갈 곳이 없거나 부모의 3년상을 함께 치른 경우, 가난할 때 시집와서 집안을 일으킨 경우에는 내쫓을 수 없었다. 세종 대 성균관사성 이미가 부인을 쫓아내고 새 여자를 들인 일이 있었다. 부인을 내친 이유가 자식을 낳지 못해서였는데 사헌부에서 '아비의 3년상을 함께 치렀으니 의리상 버릴 수 없다'고 아뢰자 세종은 다시 두 사람이 함께 살라고 명했다.

삼불거에 해당되어도 간통이나 부모에게 불효를 범했을 때는 예외였다. 그러나 명색이 양반가라 가문의 명예와 지위 탓에 실제로 이혼까지 가는 경우는 극히 드물었다. 한집에서 살지만 별거를 하며 부인을 모질게 대하는 '외소박'의 방법을 택하기도 했다. 집으로 첩까지 들여 생활했다고도 하는데 반대로 부인이 남편을 멀리하는 '내소박'은 현실상 불가능했다.

한마디로 양반의 경우에는 왕의 재가가 있어야 이혼이 가능했다. 그나마 성사되는 대부분은 역가이혼(逆家離婚)이나 의절이혼(義絶離婚) 정도였다. 나라 차원에서 이혼을 인정해 강제성마저 띠는 경우로 부부 가운데 어느 한쪽이 역모에 연루되었을 때 역가이혼에 해당되었다. 역모는 곧 멸문지화로 직결되는 것이라 애정에 문제가 없는 부부라도 한쪽 가문을 지켜주기 위함이었다.

사랑하지만 타의와 명분에 의해 생이별을 해야 했던 부부가 중종과 그의 비 단경왕후 신씨다. 신씨는 반정을 반대하다 살해된 신수근의 딸로 종묘사직을 생각해 내쫓으라는 반정공신들의 압력이 거셌다. 자신들이 죽인 반역자의 딸을 국모로 모시기가 곤란했던 것인데 중종은 맞섰지만 그들 때문에 왕이 된 처지라 어쩔 수 없었다.

신씨는 중종이 왕위에 오른 지 불과 7일 만에 폐서인되어 조선시대 역대 왕비 중 가장 짧은 기간의 국모로 남게 되었다.

의절이혼은 부부 가운데 어느 한쪽에 심각한 문제가 있을 때 적용되었다. 부인의 경우 남편이 자신의 부모나 조부모를 폭행하고 친척 등을 죽였을 때 그리고 장모와 간통하면 이혼사유에 해당되었다. 남편의 경우 부인이 자신의 부모, 조부모, 친척을 폭행하거나 살해했을 때는 물론 욕설을 해도 이혼이 가능했다. 또 본인이 폭행당했을 때 경미한 상처에도 죗값으로 이미 장형 1백 대를 맞은 부인에게 이혼을 요구할 수 있었다.

이혼을 자유롭게 할 수 없었던 양반과는 달리 평민과 천민 등은 상대적으로 수월했다. 선조 대 양인 박의훤이 자식에게 재산상속을 하려고 작성한 분급문기를 통해 그 단면을 엿볼 수 있다. 부유했던 그에게 5명의 부인이 있었는데 4명과 이혼한 이유는 모두 다른 남자와 배가 맞았기 때문이다. 그녀들은 자식까지 낳고도 외간남자나 노비와 관계를 맺다가 결국 떠났고 5번째 부인과 40여 년 동안 살았다고 한다.

정식으로 부부의 연을 끊고자 할 때 두 가지 방법이 쓰였다. 사정파의(事情罷議)는 더 이상 혼인관계를 지속할 수 없다고 판단한 부부가 마주앉아 그 사정을 설명하고 이혼에 합의하는 것이다. 할급휴서(割給休書)는 이혼증서와도 같은 것으로 휴서 또는 수세라고도 했다. 한문을 모르던 평민과 천민의 경우는 증서를 쓸 수가 없어 자기 옷고름이나 저고리 일부를 세모 모양으로 잘라 상대에게 이혼증서 대신 주었다. 한문으로 된 증서와 구별하기 위해 '수세베기'라고 했다. 이황이 충청도 단양군수 시절 인연이 된 관기 두향과 이별할 때 저고리를 잘라 할급휴서로 주었다고도 전해진다. 그런데 두향은 이황과 시와 학문을 나눌 만큼 학식이 높았던 여자다. 그만큼 부인처럼 여겼다는 의미로 본다면 설득력이 있는 이야기다.

이혼증서를 지닌 여자들은 재혼까지 할 수 있었다. 간혹 그것을 주지 않으려는 남자 때문에 적지 않은 실랑이가 벌어지기도 했다. 모양 때문에 '나비'라고도 불렸던 그 옷 조각을 얻어낸 여자들의 경우 이불보를 등에 지고 이른 새벽 성황당 앞에 서 있는 것이 풍습이었다. 특히 함경도 지방에서 성행한 것으로 가장 먼저 만난 남자에게 보쌈을 당하기 위해서였다.

여자가 나비를 손에 들고 있으면 처음 발견한 남자가 이불보로 보쌈을 해 데려갔다. 남자가 양반 벼슬아치면 인생역전에 가까운 행운까지 기대할 수 있었다. 상대가 떠돌이 봇짐장수든 나무꾼이든 심지어 노비나 거지일지라도 따라가야 했다. 남자 역시 운명과도 같은 의무로 받아들여 여자를 집으로 데려갔는데 '습첩(拾妾, 첩을 줍다)'이라 했다. 한편 여자에게는 일방적으로 강요되던 수절에 대한 일종의 항거이자 구속에서 벗어날 수 있는 길이기도 했다.

이혼 뒤 나비 한 마리를 손에 쥐게 된 조선시대 여자. 새로운 살림을 기대하든 한평생 홀로 자유롭게 살든 나비처럼 훨훨 날아보려던 그녀들은 새로운 행복에 무사히 내려앉았을까. 남성 중심의 틀 속에서 날개를 꿈꾸던 그녀들의 삶이 애처로우면서도 영롱하게 느껴진다.

궁궐에 함부로 들어갔다가
외딴섬 노비가 되다

조선시대 크고 작은 궁궐 침입사건은 끊이지를 않았다.

연산군 대 부산 동래 수군(水軍)이던 박을수라는 자가 창덕궁 후원(後苑)에 몰래 들어와 나무 꼭대기에서 곡을 한 일이 벌어졌다. 연산군은 즉시 승정원에 명해 국문을 열도록 했다. 고을 수령이 저지른 불법을 상소하고 신문고까지 울렸는데도 받아들여지지 않아 벌인 소동이었다. 연산군은 형조에서 추국하고 수령의 불법사실도 함께 조사하라고 전교했다.

창덕궁 후원의 환경 때문인지 중종 대도 그곳에 숨어든 자가 있었는데 승려였다. 그는 심문받던 중 매질을 이기지 못하고 죽고 말았다. 그러자 성균관유생 유예선 등이 '다스림이 왕성하면 요얼(妖孽, 악귀의 재앙)이 없어지고 국기(國氣)가 쇠약하면 사악한 것이 발생한다'며 불교에 철퇴를 내려줄 것을 간언했다.

왕이 머물고 있는 경희궁 존현각까지 자객이 침입하기도 했는데 정조가 즉위한 해의 일이다. 정조는 왕위에 올라 아버지 사도세자의 죽음에 직접 관여한 자들은 숙청했어도 여전히 반대세력을 거느리고 있었다. 설상가상 그들은 정조를 제거하기 위한 밀모를 멈추지 않았다. 급기야 사도세자를 죽음으로 몰고 갔던 나경언 고변의 주동자 홍계희 자손들에 의한 정조 암살 역모사건(정유역변)이 발생했다.

정조 즉위를 반대했던 형조판서 출신 홍지해는 귀양을 갔지만 그 가문은 여전히 불안 속에 지낼 수밖에 없었다. 그들은 자신들에게 가해지는 압박에 못 견뎌 역공을 취하려고 했다. 홍계희의 손자 홍상범은 궁궐에 암살단을 난입시켜 정조를 시해할 계획이었다. 그는 천민 출신 장사 전흥문과 궁궐을 경호하는 호위군관 강용휘를 포섭하고 20여 명의 무사까지 확보했다.

7월의 깊은 밤을 틈타 홍상범은 거사를 실행했다. 자객들은 정조가 있는 경희궁 존현각까지 큰 어려움 없이 접근한 뒤 재빨리 지붕 위로 올라갔다. 독서 중이던 정조는 수상한 발소리와 함께 기왓장 깨지는 소리를 어렴풋이 들었다.

"여봐라, 게 아무도 없느냐?"

정조의 부름에 호위군사들이 급히 달려왔다. 존현각 주변이 어수선해지자 지붕에 있던 자객들은 몸을 숨길 수밖에 없었다. 정조의 암살이 미수에 그치자 홍상범은 8월에 다시 시도했다. 그러나 그동안 경계수준을 높여놓고 있던 호위군사들에 의해 자객들이 체포되어 허사로 돌아갔다. 홍상범은 정조를 죽인 뒤 사도세자 후궁 경빈 박씨의 아들인 은전군을 왕으로 추대하려고 했었다. 정조는 은전군을 사사시키고 홍상범과 그 일가를 비롯한 주동자 23명 모두 처형

창덕궁 후원
약 13만여 평인 창덕궁 면적 중 약 9만여 평에 이르는 후원은 조선시대 궁궐의 후원 가운데 가장 넓고 경치가
아름다워 왕실 사람들의 사랑을 받았다. 나무가 울창해 이곳을 통해 몰래 궁궐로 숨어드는 이들이 있었다.

했다. 귀양살이를 하고 있던 홍지해는 아들 홍상간과 두 동생인 홍술해, 홍찬해가 대역죄로 처형되자 함께 주살되었다.

한편 정유역변이 정조의 자작극이라는 일설이 있다. 정말 반대세력이 작심하고 실행했다면 보다 철저한 준비와 전개로 실패하지 않았을 것이라는 주장이다. 정조가 반대세력을 제거하기 위해 꾸민 구실로 보는 견해다.

왕의 생명을 위협하려는 자객의 궁궐 침입만큼 심각한 수준은 아니지만 도적의 출몰로 한바탕 곤혹을 치르기도 했다. 순조 대의 일로 단검을 든 도적 두 명이 새벽에 덕수궁 뜰까지 잠입했다가 발각되었다. 몸을 숨기고 있던 한 사람은 호위군사에게 잡혔고 다른 하나는 달아나버렸다. 날이 밝도록 수색했지만 결국 실패하자 순조는 궁궐의 호위를 명하고 대신들로 하여금 정국(庭鞫)을 열도록 했다. 그러는 도중 나머지 한 사람도 잡혀와 함께 심문을 받게 되었다. 두 사람은 무수리를 유인해 재물을 훔쳐내려는 계책으로 허리에 전대까지 감춘 채 어둠을 틈타 궁궐로 침입한 사실이 드러나 목이 날아갔다.

정치적 목적을 가진 자들에게 궁궐의 문과 담장 그리고 건물들은 통과하고 넘고 점유해야 하는 대상일 것이다. 왕자의 난, 계유정난, 중종반정, 인조반정, 임오군란, 갑신정변, 을미사변 등이 그랬다. 반면 일반 백성들에게 있어 구중궁궐은 호기심 자체고 죽기 전에 꼭 한번 보고 싶은 별천지와 같았다. 헌종 대 그 호기심과 소원을 못 참고 궁궐로 무단침입한 자가 있었는데 월담이 아닌 창경궁 공북문을 통해서였다.

강원도 출신인 최관유는 유민으로 주린 배 움켜쥐고 떠돌다 한성까지 오게 되었다. 한성이라고 가난한 자에게 특별할 것이 없었지만 높고 견고한 담장 하나가 그의 발길을 세웠다. 왕이 사는 궁궐임을 안 그는 갑자기 궁금증이 발동했는데 운명마저 바꿔놓는 일이 되고 말았다. 배곯을 일 없는 궁궐이라 바닥에 떡 하나 떨어져 있을지 모른다는 상상에 앞뒤 따질 겨를이 없었다.

다행인지 불행인지 수문장이 잠시 한눈을 파는 사이 재빨리 문을 통과한 그는 구석진 곳으로 일단 숨었다. 그러나 들키지 않고 구경을 해야 한다는 조급함에 오히려 서두르다 그만 뒷덜미를 잡히고 말았다. 그를 집요하게 심문했지만 우매한 백성이 품은 호기심 말고는 역모나 다른 혐의점을 찾아내지 못했다. 그렇지만 궁궐의 지엄함은 무뎌지지 않아 그를 머나먼 외딴섬에 보내 노비로 삼으라는 명을 내렸다.

조선시대 궁궐의 무단출입에 대한 규정은 간단명료했다. 궁궐 문으로 무단침입한 자는 장형 1백 대 또는 장형 60대와 1년의 도형(강제노역)에 처했다. 야간에는 어명 없이 출입이 불가했고 막지 못한 군사도 같은 벌을 받았다. 특히 왕이 머물고 있는 곳이나 수라간에 무단출입 시 가차 없이 사형이었다.

최관유는 매를 맞고 옥살이 1년을 견디면 떠돌이지만 다시 자유의 몸이 되었을 수도 있었다. 그러나 운도 지지리 없었던 그는 평생 외딴섬에서 노비로 살다 늙어 죽었다. 그와 달리 왕과 한때의 인연으로 궁궐 문 앞에서 즉석 벼슬까지 얻어 당당히 걸어 들어갔던 인물이 있었다. 철종이 더벅머리 총각시절 강화도에서 사귀었던 벗금가였는데 비천한 신세는 같지만 운명은 전혀 달랐다.

왕통을 이으라는 교지에 묶여 영의정 정원용을 따라 궁궐로 향하던 철종의 행차를 졸졸 따라오던 사람이 금가였다. 철종은 작별을 슬퍼하는 그에게 한성에 오게 되면 가장 큰집을 찾으라는 말을 남기고 궁궐로 향했다. 2년 뒤 철종이 궁궐 뜰을 거닐고 있는데 소란스러운 소리가 들려 환관에게 알아보게 했다. 강화도에서 온 금가라는 천민인데 수문장이 엄포를 놓는데도 왕을 만나겠다며 떼를 쓰고 있다는 것이었다. 반가움에 그를 들여보내라고 했지만 대신들이 천민신분은 궁궐에 발을 들여놓을 수 없다고 하자 철종이 소리쳤다.

"그럼 당장 그에게 중추부도사 벼슬을 내리도록 하라!"

졸지에 종5품의 감투를 쓰게 된 금가는 그렇게 입궐할 수 있었고 철종의 첫사랑 봉이 소식을 전해주며 재회의 기쁨을 나눴다. 철종은 그에게 원하는 만큼 땅을 내주도록 강화유수에게 명하겠다고 약속했다.

금가는 강화도로 돌아가 뒷산 정상에서 눈길 닿는 데까지 마음껏 정한 땅을 얻을 수 있었다. 야사가 전하는 이야기지만 외딴섬 노비 신세의 기구한 운명을 다시금 헤아려보게 한다.

남의 남자를 위해 울어주던 과부댁

1904년 기울어가는 대한제국을 뒤로한 채 멕시코로 노동이민을 가던 사람들을 실은 이민선에 수상한 밀항자가 발견된 일이 있었다. 출발항인 제물포에서 화물칸 짐 속에 숨어들었던 남장 여자였다. 큰 짐 궤짝에 숨어있었다고 해서 궤짝네로 불린 그녀의 정체는 창덕궁에서 감원으로 퇴출당한 궁녀였다. 강제송환을 당하게 된 그녀는 단식 등의 위협으로 항해 중 숨진 이민자 대신 멕시코 유카탄 반도의 이민촌에 들어갈 수 있었다.

더욱 놀라운 그녀의 실체가 드러났는데 왕실이나 종친 그리고 고관대작 집에 초상이 나면 차출되었던 곡비(哭婢)였다. 그녀의 이력은 머나먼 이국땅에서 십분 발휘되었다. 타향에서 의지한 곳 없이 고생만 하다 죽은 동포를 위해 조선의 울음소리로 곡(哭)을 해주었던 것이다. 고단한 삶을 이어가던 이민자들에게 그녀는 고국의 손길과도 같은 존재였지 않았을까.

278

조선시대 양반가의 계집종은 주인집에 초상이 나면 대신 쉬지 않고 곡을 해야만 했다. 그녀들을 '곡하는 계집종'이라고 해서 곡비라고 불렀는데 전통사회의 애환 가운데 하나였다.

고려시대 국장(國葬) 때부터 존재했던 곡비는 조선시대로 넘어오면서 대신의 예장(禮葬)에도 등장했다. 당시는 상중에 곡을 그치지 않게 하는 것이 망자와 조상에 대한 예의라고 여겼다. 국장과 예장의 장례는 보통 수개월이나 걸려 상주가 쉬지 않고 운다는 것은 거의 불가능해 대곡(代哭)할 사람이 필요했다.

태조 이성계의 국장을 치를 때 고려시대부터 내려오던 제도라며 저자의 여자들을 동원해 울면서 따라가게 했다. 한성부에 거주하는 사람들은 세금 대신 집터에 대한 가대세(家垈稅)와 방역(坊役)의 의무를 지고 있었다. 방역에는 야간 순찰의 좌경, 한강 얼음 옮기기의 장빙역, 왕릉 조성의 산릉역이 있었는데 곡비도 포함되었다. 그러나 옳지 못하다는 비판이 있은 뒤 세종 즉위 초 예조에서 '명국의 경우 국장에는 공주와 내관들이 따라가며 발을 구르고 곡을 했지만 조선에서는 공주를 궁녀로 대신하고 관비(官婢)를 쓰자'고 아뢰었다. 2년 뒤에는 '대신의 예장 때 본가 소유나 타인의 계집종을 시켜 곡을 하게 하자'는 주청에 세종이 윤허하기도 했다.

일반 양반가에서도 초상이 나면 탈상 때까지 곡을 했는데 역시 상주가 지속하기 어렵다는 이유로 대곡이 등장하기 시작했다. 곡비로 내세운 것은 자기 집 계집종으로 여의치 않을 경우 민가의 여자를 사서 고용하기도 했다. 양반들이 직접 제대로 된 곡을 하지 않으면서 곡비를 시킨 것은 유교식 상례(喪禮) 절차 때문이었다. 그 절차의 주된 내용은 '울음으로 시작해 울음으로 끝난다'는 것이다. 조선시대 양반가 선비들 삶을 좌지우지했다고도 볼 수 있는 주자의 《가례》에는 곡하는 시기까지 정해놓고 있다. 시신을 싸서 묶는 절차인 소렴(小殮)할 때, 입관하는 대렴(大殮) 후 임시 가매장인 빈(殯)을 마칠 때, 상주가 상복을 갈아입는 성복 뒤 아침저녁으로 영전에 제사를 지낼 때, 상여가 장지로 떠나는 발인 하루 전부터 도착할 때까지 곡소리가 끊이지 않아야 했다.

아무리 슬픔에 젖은 상주라도 때를 맞춰 울 수도 없고 체력에도 한계가 있었다. 더군다나 양반 체면에 목놓아 곡소리를 낼 수도 없고 이미 큰 슬픔이 한차례 지난 뒤라 더는 감정이 복받치지 않는 경우도 있다. 그러나 문상객들의 눈이 있어 행여 곡소리가 시원치 않았다는 뒷말이 생길까봐 예법에 맞고 분위기까지 압도할 수 있는 대신 울어줄 사람이 필요했다. 대곡이 겉으로 보여주기 위한 양반들의 예법 문화의 하나로 평가되는 이유이기도 했다.

숙종 대 사헌부지평을 지낸 한영휘가 어머니 장례식 때 관기를 곡비로 썼다가 탄핵당하는 일이 있었다. 그런데 곡비의 사용 자체보다는 관기를 불렀다는 것에 더 비중을 두고 있다는 점이 눈에 띈다. 상여의 행렬을 인도하는 것이 곡비들이 될 만큼 그때부터 일반적인 풍조로 자리 잡게 되었다. 탄핵의 예를 남겼지만 조선시대 후기로 갈수록 그와 같은 일은 비일비재했다.

곡비의 문화는 마치 유행처럼 번져 민간에서도 널리 쓰이게 되었다. 그러자 조정에서 벼슬 없는 일반 백성들의 사치를 금한다는 명목을 내세워 규제하기 시작했다. 조선시대 여러 금지항목을 나열한

《임하필기》의 '금제절목' 가운데 '서인(庶人)의 초상에 길을 인도하는 곡비를 쓰지 말라'는 내용이 있다. 곡비가 양반들의 체통을 위한 것이니 평민들은 이용불가라는 것이다.

현종 대에는 일반 백성들의 초상 때 곡비는 물론 신주 가마인 향정자(香亭子) 사용마저 못 하게 했다. 그러나 잘 지켜지지 않아 숙종 대에도 곡비와 향정자 사용에 대한 위법사례가 빈번했다. 곡비문화가 하층 신분에까지 상례의 절차로서 퍼졌다는 것을 반증하는 일이다.

금지와 규제가 현실에서 힘을 잃었던 이유가 체면과는 또 다른 문제 때문이었다. 당시 상례를 보면 5일장은 기본이고 기간을 넘기는 상갓집이 적지 않았다. 일주일 정도를 울어야 했고 상여를 매고 매장지로 오고가는 동안도 마찬가지였다. 매장지가 가까운 산이라고 해도 상여를 짊어지고 가는 길이라 하루 종일 걸렸다. 집으로 돌아왔다고 끝이 아니라 신주를 모시고 올 때 지내는 반혼제(返魂祭)가 기다리고 있어 마른 목이 갈라질 정도로 또 울어야 했다. 울지 않아도 된다는 졸곡제(卒哭祭)가 끝날 때까지 문상객이 찾아오면 사정은 이어졌다. 상주와 식구들 그리고 부리는 계집종까지 지칠 대로 지쳐 나중에는 집안일조차 마비될 지경에 이르렀다. 돈을 주고서라도 민가의 여자들을 동원할 수밖에 없었다.

원래 장례기간 내내 슬픔에 겨워 울어야 한다는 것은 중국에서 들어온 유교적 사고방식이었다. 고구려에서는 사람이 죽으면 눈물로 곡은 하지만 장례에서는 북과 풍악을 울리고 춤까지 추면서 망자를 배웅했다. 사랑하는 사람의 죽음은 슬픈 일이지만 저승에서 더 나은 새 삶을 산다고 여겨 기쁘게 보낸다는 의미였다. 그 풍습은 국장에서의 곡비를 허용한 고려시대를 거쳐 조선 건국 초기까지 전해졌다.

《태조실록》에 '지방의 백성들은 그 부모의 장례 때 상여꾼을 모아 술판에 노래 부르고 피리까지 불며 조금도 애통해하지 않는다'고 기록되어있다. 그래서 그 풍습이 유교적 가치관에 맞지 않기 때문에 금지시키게 되었다. 그 후 북과 풍악은 곡으로 완전히 바뀌며 장례문화에 변화가 생기기 시작했다.

곡비로 동원된 사람으로는 양반가 계집종과 민가의 여자가 있지만 과부도 대다수를 차지했을 것이다. 일단 사별한 경험이 있고 또 경제적으로 넉넉지 못한 형편이라 부름에 누구보다 적극적이었기 때문이다.

고인의 가는 길을 위로하고 남겨진 사람들의 사정을 헤아려 자식된 도리를 대신하던 곡비는 긍정적인 면이 없지 않았다. 그래서인지 이탈리아의 사르데냐 섬과 프랑스의 코르시카 섬 등지에서도 우리나라의 곡비처럼 장례식장에서 울어주는 여자들이 있었다. 아티투도라스라는 여자들로 온몸으로 슬픔을 표현하며 장례를 잘 치러주는 상주와 가족들을 칭찬하기도 하면서 곡을 했다. 울음과 동작 그리고 리듬이 혼합된 과정이 마치 한편의 연극처럼 보이며 실제 열연을 할수록 소득이 높다고도 한다. 죽은 자와 산 자를 위한 마음은 세계 공통인 듯하다.

품행이 부정한
양반가 부녀자의 명단이 있었다

이혼 뒤 처녀 행세하는 여자를 '되모시'라고 일컬었다. 마치 인생 자체가 초기화된 것 같아 자존적이고 도발적이기까지 하다. 정식으로 결혼하지 않고 남자와 사는 이혼녀나 과부를 지칭한 '가지기'라는 수식어도 존재했다.

이혼녀나 과부라고 하면 왠지 유리상자 안에 든 사람처럼 여겨진다. 일거수일투족 만인의 관심거리가 되고 스스로 죄인 아닌 죄인이 되기도 한다. 부정적인 시선을 피할 수 없는 것은 행실이나 성격에 문제가 있거나 성(性)에 자유로울지 모른다는 편견 탓이다.

그에 대한 반발심이었는지 '홀아비는 이가 서 말이요 홀어미는 은이 서 말이다'는 속담이 오랫동안 허희탄식(歔欷歎息)에 시달린 그녀들의 가슴을 어루만져 왔다. 부인을 잃은 홀아비는 집안에 이가 바글거릴 정도로 살림이 너저분하고 곤궁하지만 홀어미는 남편 없이 살아도 착실하고 알뜰해서 은붙이나마 모은다는 뜻이다. 수절을 강요하던 유교적 통치이념이 만든 무형의 형틀로 해석되기도 해서 썩 유쾌하지만은 않다.

조선시대는 이혼녀보다 남편을 국역장이나 전장에서 또는 천재지변과 전염병 등으로 잃은 과부가 많았을 것이다. 그래서인지 처음에는 재혼에 큰 제약이 없었고 3번 이상만은 제도적으로 막았을 뿐인데 그 후 규범이 강화되었다.

삼국시대와 고려시대에는 재혼을 사회적으로 엄격히 금하지는 않았다. 오히려 자연스러운 일로 받아들이는 풍조였는데 조선시대로 넘어오면서 유교의 영향 등으로 차츰 평가가 달라졌다. 예외라면 부모나 자식이 없어 수절하는데 고충이 따를 때는 관용을 베풀었다. 또 무자식에 청상과부로 어쩔 수 없는 사정 등이 있으면 길을 열어주었다. 합당한 이유가 있어 부모의 허락 아래 앞날을 보장받을 수도 있었다. 다만 3번째의 새 출발만은 규제했던 것이다.

태종 대 사헌부에서 대장군 출신으로 '제1차 왕자의 난'때 공을 세운 바 있는 마천목의 부인 김씨의 처벌을 주청한 일이 있었다. 김씨는 일찍이 조선 개국공신 조기와 혼례를 올려 택주(宅主)로 봉해졌는데 사별하자 몇 년 후 검교중추원부사 홍인신에게 시집을 갔다. 그때 해당 관아에서 처벌을 청해 이혼시킨 뒤 자격박탈의 조치까지 내렸다. 그런데도 기회를 엿봐 마천목에게로 또 시집을 갔던 것이다. 사헌부에서는 김씨가 다시 풍속을 더럽히지 못하도록 먼 변방으로 추방해줄 것을 주장했다.

대사헌 허응이 태종에게 아뢴 재혼에 대한 시무조항이다.

양반의 정처로서 세 번 남편을 얻은 자는 고려의 법에 의해 자녀안(恣女案)에 기록해 부도(婦道)를 바르게 하옵소서.

자녀안은 품행이 부정한 양반가와 언행이 음란한 양민가 부녀자들의 명단과 죄명을 기록한 문서다. 부정한 행위를 하거나 3번 이상 재혼한 사람 등을 기록했고 해당자는 고역에 처해졌다.

조선시대에 이혼을 억제했던 이유는 여자에게 강요한 정절 때문이다. 여자에게 있어 정절은 남편이 살아있을 때는 물론 죽은 뒤에도 지켜야 하는 중요한 덕목이었다. 양반가에서는 남편의 3년상이 끝나기도 전에 재혼할 경우 강제로 이혼당하고 고향으로 내쫓기는 일이 적지 않았다. 여자가 인륜을 파괴하고 어지럽혔다는 것이 이유였는데 태종 대 강거신의 부인 목씨가 해당된다. 목씨는 남편이 주자 3년도 되지 않아 상호군 김만수에게 시집갔으나 결국 이혼을 당한 채 고향으로 돌아갈 수밖에 없었다.

하지만 자녀안을 맡아 기록하고 관리하는 관청이 마련되지 못해 시행이 순조롭지 않았던 것으로 보인다. 그 결과 세종 대 대사헌 이숙치 등이 '앞으로는 사헌부에서 담당해 명단을 기록해 풍속을 단속할 것'을 청하게 되었다.

단종 대 별좌 김자균의 부인 변씨가 실제로 자녀안에 기록되는 일이 벌어졌다. 김자균 역시 정처를 버리고 새로운 부인을 맞이한 처지였지만 변씨의 이력이 더욱 부도덕하다고 판단한 결과였다. 변씨는 이미 김자균에게 오기까지 2번의 새살림 경력이 있었다.

과부의 재혼금지규범을 더욱 강화시킨 것은 성종 대 대신들이 논의한 직후였다. 종전처럼 허용하되 3번은 안 된다는 쪽으로 의견이 모아졌다. 그러나 성종은 소장학자 임원준 등이 내세운 '유교와 풍속을 바로 세운다'는 주장을 받아들여 아예 재혼금지입법을 시행시켰다. 성종 16년(1485) 《경국대전》에 명문화한 이후에는 차츰 풍속으로 굳어지게 되었다.

정절사상의 정점에 있던 것이 그때 시행된 재가녀자손금고법(再嫁女子孫禁錮法)이다. 재혼한 여자의 자식은 과거시험 응시자격을 제한한다는 것이 주 내용이었다. 과거급제를 가문의 목표이자 영광으로 삼았던 당시 양반가에 있어 재혼은 곧 집안의 몰락을 의미할 정도였다. 그 법으로 이전까지 그나마 숨통이 트였던 여자들의 재혼이 사실상 불가능해졌다.

한숨 속에서 은 서 말을 모아야 했던 과수들의 숨통이 그나마 트인 것은 4백 년이 흐른 조선시대 후기에 와시였다. 고종 25년(1888) 박영효가 고종에게 올린 상소에 여자의 개화에 대해 '남자가 첩을 두는 것을 금하게 하고 과수의 임의개가를 허락할 것'이라고 언급한 부분이 있다.

그러나 당장의 봄바람은 되지 못했다. 1894년 갑오개혁 때 법적으로까지 허용했으나 실제로 재혼하는 일은 거의 없었다. 사회적인 규범과 친정이나 자식들에게 쏟아질 차가운 시선을 의식해서였다. 그 후 1930년대에 들어서 처음 공식적인 기록이 보이는 것을 봐서는 결코 쉬운 일이 아니었음을 알 수 있다.

영조 대 추위와 굶주림에 시달리던 과부 한 사람이 오직 채제공만이 도움을 주리라 여겨 그가 잘 되기를 축원한 일이 있었다. 기도가 통했는지 정말 얼마 뒤 채제공이 평안도관찰사에 제수되었다. 사정을 전해들은 채제공이 천금을 보내와 그녀는 아들을 장가보내고 찌들지 않게 생계를 꾸려갈 수 있었다.

그녀가 인내 속에서 과부의 삶을 이어갔던 것은 장가보낼 아들이 있고 며느리와 손자를 볼 수 있다는 기대 때문이 아니었을까.

차라리 이럴 바에는
노비로 살게 해주오

　우리나라 노비(奴婢)의 역사는 오래되었다. 고조선은 도둑질한 자를 그 집의 노비로 삼게 했으며 부여는 살인자의 가족을 노비로 만들었다. 삼국시대에는 전쟁포로와 특정 범죄자를 비롯해 채무자나 극빈자들까지 노비가 되는 경우가 많았다. 특히 전쟁포로는 치열했던 삼국 간의 항쟁 때 중요한 인력이라 전장으로 나가는 장수에게 나눠주었다.

　고려시대에는 압량위천(壓良爲賤)이라고 해서 권문세가나 부호들이 힘없는 선량한 백성들을 위협해 노비로 삼았는데 조선시대 역시 마찬가지였다. 노비의 수는 세습으로 인해 차츰 증가했고 부모 중 어느 한쪽만 노비여도 자식은 무조건 그 신분에 묶였다. 한편 반역 등 중범죄를 저지른 자의 가족들이 노비로 전락하기도 했다. 정순왕후(단종의 비) 송씨의 경우 쫓겨난 단종이 유배를 가자 군부인(君夫人)으로 강봉된 뒤 한때 관비가 된 바 있다. 삼일천하의 갑신정변으로 꿈을 접어야 했던 김옥균의 부인 유씨와 7세 딸 역시 관비가 되었다.

노비의 노(奴)는 사내종이고 비(婢)는 계집종을 뜻하는데 보통 종이라고 불렀다. 노비의 가격은 나이와 성별에 따라 달랐고 계집종이 사내종보다 조금 비쌌다. 사내종의 경우 젊고 튼튼할수록 값이 더 나갔으며 계집종은 건강하고 임신할 가능성이 높으면 고가였다.

어느 시대든 노비라고 해서 순종하며 사는 것이 아니라 기회만 있으면 벗어나려고 애를 썼다. 고려시대에는 노비안검법(양인 출신 노비의 구제법)이 있어 일부가 신분 변화를 꾀할 수 있었다. 노비를 양인으로 전환시키기 위한 전민변정도감을 통해서도 해방되었는데 다른 길도 열려있었다. 전쟁이나 난 등에서 군공(軍功)을 세우는 일이었다. 특히 무예가 뛰어나서 눈에 띄면 신분 상승마저 기대할 수 있었다. 고위관직까지 오를 수도 있었는데 그 대표적인 인물이 무신정권 때 권력자가 된 이의민이다.

이의민은 아버지가 소금장수고 어머니는 노비라 그 역시 자신의 숙명을 받아들일 수밖에 없었다. 하지만 8척에 달하는 키에 타고난 체력과 무예실력으로 군대에 발탁되면서 운명이 바뀌었다. 별장이 된 그는 무신정변 때 무신으로 가담한 뒤 장군으로 승진했고 조위총의 난을 진압하면서 무반 최고 관직 상장군에 올라 출세가도를 달렸다. 그리고 마침내 무신정변 주모자 정중부를 제거하고 정권을 잡은 경대승이 사망하자 무인집정의 최고 지위까지 오를 수 있었다.

스스로 운명을 개척하고자 노비해방에 뛰어든 인물도 있었다. 무신정권 집권자 최충헌의 노비였던 만적은 다른 노비들을 규합해 반란을 도모했다. 그는 무신정변 이후 고관대작이 천한 노비 출신에

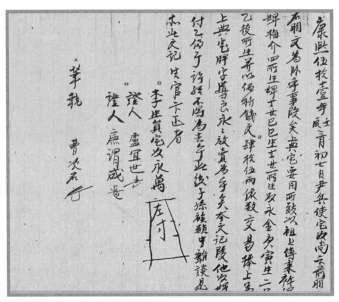

노비문서
숙종 38년(1712) 노비 2명을 45냥에 매매하면서 작성한 문서   국립중앙박물관 소장

서 많이 배출되었으니 어디 왕후장상의 씨가 따로 있겠느냐며 거사
를 실행하고자 했다. 그러나 거사 직전 발각되어 그를 비롯해 모두
목이 날아갔다.

주인 대신 시묘살이를 하는 것으로 면천을 바라기도 했다. 시묘
살이는 부모가 죽었을 때 자식이 3년 동안 묘 근처에 여막(작고 허름
한 초가)을 짓고 돌보며 공양드리는 일이었다. 최고의 효로 인정하지
만 결코 쉬운 일이 아니었다. 문종은 아버지 세종의 시묘살이로 건
강을 잃고 지병까지 겹쳐 재위 2년 4개월 만에 39세로 병사했다.
그래서 부모에게 절대 효는 될 수 없었지만 노비를 시켰던 것이다.
시묘살이를 끝낸 노비는 자유의 몸이 될 수 있었으나 40세가 넘어야 한다는 조건이 붙어있었다. 만약 노비가 팔팔한 이십대라면 미래를 위한 보험치고는 막연하고 허탈할 수도 있었다.

한편 청춘과 목숨까지 바쳐가며 신분 상승을 꾀하려던 것과 달리 오히려 노비가 되려는 자들이 있었다. 주로 고려시대 후기에 드러난 현상으로 투탁(投託)이라고 했다. 농사를 짓던 가난한 양민이 파산으로 당장 굶어죽게 생기자 자진해서 권문세가의 노비가 되려고 했다. 물론 솔거노비가 아닌 외거노비를 겨냥한 일이었다. 솔거노비는 주인과 함께 살며 상전의 수행을 비롯해 온갖 집안일과 농사일에 시달리는 것도 모자라 잘못하면 밥만 축낸다고 매질까지 당하기 일쑤였다. 반면 외거노비는 일단 주인의 눈총에서 멀리 벗어나 따로 살면서 농업 등에 종사하며 매년 일정한 신공만 바치면 되었다.

외거노비는 신공 이외의 수확물 일부를 챙겨 재산도 모을 수 있었다. 주인은 많이 거느린 솔거노비로 인해 때로 부담스러운 것보다 자신의 토지를 경작해 수익을 내주는 외거노비가 더 반가웠다. 그래서 많은 자가 권문세가로 몰려들었는데 나라는 골머리를 앓아야 했다. 주인에 소속된 노비라 세금과 군역이 면제되었기 때문이다. 대책으로 외거노비에게도 세금을 거둬들이기도 했다.

조선시대 역시 달라진 것이 없었고 면천을 학수고대하는 분위기도 줄어들지 않았다. 그 출구를 탈출이라는 방법을 통해 열기도 했다. 임진왜란과 병자호란의 혼란 속에 공노비 대부분이 도망친 일이 있었다. 전쟁이 끝난 뒤 관청의 업무가 한동안 마비될 정도로 후유증은 심각했다. 개인이 소유한 사노비의 탈출도 빈번했지만 다시 잡아오기가 쉽지 않았다. 신고를 해도 담당 관리들은 소극적인 태도로 일관할 뿐이었다. 설상가상 도망친 노비들은 섬과 두메산골 깊숙이 숨거나 먼 타지의 다른 주인 밑으로 들어가 있어 찾아내기가 거의 불가능했다.

무려 30여 년 만에 덜미를 잡힌 노비가 있었다. 체포 당시 그는 태백산 기슭 산골에서 마을사람들에게 글을 가르치고 있었다. 영조대 과거급제 후 현감과 판관까지 지낸 그의 정체는 도망친 노비 이만강이다. 충청도 출신인 그는 어릴 때부터 총명해 한마을에 사는 선비에게 글을 배웠다. 그러나 신분의 한계를 깨닫고 고민하던 중 도망치게 되었다. 떠돌이로 지내던 그는 강원도 영월에 정착해 그곳 호장의 딸을 부인으로 삼았다. 엄택주로 개명한 뒤에는 양반행세를 하며 과거급제를 거쳐 관직에 오를 수 있었다.

벼슬에서 물러나 산골에서 살고 있던 이만강은 신분이 탄로나면서 다시 노비가 되어 전라도 흑산도로 유배되었다. 과거급제 기록도 삭제되고 원래 이름인 이만강으로 되돌려진 채였다. 조정과 민간을 떠들썩하게 했던 그는 1년 뒤 새로운 폭풍이 되어 재등장했다. 유배 중이던 그가 섬에서 빠져나와 한성을 왕래한 사실이 상소에 의해 드러난 것이다. 죄인이 유배지를 무단이탈한다는 것은 목숨을 담보로 하는 위험천만한 일이었다. 그는 매를 맞으며 심문을 받았는데 다행히 목숨은 건질 수 있었다.

이만강은 9년 뒤인 영조 31년(1755) 벌어진 을해옥사(나주 벽서사건)로 발목을 완전히 잡히고 말았다. 사헌부지평이었던 소론 윤지는 김일경 등이 일으킨 옥사에 연좌되어 30년 동안 귀양살이를 했었다. 노론에 불만이었던 그가 조정의 정책을 비방하는 벽서를 전라도 나주 객사에 붙였던 것이다. 윤지는 관련자와 함께 처형되었는데 국문 도중 이만강의 이름이 나왔다. 이만강은 유배 중 윤지와 서찰을 주고받았다는 죄명 아래 모진 고문 끝에 결국 죽고 말았다. 그는 심문과정에서 '글재주가 있는데도 죄로 인해 귀양을 가서 원한이 가득하던 차에 윤지 등과 교류하게 되었다'고 진술했다.

실록의 붓 끝에 야사의 먹이 살짝 묻은 내용이지만 조선시대 신분제도의 높은 벽 앞에 한 인물의 신분 상승과 인생 몰락을 잘 드러내주고 있는 일화다. 그 이야기는 지난 1987년 TV드라마로 각색되어 방영되었던 《사모곡》과 1996년 《만강》이라는 제목으로 리메이크되어 잘 알려진 바 있다.

고려시대처럼 조선시대 역시 스스로 노비가 되려는 움직임도 있었다. 5백 년의 세월이 흐른 뒤였지만 사정은 같아 자매(自賣)가 성행했다. 특히 조선시대 후기 흉년이 이어지자 먹고 살 길이 막막해진 사람들이 자신과 처자식을 노비로 팔았다. 눈덩이처럼 불어난 빚 때문에 그 길로 들어서는 일도 벌어졌다.

노비 신분에서 벗어나려고 군공종량(군공으로 면천), 납속종량(재산 헌납으로 면천), 속신(모종의 대가를 치르고 면천) 등의 방법을 모색하던 한편에서는 굶주림과 빚 때문에 스스로 노비의 길로 들어설 수밖에 없었던 조선시대였다. 순조 대 공노비가 사라지고 고종 대 갑오개혁으로 사노비마저 소멸되었지만 실제 노비는 일제강점기 때도 존재했다. 노비가 완전히 사라진 것은 한국전쟁 이후 근대화와 산업화가 시작되면서부터였다.

우리가 알고 있는
실록의 진실 혹은 거짓 1

조선시대 사관(史官)은 왕의 사적인 술자리라도 병풍 뒤에 숨은 채 받아 적어 사초(史草, 실록 원고)를 작성했다. 사냥터까지 변장을 하고 쫓아와 빠짐없이 기록했다는 점에서 생생한 현장기록으로 볼 수 있다. 사실을 정직하게 기록한 사초라도 정작 실록(實錄)에 고스란히 올리지 않는다는 것이 문제였다.

왕은 절대 사초를 볼 수 없는 것이 왕실의 원칙적인 법도였다. 선왕이나 자신에게 오점이 될 만한 내용을 발견했을 때 불상사가 벌어질지도 모르기 때문이다. 그래서 사전에 예방하는 편법이 동원되었을 가능성이 농후하다. 전체는 아니겠지만 실록은 왕이 가장 총애하고 신임하는 신하를 춘추관 책임자로 앉힌 뒤 선왕의 기록을 필삭(筆削)하게 하고 평가를 왜곡해 완성시킨 것으로 보는 시각이 팽배하다. 왕 자신의 기록 역시 위조를 통해 미리 작성된 사초로 만들게 했다는 것이다. 한편 왕의 직접적인 지시에 의해서가 아닌 이른

바 당대 충신들의 '알아서 기었던' 결과일 수도 있다.

왕의 행적을 아예 기록으로 남기지 못하게 하는 방법도 있었다. 사관은 공식적인 왕의 정사(政事)에는 빠짐없이 참여해 붓을 들었다. 다만 신하와 독대를 하거나 비공식적인 자리에는 왕의 허락 없이 출입 불가였다. 그 대표적인 예가 숙종이 세자(경종) 대신 연잉군(영조)을 그 자리에 앉히려는 속내를 갖고 있을 때다. 숙종은 노론의 영의정 이이명과 독대를 자주 하면서도 그때마다 사관들을 따돌려 정확히 어떤 대화가 오고갔는지는 실록에 남아있지 않다.

두 사람이 나눈 밀담은 노론과 소론의 정치적 대립만 극에 달하게 만들었다. 숙종이 죽고 경종은 왕위에 오를 수 있었지만 무자다병(無子多病)의 좌불안석에서 허덕이다 재위 4년 만에 독살설을 남긴 채 숨을 거뒀다. 그 뒤를 이은 영조는 무수리의 몸에서 태어난 왕이라는 꼬리표 때문에 소론 신하들과 대립각을 세워야 했다.

실록이 완벽한 진실만을 담고 있지 않다는 것을 반증하는 기록들은 들출수록 속속들이 드러날 정도다. 태조 7년(1398) 마침내 이방원(태종)은 정변의 칼을 뽑아들고 '제1차 왕자의 난'을 일으켰다. 《태조실록》을 보면 정변 바로 직전 이방원 집 앞에 '모두 모이게 되었지만 기병은 겨우 10명, 보졸은 9명뿐이었다'고 기록되어있다. 또 '여러 왕자의 시중꾼과 노복은 10여 명으로 모두 몽둥이를 들었고 소근만이 칼을 쥐고 있었다'는 것이다. 아무리 기습을 노린다고 해도 그 병력으로는 불가능하다. 지원세력인 지안산군사 이숙번이 장사 2명만을 거느렸다고도 하는데 그는 휘하 군사를 경복궁에 출동시킨 장본인이다.

이방원에게는 사병이 있었고 병장기 역시 부족하지 않았다. 정도전의 사병혁파 조치 때 이방원이 모두 태워버리라고 한 것을 부인 민씨(원경왕후)가 동생들과 함께 친정집으로 빼돌렸었다. 그런데도 실록에 등장하는 병력이 터무니없게 축소된 이유는 무엇일까. 《태조실록》의 편찬이 이루어진 것은 이방원이 왕위에 오른 뒤 핵심 최측근 하륜 등에 의해서였다.

개인 또는 특정 세력에 의해 실록은 조작되거나 왜곡될 수 있다는 점에서 논의여지가 많다. 그 예로 실록에 드러난 정도전의 최후는 비굴하기까지 하다. 죽기 직전 단검 한 자루를 든 채 방에서 기어 나오며 이방원에게 '살려달라'고 애걸복걸했다는 것이다. 상대적으로 신뢰성이 부족하다는 초기 기록이고 왕실의 정당성을 세우는 과정에서 기술된 것이라 정확하다고 볼 수는 없다. 승자는 이방원이고 실록을 만든 중심인물은 그의 핵심 측근들이다.

태조 이성계에게 있어 벗이자 정절의 신하이며 개국 일등공신이기도 했던 배극렴 역시 이방원에 의해 폄하되었다. 생전 자신보다 신덕왕후(태조의 계비) 강씨 소생인 이방석이 세자에 책봉되도록 힘을 실었다는 사실 때문이다. 이방원은 비록 처음에는 배극렴이 자신을 추천했어도 이방석에게로 이목이 집중된 꼴이 되었으니 너그러울 리 없었다.

태종은 태종 8년(1408) 이성계가 죽자 다음 해 하륜, 유관, 변계량 등에게 《태조실록》의 편찬을 명했다. 사관이 조선의 실록 편찬은 처음이고 당대에 활동하던 사람들 대부분이 생존해있어 시기상조라고 했지만 태종은 고집을 부렸다. 실록에 드러난 배극렴에 대한 부정적인 평가가 태종의 불편했던 심기와 무관하지 않다고 보는 이유다.

태종은 실록에 대한 의식 탓인지 평소 사관을 대하는 태도가 남달랐다. 세자로 있던 양녕대군이 온갖 비행 끝에 전중추부사 곽선의 첩 어리를 납치해 임신까지 시켜버렸을 때의 일이다. 양녕대군의 폐위를 야기한 결정적인 사건이었다고 하는데 태종은 궁궐 밖 외출과 알현마저 금하라는 명을 내렸다. 양녕대군은 왜 아버지의 여자는 모두 궁궐로 들여 애지중지하면서 자신에게만 새사람이 되라고 하느냐며 반발했다.

양녕대군의 상소를 본 태종은 화가 치밀어 욕을 하려다가 순간 멈칫할 수밖에 없었다. 평소 고지식하기로 유명한 사관이 있었기 때문이다. 한번은 사냥하다가 낙마를 한 적이 있었는데 신하들이 옥체를 보존하라고 귀찮게 상소를 올릴까봐 알리지 말라고 했다. 꼼꼼하기도 한 사관은 낙마사실은 물론 그것을 함구하라고 했다는 말까지 사초에 모두 적었다.

사관들의 기록정신에는 성역이 없었다고 보인다. 왕이 허물이 될 듯싶어 손사래를 친 것은 물론 욕설까지 고스란히 적었다. 정치가 문란했던 인종 대 문정왕후 윤씨 집권기에는 '암탉이 새벽에 우는 것은 집안의 다함이라고 했으니 이는 윤씨를 두고 하는 말이다'고 노골적인 비판도 실었다. 사관들이 최근 자꾸 졸고 있어 혼쭐내야겠다는 대신들의 논의까지 빠트리지 않았다. 한편 사관들은 외모에 대한 평가를 거의 하지 않거나 인색한 편이었다고 한다. 양녕대군이 애첩으로 삼은 어리나 희빈 장씨처럼 미색이라고 표현한 경우는 손에 꼽을 정도였다.

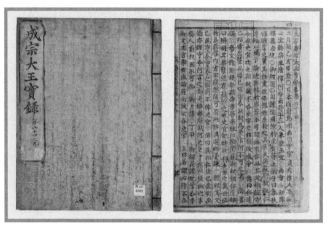

성종실록
성종의 재위 25년 2개월간의 역사를 기록한 실록이다. 297권 47책의 활자본으로
정식 명칭은 성종강정대왕실록(成宗康靖大王實錄)이다.　국립고궁박물관 소장

　　장남이자 세자인 양녕대군 대신 세종이 왕위를 잇게 된 과정에
대해 상반된 설이 양립한다. 양녕대군이 품행이 단정치 못하고 온
갖 비행 등으로 '광패해 폐위되었다'(정사)는 것과 세종의 성덕(聖德,
왕의 덕)을 알고 '왕위를 양보했다'(야사)는 것이다. 정사(正史)는 겉사
정이고 야사(野史)는 속사정의 기록이라고 한다면 어떤 해석이 가능
할까.

　　정사인《정종실록》에서의 꿈 풀이는 세종이 왕위를 물려받을 수
밖에 없다는 천명을 보여주고 있다. '제2차 왕자의 난'이 일어나던
날 아침 어머니 민씨가 태종에게 4세이 세종을 잠시 안거준 일이
있었다. 그때 날씨는 잔뜩 흐려있었는데 집을 나서는 태종의 등으
로 갑자기 햇살이 쏟아졌다. 간밤의 꿈이 생각 난 민씨는 '옛집 마
루 끝에 있다 보니 구름이 걷히고 해가 나타났는데 그 햇무리 한가

운데 막동이가 앉아있더라'고 하자 이웃집에 사는 정사파라는 자가 풀이를 해주었다.

"공(이방원)께서 당연히 임금이 되어 항상 이 애를 안아 줄 징조입니다."

태종이 왕위에 오르자 민씨는 하늘이 막동(莫同, 세종의 아명)을 통해 자신과 남편에게 천명을 내렸다고 믿었다. 정당성을 부여하기 위한 신화적인 요소가 짙은 그래서 첨가된 부분으로 보이는 대목이다.

'한 임금의 재위 동안 정령(政令, 정치상 명령 또는 법령) 및 기타 사실을 시대 순으로 기록한 것, 임금이 죽은 뒤 시정기(時政記, 역사에 남길 만한 나랏일들을 사관이 가려 적은 기록)를 거두어 정리하는 편년체의 기록'이다. 현재의 '실록'에 대한 사전적 풀이인데 '사실'이라는 단어가 새삼 유독 눈에 띈다.

우리가 알고 있는
실록의 진실 혹은 거짓 2

조선 건국 초기라서 상대적으로 실록의 건강상태가 양호하지 못하다고만 볼 수 없는 것이 그 후로도 사정은 달라지지 않았기 때문이다.

《세조실록》에는 단종이 '스스로 목매어 죽으니 예(禮)로써 장례를 치렀다'고 기록되어있다. 단종이 사약 앞에서 망설이다 타살되었다고 보는 야사 《음애일기》에서는 '그것은 당대 여우나 쥐 같은 간악한 놈들의 아첨하는 붓장난이며 후일에 실록을 편수한 그들 모두 세조를 부추기고 따르던 자였다'고 맞받아친다.

조선시대 역대 27명 왕 가운데 독살설에 관련된 인물은 무려 9명이나 된다고 알려져 있다. 그중 인종을 비롯한 경종, 정조, 고종이 가장 유력하며 정설로까지 받아들여지고 있다. 중종이 죽고 인종이 즉위하자 문정왕후 윤씨는 더욱더 초조해졌다. 실세가 된 대윤에 비해 자신의 아들인 경원대군(명종)을 중심으로 포진해있는 동생 윤원형을 비롯한 소윤의 세력은 빈약했다. 윤씨는 인종 앞에서 신세한탄을 늘어놓으며 경원대군의 미래를 걱정하고는 했다. 인종의 효심을 누구보다 잘 알고 있는 윤씨가 노린 꼼수였다. 그녀는 자신이 억지를 부리면 인종이 석고대죄라도 할 것으로 예상했다.

인종은 경원대군을 끝까지 보호할 테니 노여움을 풀라며 석고대죄에 들어갔다. 가뜩이나 허약한 상태에서 중종의 상을 치르는 동안 수라를 잘 들지 못해 건강을 더 해칠 수밖에 없었다. 결국 쓰러져 병석에 눕고 말았는데 겨우 기력을 회복한 인종이 문안인사를 하러 대비전에 갔을 때였다. 윤씨가 다른 날과는 달리 웃으며 떡을 권했다. 인종은 자신을 마치 자식으로 대하는 것 같아 기쁜 나머지 떡을 맛있게 먹었는데 심하게 앓다가 그만 절명하고 말았다. 왕이 된 지 8개월 만에 숨진 인종의 뒤를 이어 12세의 경원대군, 명종이 등극했다. 《인종실록》은 독살설과는 달리 '인종이 중종의 죽음을 너무 슬퍼한 뒤 병을 얻어 사망했다'고 전하고 있다.

한편 성종은 나름대로의 가치관을 갖고 사람을 대하던 인물이었다. 사관이 항상 무릎을 꿇고 머리 숙여 엎드린 채 기록하는 것을 보고는 교지를 내렸다.

"앞으로는 엎드리지 말고 허리를 곧게 편 채로 앉아서 모든 것을 두루 살펴 기록하라."

성종의 배려에도 불구하고 실록은 여전히 두루 살피지 못한 것들로 채워져 간 듯하다. 인조반정으로 쫓겨난 광해군이 유배생활 2개월째를 이어가던 때였다. 그의 아들 폐세자가 반정을 꿈꾸며 밤마다 몰래 담 밑으로 땅굴을 파 탈출하려다 발각되었다. 의금부도사

태백산사고 실록각과 선원보각
경상북도 봉화군 춘양면 석현리 각화사 부근에 있던 조선시대 후기의 사고.
외사고(外史庫)로 선조 39년(1606)에 설치했다.　국립중앙박물관 소장

가 파견되자 폐세자는 부인과 함께 목을 맸다. 소식을 전해들은 폐
비 문성군부인 유씨도 폐세자가 머물던 방에서 기둥에 목을 매 죽
었다. 《인조실록》에는 '폐세자는 사약을 받고 죽었으며 폐비는 병
사했다'고 기록되어있다.

　외교력에서 중심을 갖고 대처했던 실리외교의 달인 광해군과는
달리 반정으로 그 자리에 오른 인조는 정묘호란과 병자호란을 겪으
며 치욕을 남겼다. 청나라로 인질이 되어 끌려간 남녀노소 백성은
수십만 명에 달했는데 《인조실록》에는 '수만 명'으로 적어놓았다.

　상황에 따라서 축소되어 실렸던 실록에서 정작 찾아볼 수 없는
단어가 사실처럼 돼버린 경우도 있다. 사도세자의 죽음과 연관이
깊다고 알려진 '뒤주'는 사실 《영조실록》에 없는 말이다. 단지 '안
에 엄중히 가뒀다(自內嚴囚)'고만 되어있다. 어느 곳에서 죽었는지에

대한 정확한 진위도 밝혀진 것이 없다. 뒤주라는 표현은 그의 빈 혜경궁 홍씨가 쓴 《한중록》에 나온다. 그 후 편찬된 《정조실록》에 '한 물건(一物)'이라는 조금 더 구체적인 표현이 등장하는 것을 봐서 넓지 않은 협소한 공간이지 않았을까 추측된다. 뒤주가 설득력을 얻고 있는 이유인데 한편 벽장이라는 해석도 있다.

실록이 신뢰도를 얻기 위해서는 태평성대가 필요할지 모른다. 그만큼 순조로운 국정운영에는 과장이나 왜곡이 불필요하기 때문이다. 조선시대 후기인 순조, 헌종, 철종의 시대는 왕조가 아닌 세도정치의 중심에 있던 안동 김씨 가문의 역사였다. '영·정조의 조선 후기 중흥기', '영·정조의 르네상스' 등으로 평가되던 이른바 '영·정조시대'의 정신은 순조까지 이어지지 못한 채 맥이 끊어졌다. 정조가 죽자 정국은 다시금 과거로의 후퇴였으며 그 혼란기에 권신들은 세력을 확장해 세도정치의 시대를 본격화했고 조선왕조의 거대한 물줄기는 힘을 잃어갔다.

조선시대 후기 불안한 기류의 정점이 된 철종은 안동 김씨 가문이 권력 유지를 위해 내세운 꼭두각시 왕에 불과했다. 세도정치의 틈바구니에서 곧은 정사 한번 펼쳐보지 못하고 대규모 민란과 동학의 창건 등을 겪던 철종은 결국 피를 토하며 33세에 죽었다. 다음 해 정원용은 실록청총재관으로서 《철종실록》의 편찬을 주관할 때 남다른 감회에 젖었을 것이다. 강화도에서 숨죽여 살던 철종의 영립을 주장했고 직접 데려온 장본인이라 더욱 그랬으리라. 실록에 오르면서 철종은 무겁고 어색했던 곤룡포를 완전히 벗을 수 있었는데 왕통은 다시 단절된 채였다. 조선왕조 시조인 태조부터 이어온

《조선왕조실록》도 끝이었다.

1997년 《훈민정음해례본》과 함께 유네스코 세계기록유산으로 등재된 국보 제151호 《조선왕조실록》은 철종 대에서 마지막 페이지를 끝냈다. 사전적 정의대로 '조선 태조부터 철종에 이르기까지 25대 472년간의 역사를 연월일 순서에 따라 편년체로 기록한 책'이 된 것이다. 그 후 대한제국 황제 고종과 순종의 실록은 간략하게 쓰였고 일제의 주관적 입김이 작용되었기에 신뢰성이 떨어져 포함시키지 않았다. 철종의 죽음은 단순하지 않은 최후였다.

그래서 철종 이후 역사적인 죽음은 간단명료하게 실리게 된 것일까. 개화 교류사상을 주장했지만 정국의 혼란 속에 살해된 인물이 김홍집이다. 그의 죽음을 《고종실록》은 '전 내각총리대신 김홍집이 백성들에게 살해되었다'고 단 한 줄로 기록하고 있다. 《순종실록》역시 순헌황귀비(고종의 후궁) 엄씨의 죽음을 '귀비 엄씨가 덕수궁 즉 조당에서 훙하다'고만 적어두었다. 조선왕실의 안내서인 《선원보감》에는 엄씨가 일본에 인질로 간 아들 영친왕의 모습을 영사기를 통해 보다가 충격 받아 죽었다고 되어있다. 태자가 된 지 4개월 만에 끌려간 영친왕은 군사훈련을 받으며 땅바닥에 앉아 주먹밥을 먹고 있었다. 그 모습에 엄씨는 충격으로 급체해 죽고 말았는데 조선총독부가 발표한 그녀의 사인은 장티푸스였다.

고종이 죽자 일제에 의한 독살이라는 풍문이 나돌아 항일감정이 극에 달했다. 고종의 독살설이 확대되자 일제는 서둘러 《매일신보》에 고종이 '뇌일혈로 사망했다'는 기사를 냈다. 고종의 독살설은 처음이 아니었다. 1898년 고종과 순종의 차 전용 주전자에 아편을 넣은 것도 일제와 관련이 있다고 보는 시각이 있다. 범인으로 지목된 김홍륙이 귀양길에서 고종의 안위를 물었다는 것이 진실이라면 정적인 친일파가 누명을 씌워 제거하려고 벌인 자작극일 가능성이 농후하다. 그렇다고 해도 외부로의 출구가 철저하게 막혀있던 현실이라 사실 규명에 한계가 있었을 것이다. 《고종실록》의 실제 편수 총책임자는 감수위원으로 임명된 경성제국대학 교수 오다 쇼고였다. 일본에 불리한 기록을 그대로 실었다고 보기 힘든 배경이다.

《조선왕조실록》에 실린 내용들이 모두 거짓이거나 왜곡되었다고 단정 지을 수는 없다. 일부지만 오히려 정확한 사실을 기재해 후세에게 올바른 판단의 장을 마련해주고 있기도 하다. 조선시대 청백리의 한 사람이라고 평가되는 황희의 이면에 따라붙는 또 다른 수식어는 비리, 부패, 청탁, 뇌물수수 등이다. 지난 1970년대 《조선왕조실록》, 《대동야승》 등을 국역하는 과정에서 특히 그의 부패, 청탁 행위가 드러나 다른 시각의 평가가 대두된 것이다.

과거급제한 양반이 돗자리를 짜다니

조선시대에는 3대에 이르는 동안 벼슬하지 못하면 명문가 출신이라도 양반으로서 권위가 서지 않았다. 과거시험을 통해 벼슬길에 오르는 것이 입신양명은 물론 효를 행하고 가문을 지키는 일이었다. 권문세가 양반이라는 신분을 후대에게 물려줘야 하는 선대로서의 숙명이기도 했다.

과거시험은 결코 쉽지 않아 조선왕조 5백 년 동안 문과 급제자는 총 1만 5천 명도 되지 못했다. 1년 평균 30여 명에 불과한 수로 많은 급제자가 배출되는 생원·진사시(소과와 대과) 역시 총 5만 명을 못 넘겼다. 성리학자 이이처럼 13세 때 진사시를 시작으로 9번이나 장원급제를 한 경우도 있지만 매우 드문 일이었다. 그 역시 문과 장원급제를 한 29세 때까지 여러 번 실패의 쓴잔을 경험해야 했다. 영조대 암행어사로 유명한 박문수는 무려 11번의 낙방 끝에 30세 늦은 나이로 급제한 이력이 있었다.

급제자 평균 연령은 삼십대 중후반으로 이미 장성한 자식을 두고 있을 나이였다. 한편 조선시대 평균 수명과 엇비슷해 평생을 과거시험에 매달렸다고 볼 수도 있다. 40세를 넘기거나 심지어 칠순과 팔순에 영광을 누리기도 했다. 철종 대의 김재봉과 고종 대의 박화규는 90세 최고령으로 기록되고 있다. 그래서 부자가 나란히 과거장을 향해 집을 나서는 경우도 없지 않았다. 그만큼 과거시험은 미래를 보장받기 위한 중요한 관문이었다.

과거장을 가기 위해서는 행장꾸리기에 만전을 기해야 했다. 장기간 여정이라 여분의 옷과 신발은 기본이고 이불과 베개까지 하인들 등에 바리바리 실었다. 붓, 먹, 벼루도 빼놓지 않고 챙겼으며 답안을 작성할 과거시험용 시지(試紙)는 이미 10일 전에 제출해놓았다. 시지 오른쪽에는 응시자 본인과 부친, 조부, 증조부, 외조부의 인적사항 등을 기재했는데 그것을 녹명(錄名)이라고 했다. 녹명을 잘못 기재하면 탈락될 수도 있었다. 학자 이익이 과거시험과 인연이 없었던 이유가 바로 그 때문이었다. 그는 증광시 초시에 붙었으나 기재한 녹명이 격식에 맞지 않아 다음 단계인 회시에 응할 수 없었다.

성공의 기원을 위해 먼저 급제한 자에게 녹명을 대신 쓰게 하는 부탁도 잊지 않았다. 부정방지를 위한 검사가 통과되면 시험 당일 받아 작성하면 되었다. 당시는 과거시험 응시자들이 직접 답안지를 장만해야 했다. 그 때문에 남보다 고급스럽고 큰 종이를 마련하려는 경쟁이 벌어졌다. 조정에서는 종이의 질과 규격을 정해 범위를 벗어나면 응시할 수 없도록 하는 해결책을 내놓았다.

영남지방에서 출발한 응시생들의 경우 대부분 새도 쉬어간다는 문경세재를 넘어갔다. 추풍경과 죽령보다 소요시간을 하루 이틀 단축할 수 있는 장점도 있었지만 속설 때문이었다. 추풍령을 넘으면 추풍낙엽처럼 떨어지고 죽령을 넘으면 대나무처럼 죽죽 미끄러진다고 여겼다.

만반의 준비로 과거장에 무사히 도착했다고 안심할 수 없었다. 수만 명에 달하는 응시자가 서로 먼저 들어가려고 떠밀고 짓밟아 다치거나 목숨을 잃는 사람까지 속출했다. 과거장 안 역시 또 다른 기류로 불안하기는 마찬가지였다. 온갖 부정행위가 난무했는데 과거장 밖으로 교묘히 과제를 내보내거나 대리시험을 치는 등 천태만상이었다.

그 어떤 부정도 저지르지 않고 성실한 자세로 급제하고 나면 개인과 가문의 영광이 기다렸다. 현실은 조금 다른 결과를 가져오기도 했다. 오랫동안 벼슬길에 오르지 못하거나 박봉에 시달려 생활고를 겪는 일이 적지 않았다.

고려시대의 문신 이규보는 과거급제를 해놓고도 한동안 실업자로 지냈다. 겨우 관모를 썼지만 박봉이라 암담하기는 마찬가지였다. 원진은 보성대판으로 부임할 때 식구를 먹여 살리기 어려워 어린 아들을 외갓집에 맡겨둘 수밖에 없었다.

'삼부(三釜)의 봉양'이라고 부모를 위해 박봉으로나마 극진히 모신다지만 결코 쉬운 일이 아니었다 조선시대도 사정은 달라지지 않아 현종 대 영의정 허적 역시 친척이 찾아오면 식사대접조차 못할 만큼 가난했던 시절이 있었다. 키 작은 재상으로 불렸던 이원익은 본인의 초상날 인조가 관을 비롯해 제구를 보내올 정도였다.

김홍도의 자리짜기 조선시대 생업 장면이 잘 묘사된 작품으로 양반이라도 3대 농안 벼슬하지 못하면 권위가 서지 않았고 밀다 관직일 경우 생계마저 위태로웠다. 사방관을 쓰고 자리 짜기에 여념이 없는 부친과 솜에서 실을 뽑는 모친의 모습이다. 이들의 표정에서 삶의 고뇌를 찾아보기 힘든 이유는 집안을 일으켜줄 기대주인 아들이 열심히 공부하고 있기 때문이다. 국립중앙박물관 소장

 과거시험에 실패한 사람들은 어떻게 되었을까. 재기를 도모하거나 부유한 양반일 경우 권위가 떨어졌어도 끝까지 체면을 지키며 살았을 것이다. 여러 이유로 재도전이 어려운 가난한 선비는 훈장이 그나마 제격이었지만 최소한 집이 있어야 했다. 형편이 여의치 않으면 입주가 가능한 집에 더부살이를 하며 그곳 학동들을 가르쳤다. 이른바 숙사(塾師)라는 직업으로 학동이 학업을 마치고 과거급제를 하면 역할이 끝났다. 결국 새로운 집을 모색할 수밖에 없었는

데 과거급제를 한 후 벼슬에 오른 제자들이 모른 체하고 무시할 만큼 대접받지 못하는 일도 많았다.

예상 밖의 생업으로 끼니를 이어갔던 사실이 영조 대 학자 김낙행의 글 속에 드러나 있다. 젊은 시절 과거공부에 매달리다 끝내 '낙방하면 시를 지으며 즐기고 나이 들어 돗자리를 짜다가 늙어죽는다'고 한다. 가난한 양반들의 돗자리 짜기는 눈치 보지 않아도 되는 집안에서 이뤄졌고 특히 조선시대 후기에는 천하게 여기지 않아 가능했다. 이원익도 일찍이 유배시절 벗들의 도움을 마다한 채 돗자리를 짜며 연명한 일이 있었다.

순조와 헌종 대에 통과(統科)라는 새로운 과거제도가 생겨났지만 잡음이 많았다. 당대의 세도가에 의해 만들어진 것으로 실력은 뒷전인 자식들을 순번에 따라 합격시키기 위해서였다. 고종 대 문인 황현은 《매천야록》에서 통과급제자를 일사무식한 사들이라고 매도했다. 흥선대원군 이하응의 형 '이최응과 심순택이 시관에 임명되는데 어(魚)와 노(魯)도 구분하지 못했다'고 한다. 과거제도는 고종 대 급제를 돈으로 매매하는 매과(賣科)까지 기승을 부릴 정도로 문란해지다가 갑오개혁에 의해 폐지되었다.

과거급제가 미래를 약속받는 관문이어도 모두에게 해당되지는 않았다. 오히려 벼슬을 등지고 초야에 묻혀 평생 학문에 매진하는 삶이 더 나을 수 있었다. 그럼에도 과거급제를 통해 얻는 미래가 얼마나 달콤했는지 도망친 노비까지 신분을 위조해 응시한 일이 있었다. 인조 대 남완이라는 자로 급제 뒤 문서를 대조하는 과정에서 발각되어 꿈은 물거품이 되었다.

노비나 왕이나 극한직업이었다

조선시대에도 인기 직업과 3D의 극한직업이 존재했다. 가장 각광받던 직업으로는 양반관료들 경우 삼정승인 영의정, 좌의정, 우의정이었다.

그중에서도 '영의정'은 현재의 국무총리에 해당하는 중책으로 왕다음 서열 2인자로서 무소불위 권력을 자랑했다. 그러나 권력이 영원하지 않다는 것이 문제였다. 끊임없는 천재지변과 왜구와 오랑캐의 침입은 물론 해소되지 않는 당파갈등으로 나라의 위기까지 자초해 탄핵받거나 사퇴하기 일쑤였다. 무려 18년간 세종 곁을 지킨 황희가 있는 반면 영조 대처럼 20명의 영의정이 교체될 정도로 시국에 따라 불안한 직책이기도 했다.

그 밖의 '대사헌'과 '대사간' 등도 남부럽지 않은 생활이 보장되어 선호했다. 세종 대의 '집현전학사' 역시 주목받는 자리였지만 업무량이 과중해 남모를 고충이 뒤따랐다. 매일 새벽 3시가 되면 일

마패
고려와 조선시대의 관리들이 지방으로 갈 때 관마를 이용할 수 있도록 준 패. 지름이 10cm 정도 되는 동그란 구리패에 1~10마리의 말 그림이 새겨져 있다.

어나 하루 일과를 시작할 정도로 부지런한 세종이 집현전학사들에게 일찍 입궐해 늦게 퇴궐하라고 명했기 때문이다. 쉴 틈 없는 강행군이 지속되자 김종서는 도망치듯 삭풍 몰아치는 북방으로 보내달라고 간곡히 주청했다. 정인지 역시 어머니 3년상을 핑계로 낙향하려고 할 정도였다. '훈민정음' 반포식이 있던 날 집현전학사 절반이 불참했는데 모두 과로로 자리에 누웠기 때문이었다.

'암행어사'는 왕이 직접 지방에 파견하는 비밀 감찰관리로 사명감에 있어서 빛을 발할만한 지위였다. 백성의 실태를 살피고 지방 수령과 관리들의 잘잘못을 감시감독하는 데 나름대로 어려움은 있었다. 비밀리에 파견되기 때문에 도착한 고을에서 신분을 내세워 숙식을 제공받는 것이 금지되었다. 여비가 떨어지면 한뎃잠을 자거나 구걸해 끼니를 해결할 수밖에 없었다. 더군다나 파견을 미리 알아낸 수령들이 방해공작을 펴 업무에 차질이 생기고 심지어 보복살해를 당하기도 했다.

'역관'은 그나마 인기 있는 직업에 속했다. 그들은 주로 중국과 일본에 사신단이 파견될 때 동행해 통역을 맡았는데 조선의 특산물을 가져가 그곳 상인들과 거래했다. 그곳의 특산물을 가져와 팔기도 해서 부를 축적할 수 있었다. 하지만 중인에게로 자격이 제한되어 그 이하 백성들에게는 선망의 대상일 뿐이었다. 그래서 천민들중 스스로 거세를 선택하는 사람도 생겨났다. 환관이 되면 신분 상승이 보장된다고 믿었기 때문이다.

'환관'은 편한 자리였을까. 양손을 모은 채 굽실거리며 있는 듯 없는 듯 살면 되는 단순한 위치가 아니었다. 왕의 지근거리에서 수발을 드는 역할이라 명을 이해하고 전달하는 데 있어 무식하면 곤란했다. 최소한 《논어》와 《맹자》 등 '사서'를 비롯해 《소학》, 《삼강행실도》 등을 익혀야 했는데 매달 치르는 시험으로 점수를 매겼다. 성적 미달자는 연장근무의 벌칙과 함께 평점에도 불이익을 받았다. 승진시험도 있어 왕의 수발 이외의 시간에는 공부에만 매달려도 모자랄 판국이었다. 무엇보다 힘든 것은 행여 왕에게 위해가 가해질경우 가까이 있기에 함께 당할 확률이 높다는 점이었다.

'수부'는 왕의 전용 우물 어정(御井)에서 어수를 길어오는 일을 했다. 단순해보이지만 조선시대 전기에는 어정이 궁궐 안이나 인근이아닌 먼 민간에 있었다. 한여름 뙤약볕 아래든 한겨울 눈보라 속이든 물동이를 실어 날랐다. 태종 대 수부 하나가 꾀를 부려 가까운곳에 있는 물을 대신 올렸다가 발각된 일이 있었다. 그는 그 사실을보고하지 않은 환관과 함께 처벌을 받았다.

'숙수'는 궁궐 내 주방에서 일하는 남자 조리사로 늘 긴장해야 했다. 궁중음식은 숙수와 그 밑에서 보조를 하는 노비로 구성된 각색장까지 대략 4백여 명이 하루 2교대로 담당했다. 노동 강도가 세서 모두 남자일 수밖에 없는 이유가 되기도 했는데 《중종실록》에 '각색장이 고역이라 누구나 싫어해 피한다'는 기록만 봐도 알 수 있다. 각색장의 부역을 일정 기간 면제해주고 일부 면천까지 시켜주기도 했다. 그러나 왕실의 제사와 연회는 끝이 없었고 고관대작의 부름이 있으면 달려가 밤새 음식을 장만해야 했다. 행여 음식에 문제가 생기면 처벌을 면치 못했고 왕의 수라일 경우 목숨까지 날아갔다.

'방자'는 사람 이름이 아니라 궁궐이나 관청에서 심부름을 하던 자의 직함이었다. 궁궐의 방자는 심부름은 물론 외부 사람들에게 문안서찰을 전달하는 외근을 자주 했다. 암행어사의 파견근무 때 보조로 따라나서는 경우도 있었다. 지방 관아의 방자는 관할 읍에 공문 등을 돌리는 것이 주 임무였다. 그들의 이동수단은 오직 두 다리라 하루 종일 다리품으로 먹고 살 수밖에 없었다.

'오작인'은 지방 관아에서 살인사건 등이 일어났을 때 시체를 만져 확인하는 일을 했다. 그러나 사인을 파악할 만큼 전문적인 수사기법은 갖고 있지 않았다. 검시관 대신 시체의 옷을 벗기거나 의심되는 부위를 만지는 것이 주된 업무였다. 검사가 끝나면 시체를 수습하는 등의 잡무도 처리했다. 죽은 자의 사인파악에 일조하고 매장까지 책임졌지만 늘 온전치 못한 시체를 가까이 하는 일이었다.

궁궐과 관아를 벗어난 민간에서는 더 힘든 일에 종사하는 사람들이 있었다.

'책쾌'는 일명 걸어 다니는 서점으로 불리던 직업이었다. 민간에 서점이 거의 없어 서책 구입이 쉽지 않았던 조선시대 후기에 등장한 중개상이다. 그들은 서책을 주로 소매 속에 넣은 채 전국을 돌면서 필요로 하는 사람에게 보여주고 거래했다. 입담이 좋아 우스갯소리를 잘했고 소매에서 서책을 꺼내기 시작하면 산더미처럼 쌓이더라는 소문을 몰고 다녔다. 목동이든 양반이든 저자든 관아든 원하는 사람이 있으면 동서남북 어디든지 달려갔다. 다양한 서책에 대해 박식했고 특정한 분야를 요청해도 쉽게 구해다줄 정도로 신뢰와 기동력도 있었다. 구하기 어려운 고서나 고문헌은 물론 중국 소설까지 다뤘다. 그러나 영조 대 청나라의 《명기집략》을 유통했다가 발각되어 책쾌들이 죽임을 당하는 일이 있었다. 태조 이성계와 인조를 모독하는 내용이 담겨있어 대노한 영조가 모두 회수해 불태우게 했다. 《영조실록》에 의하면 그때 '양손을 뒤로 묶인 채 알몸으로 태양 아래 엎드려 죽은 자가 1백 명에 달했다'고 한다.

'매품팔이'는 처벌대상인 양반에게 돈을 받고 대신 매를 맞아주는 일이었다. 가난한 백성들이 생계유지로 매품팔이를 하다가 목숨을 잃기도 했다. 평안도 안주에 사는 매품팔이 백성 하나가 매 1백 대에 엽전 7꿰미를 받고 두 차례나 엉덩이에 불을 단 채 귀가했을 때의 일이다. 부인이 이미 돈을 받아뒀으니 한 번 더 맞고 오라며 술상까지 차려주면서 구슬렀다. 취기가 오른 그는 집안을 위한 일이라며 관아로 가서 매를 맞다 그만 죽고 말았다. 불행은 그의 부인에게도 미쳐 사람들은 욕심에 눈이 먼 여자라며 상대조차 해주지 않았다. 그녀는 결국 거지로 떠돌며 빌어먹다 객사하고 말았다.

'대립군'은 임진왜란 당시 돈을 받고 군역을 대신하던 사람이었다. 용병을 떠올리게 하지만 전문적인 군사훈련도 받지 않은 가난한 천민들이 대다수였다. 오직 생계를 위해 싸우다 평생 불구가 되

사형이 집행되는 모습
극형 중에 가장 무거운 형벌인 사형을 망나니가 집행했다.

거나 죽을 수밖에 없있다.

'망나니'는 사형을 앞둔 중죄인 가운데 선발되었다. 그들은 평소 별도의 관리를 받다가 사형집행이 있으면 불려나가 다른 사형수의 목을 베었다. 그 대가로 감형이나 면죄의 혜택을 누리기도 했다. 그러나 사람들에게 천시를 받았으며 면죄의 혜택 말고는 다른 이익은 없었다. 사형수의 가족들이 고통 없이 죽여 달라며 내미는 뇌물은 있었다. 비록 사형수지만 단칼에 절명하는 것이 본인은 물론 남겨질 유족들에게 그나마 위안이 되었기 때무이다

'노비'는 망나니보다 선택의 여지가 더더욱 없었던 사람들이었다. 조선시대 직업의 선택은 지극히 제약적일 수밖에 없었다. 신분 탓도 있었지만 대부분 대물림되는 가계 속에서 삶을 이어가야 했기

때문이다. 특히 많은 수를 차지했던 노비의 경우 쉽게 신분 상승을 꾀하거나 직업을 바꿀 수도 없는 처지였다.

조선시대에는 양반관료들을 비롯해 몇몇 조건이 되는 신분만이 직업의 선택이 가능했다. 그 나머지 사람들은 이어온 생업을 천직으로 삼고 살아야 했는데 대부분 3D 업종에 해당되었다. 농업, 축산업, 광업, 건축업, 제조업 등과 노동이 따르는 궁궐 공사, 성과 방죽 쌓기, 얼음과 땔감 채취 등 온갖 부역이었다.

비교적 안정적일 수 있는 왕비와 후궁 역시 힘들기는 마찬가지였다. 왕비는 국모지만 적통의 왕자를 낳지 못하면 뒷방신세로 전락할 수도 있었다. 후궁들 역시 늘 아들 낳기에 혈안이었고 다른 후궁들과의 암투까지 벌여야 했다.

가장 극한직업은 천하를 가졌다고 하는 왕이 아니었을까. 조선시대 27명 역대 왕들의 평균 수명은 46세로 40세를 넘기지 못한 경우도 11명이나 된다. 산해진미 영양가 높은 음식에 용변까지 맛보며 건강을 살피는 어의들이 있어도 막중한 정무 속에서 스트레스와 운동 부족이 불러온 결과였다. 신하들의 기류를 살펴야 했고 후계자인 세자가 흠 잡히지 않나 전전긍긍하며 혹시 있을지 모를 외척의 전횡까지 견제해야 하는 압박 속에 살았다. 휴식을 취해도 쉬는 것 같지 않아 면역력이 떨어져 각종 질병에 노출되니 수명마저 재촉할 수밖에 없었다.

어떤 위치든 마음이 편할 수 없었다는 것만 놓고 보자면 조선시대 사람 모두 극한직업에 매달려 살았던 것은 아니었을까.

참고문헌

기초사료

《고려사절요》

《국조보감》

《대동야승》

《매천야록》

《선원보감》

《연려실기술》

《음식디미방》

《조선왕조실록》

단행본 및 논문

강만길, 《우리 역사 속 왜》, 서해문집, 2002.

강명관, 《옛글에 빗대어 세상을 말하다》, 길, 2006.

강영민, 《조선왕들의 생로병사》, 이가출판사, 2009.

권우현, 《조선의 속사정》, 원고지와 만년필, 2013.

규장각한국학연구원, 《사물로 본 조선》, 글항아리, 2015.

김남, 《노컷 조선왕조실록》, 어젠다, 2012.

김성기, 《조선왕조실록 특종! 엽기 스캔들》, 북랩, 2016.

김성호, 《옥새 숨겨진 역사를 말하다》, 예나루, 2006.

김인호, 《오늘을 위한 우리 역사》, 사곰(한양대학교출판부), 2007.

김종성, 《조선사 클리닉》, 추수밭, 2008.

김종일 외, 《문화로 보는 한국사》 2, 태학사, 2009.

김창현 외, 《고려 500년 의문과 진실》, 김영사, 2001.

박은봉, 《한국사 상식 바로잡기》, 책과 함께, 2007.

박의서, 《기록 따라 떠나는 한국고전기행》, 세창출판사, 2017.

박찬승, 《역사의 힘》, 민속원, 2017.

반주원, 《조선시대 살아보기》, 제3의공간, 2017.

배한철, 《한국사 스크랩》, 서해문집, 2015.

송영심, 《음식 속 조선 야사》, 팜파스, 2017.

신명호, 《조선왕실의 의례와 생활, 궁중문화》, 돌베개, 2002.

신영훈, 《조선의 궁궐》, 조선일보사, 1998.

원유상,《학교에서 가르쳐주지 못한 우리 역사》, 좋은 날들, 2013.

유승희,《통제된 시간과 공간》, 세창출판사, 2017.

윤덕노,《음식으로 읽는 한국 생활사》, 깊은 나무, 2014.

윤정란,《왕비로 보는 조선왕조》, 이가출판사, 2015.

이규태,《죽어도 나는 양반, 너는 상놈》, 조선일보사, 2000.

이덕일,《우리 역사의 수수께끼》 3, 김영사, 2014.

이덕일,《조선 최대 갑부 역관》, 김영사, 2006.

이상효,《스캔들 한국사》, 북씽크, 2015.

이성무,《조선왕조실록 어떤 책인가》, 동방미디어, 1999.

이성주,《엽기 조선왕조실록》, 추수밭, 2006.

이성주,《조선사 진풍경》, 추수밭, 2011.

이수광,《우리도 몰랐던 한국사 비밀 32가지》, 북오션, 2014.

이용주,〈공민왕 대의 자제위 연구〉, 1983.

이용주,〈노국대장공주와 공민왕의 정치〉, 2009.

이한,《다시 발견하는 한국사》, 뜨인돌출판사, 2008.

이현회,《역사의 힘》, 솔과학, 2007.

임상혁,《나는 노비로소이다》, 너머북스, 2010.

장학근,《우리가 몰랐던 조선》, 플래닛미디어, 2010.

정구선,《조선을 뒤집은 황당무계 사건들》, 팬덤북스, 2014.

정명섭,《조선직업실록》, 북로드, 2014.

정인수,《박물관에서 찾아낸 옛사람의 지혜》, 주류성, 2010.

한국문원편집실,《왕릉-왕릉기행으로 엮은 조선왕조사》, 한국문원, 1995.

한주서가,《조선의 재발견》, 유아이북스, 2017.

황광해,《고전에서 길어 올린 한식 이야기 식사》, 하빌리스, 2017.

황근기,《엽기 고대왕조실록》, 추수밭, 2007.

EBS 역사채널e,《역사e》 2, 북하우스, 2013.

EBS 역사채널e,《역사e》 5, 북하우스, 2016.

H.B헐버트, 신복룡 역,《대한제국 멸망사》, 집문당, 1999.

KBS 역사스페셜,《역사스페셜》, 효형출판, 2000.

KBS 역사추적,《한국사를 바꿀 14가지 거짓과 진실》, 지식파수꾼, 2011.

삼국시대부터 조선시대까지
흥미로우면서 생각에 머물게 하는 이야기